本书由辽宁省高等学校一流学科教育学专项

我国教育综合发展水平区域差异研究

李德显等　著

九 州 出 版 社

JIUZHOUPRESS

图书在版编目（CIP）数据

我国教育综合发展水平区域差异研究 / 李德显等著
. -- 北京：九州出版社，2021.5
ISBN 978-7-5225-0091-1

Ⅰ．①我… Ⅱ．①李… Ⅲ．①教育事业－区域差异－研究－中国 Ⅳ．①G521

中国版本图书馆CIP数据核字（2021）第104799号

我国教育综合发展水平区域差异研究

作　者	李德显等　著
责任编辑	李　荣
出版发行	九州出版社
地　址	北京市西城区阜外大街甲 35 号（100037）
发行电话	(010)68992190/3/5/6
网　址	www.jiuzhoupress.com
印　刷	北京旺都印务有限公司
开　本	710 毫米×1000 毫米　16 开
印　张	13.75
字　数	230 千字
版　次	2021 年 7 月第 1 版
印　次	2021 年 7 月第 1 次印刷
书　号	ISBN 978-7-5225-0091-1
定　价	78.00 元

前　言

　　当前我国已进入新的社会发展阶段，教育的基础性、先导性、全局性地位和作用更加凸显。建设教育强国，办好人民满意的教育成为"十四五"时期及未来 2035 年的远景目标之一。为此，要实现上述目标，一项前提性任务就是要全面摸清我国现阶段各学段教育综合发展水平及不同区域教育资源分布特征，以便建立以资源要素合理配置为核心的标准体系，解决教育发展中长期存在的公平与质量之间张力难题。正是出于此研究目的，2017 年初笔者及团队开始对我国教育综合发展水平及区域差异问题进行了为期四年的研究工作，并形成了相对系统的研究成果。

　　本书由两大部分构成。第一部分为"基础教育编"，由小学、初中、高中三个学段组成。包括第一章我国小学教育资源配置水平的省域差异与均衡策略研究、第二章我国初中教育综合发展水平测评以及第三章普通高中教育综合发展水平评价及省域比较研究。第二部分为"高等教育编"，又包括上中下三编。上编为我国高等教育综合发展水平区域差异研究设计。包括第五章高等教育综合发展水平研究回溯、第六章高等教育综合发展水平研究的理论基础、第七章我国高等教育综合发展水平指标体系的建构与结构方程模型的建立；中编为我国高等教育综合发展的区域差异。包括第八章我国高等教育综合发展水平区域差异比较、第九章我国高等教育综合发展水平的层次、第十章我国省域高等教育非均衡发展现状、第十一章我国高等教育综合发展水平区域差异实证研究结论、第十二章我国高等教育均衡发展策略、第十三章研究贡献、局限及展望；下编为我国研究生教育综合发展水平，由第十四章我国研究生教育综合发展水平测评及省域差异研究组成。

本书为 2019 年度辽宁省教育厅人文社科一般项目研究成果，各章撰写情况分别为：第一章：李德显、房磊，第二章：李德显、马皓苓，第三章：李德显、魏新岗，第四至七章：苏若菊、李德显，第八至十章：苏若菊、房磊、李德显，第十一至十三章：苏若菊、李德显，第十四章：李德显、魏新岗。

限于研究者解读资料的视角及已有经验的局限，加之成书时间较为仓促，书中难免存在一定的问题与缺陷，期望各位读者批评指正。

李德显

2020 年 12 月于辽宁师范大学

目　录

基础教育编

高等教育编

基础教育编

第一章　我国小学教育资源配置水平的省域差异与均衡策略研究

引言

教育资源是指在教育过程中占有、使用和消耗的资源，大体可被划分为人力、财力和物力资源。[①] 教育资源配置是区别于教育资源分配的概念。根据王伟清的解释，教育资源分配是指掌握权力的分配者按照某种规则或标准，将资源分配到教育领域中，遵循的是经济领域中的供给原则。而教育资源配置是指根据一定的教育目的和社会对各种教育资源的质与量及其他属性等方面的需求，并遵照这些教育资源本身的性质特点及其之间的相互关系而进行的资源布置与配备。[②] 所以，教育资源配置是依据供给与需求原则，努力解决两者之间的矛盾，实现两者动态平衡发展的过程。近年来，在义务教育均衡研究中，义务教育优质均衡发展是一项重要的研究热点。如杨启亮认为，实施"兜底"均衡的教育资源配置保障、合格均衡的评价取向、体验均衡的教育关怀、特色均衡的差异思想，有望推进一种底线均衡的义务教育优质均衡发展。[③]《国家中长期教育改革和发展规划纲要（2010—2020 年）》（以下简称《纲要》）指出"均衡发展是义务教育的战略性任务。建立健全义务教育均衡发展保障机制。推进义务教育学校标准化建设，均衡配置教师、设备、图书、校舍等资源"。2010 年以来，

---

① 张传萍 . 义务教育资源配置标准研究 [M]. 武汉 : 武汉大学出版社 ,2013:32-33.
② 王伟清 . 论基于需求的教育资源配置系统观 [J]. 教育与经济 ,2010(1):46-50.
③ 杨启亮 . 底线均衡 : 义务教育优质均衡发展的解释 [J]. 教育理论与实践 ,2010,30(1):3-7.

国家出台了关于加大教育经费投入、提高教育经费使用效益、提升农村教师待遇等促进教育均衡发展的相关政策。《纲要》实施十多年来，我国小学教育资源配置水平如何？省域小学教育资源配置水平是否存在显著差异？这是本研究探讨的主要问题。

一、研究设计

（一）指标体系的构建

根据上述对教育资源的划分方法和教育部发布的 2017 年教育统计数据，选取小学教育资源中比较典型和重要的人力、财力、物力资源——教师、教育经费、硬件设备和校舍资源的有关统计指标，建立用于测评我国小学教育资源配置水平的指标体系。该体系由 4 个一级指标和 12 个二级指标构成。4 个一级指标为：师资力量、教育经费、硬件条件、校舍条件。每个一级指标下设 3 个二级指标，指标构成详见表 1-1。该指标体系的二级指标全部采用数量指标（绝对数），由于各省各指标的质量指标（相对数）差异不明显（指标数列方差接近于0），所以本研究旨在揭示各省在数量上的资源配置水平差异。

表 1-1 小学教育资源配置水平测评指标体系

评价项	一级指标	二级指标
资源配置水平（A）	师资力量（B1）	小学专任教师总数 单位：人（X1）
		女性专任教师数 单位：人（X2）
		本科学历专任教师数 单位：人（X3）
	教育经费（B2）	普通小学一般公共预算教育事业费 单位：万元（X4）
		普通小学一般公共预算公用经费 单位：万元（X5）
		固定资产总值 单位：万元（X6）
	硬件条件（B3）	图书量 单位：册（X7）
		计算机数 单位：台（X8）
		教学用计算机数 单位：台（X9）
	校舍条件（B4）	教室面积 单位：平方米（X10）
		微机室面积 单位：平方米（X11）
		图书室面积 单位：平方米（X12）

（二）PLS 结构方程模型的建立

随着学界对教育资源配置理论研究的日趋成熟，围绕教育资源配置均衡性和有效性的实证研究也日渐涌现，数据包络分析法（DEA）[1][2]、基尼系数法[3][4]、锡尔指数模型[5][6]、层次分析方法（AHP）、模糊综合评价法[7]等研究方法被广泛采用。由于本研究着力于对教育资源在一个特定时间点的配置结果进行测评，而非对教育资源配置的公平与效率进行探讨，所以根据研究目的和研究方法的适用范围，综合考虑后选择 PLS 结构方程模型的方法。根据我国宪法规定的中华人民共和国行政区划，除港澳台外，我国共有 31 个省（区、市）。本研究以每个省（区、市）为一个样本，共有 31 个样本，样本总数较少。因此，本研究选择对样本数目要求较低（30—100），可处理非正态分布数据的偏最小二乘法（partial least squares, PLS）作为研究方法。另外，由于 PLS 方法可以有效地克服观测变量间的共线性问题，能够去除对回归无益噪声的影响，可使模型具有更好的鲁棒性[8]，而且有学者论证该方法在建立综合评价指数中的应用效果良好。[9] 所以，PLS 方法可以满足本研究的方法需求，在操作层面上，使用 SPSS 24.0 和 Smart PLS 3.0，进行单一维度检验，拟合各项指标数据，建立 PLS 结构方程模型，解释各潜变量之间的关系。

---

① 李玲.我国义务教育资源配置效率评价及分析——基于 DEA-Tobit 模型 [J].中国教育学刊,2015(4):53-58.

② 高宁,李景平,张记国.基于相关性和 DEA 的西部地区教育资源投入配置的评价与优化研究——以甘肃省为例 [J].教育科学,2015,31(1):10-17.

③ 张菀洺.我国教育资源配置分析及政策选择——基于教育基尼系数的测算 [J].中国人民大学学报,2013,27(4):89-97.

④ 林涛.基于基尼系数的我国教育公平问题研究 [J].教育发展研究,2008(9):35-38.

⑤ 谢蓉.基本公共教育资源均衡配置定量研究 [J].教育科学,2012,28(6):18-22.

⑥ 王良健,罗璇.我国省际农村教育资源配置的公平性 [J].教育科学,2011,27(6):27-32.

⑦ 李克勤,郑准.县域学前教育资源配置评价模型及其应用 [J].学前教育研究,2014(10):23-30.

⑧ 王桂增,叶昊.主元分析与偏最小二乘法 [M].北京:清华大学出版社,2012:89-91.

⑨ 王惠文,付凌晖.PLS 路径模型在建立综合评价指数中的应用 [J].系统工程理论与实践,2004(10):80-85.

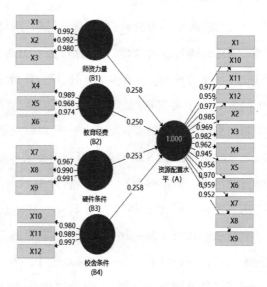

图 1-1 小学资源配置水平 PLS 结构方程模型

　　基于前述所构建的指标体系，对 4 个一级指标的二级指标分别进行单一维度检验。结果显示，各维度的第一主成分特征值均大于 1，其余主成分特征值均小于 1，也就是说各维度均通过了该项检验。使用 Smart PLS 3.0，采用 PLS 算法与反映型测量模型，建立我国小学教育资源配置水平 PLS 结构方程模型（如图 1-1 所示）。在该模型中，除了评价项"资源配置水平"这一潜变量外，其余 4 个潜变量分别代表 4 个一级指标，12 个二级指标用代码 X1—X12 表示。这里要说明的是，在运行模型之前所输入的数据是来源于现实的实际数据，但在采用 PLS 算法时，Smart PLS 软件默认将原始数据先进行标准化，所以软件所输出的结果均为标准化结果。即如无特别说明，以下均采用标准化的结果进行分析。

　　一般认为，路径系数的绝对值应该在 0.2 左右才有意义。从图 1-1 中可以看到各潜变量的路径系数分别为师资力量（0.258）、教育经费（0.250）、硬件条件（0.253），校舍条件（0.258）。各路径系数均大于 0.2，说明各潜变量的路径系数非常理想。且各路径系数基本保持在 0.250—0.258 范围内，说明各潜变量对资源配置水平潜变量的贡献率基本相同，即说明 2017 年我国小学教育资源配置在师资力量、教育经费、硬件条件、校舍条件四个指标上表现十分均衡。同时，资源配置水平对师资水平等 4 个潜变量的多元回归方程测定系数的平方值为 1.000，说明资源配置水平对这 4 个潜变量的概括程度相当高。[①]

（三）PLS 结构方程模型的检验

1. 拟合指标与信效度检验

表 1-2 模型拟合指标与信效度检验结果

潜变量	Cronbach's Alpha	rho_A	组合信度（CR）	平均抽取变异量（AVE）	R^2	Q^2
师资力量（B1）	0.988	0.988	0.992	0.976	1.000	0.845
教育经费（B2）	0.976	0.977	0.985	0.955		
硬件条件（B3）	0.983	0.983	0.989	0.966		
校舍条件（B4）	0.989	0.989	0.992	0.978		
资源配置水平（A）	0.994	0.994	0.994	0.933		

从表 1-2 资源配置水平（A）的 R^2 值来看，模型中的各潜变量对综合发展水平的解释能力强，解释比例达到了 100%。同时，各潜变量的 Cronbach's Alpha 系数均满足大于 0.7 的要求，说明各潜变量均具有良好的信度。各潜变量的组合信度 CR 均满足大于 0.7 的要求，进一步证明了模型的信度较高。各潜变量的平均抽取变异量 AVE 及 rho_A 均大于 0.7，到达了相关统计标准。总之，以上数据表明，模型整体拟合效果好，内部关系的解释功效较强，估计效果可以接受，信度佳。

2. Blindfolding 预测能力检验

通过 Blindfolding 功能，可以求得模型的 Q^2 值。Q^2 是评估外生变量对内生变量影响力的统计量，Q^2 大于 0.35，说明外生变量对内生变量影响力较高，即模型的预测相关性越强。从表 1-2 中看到 Q^2 值为 0.845，说明本模型的各外生

---

① 李德显，魏新岗.研究生教育综合发展水平测评及省域差异研究—基于 PLS 结构方程模型的分析 [J].辽宁师范大学学报（社会科学版）,2018,41(3):83-91.

变量对综合发展水平这一内生变量的预测相关性较强。以上数据表明模型的整体预测能力强。

3. 相关系数检验

表 1-3 为各潜变量间的相关系数矩阵，对角线为各潜变量的平均抽取变异量（AVE）的开根号值，对角线值以下的数值分别为各潜变量之间的相关系数。比较这两组相关系数可以看到，各潜变量的 AVE 开根号值均大于或等于其与其他潜变量之间的相关系数。这说明，各潜变量在理论上具有不同的内涵，在实证结论中也进一步证实了这一点，各潜变量之间具有较好的区别效度。

表 1-3 潜变量间的相关系数矩阵

	B1	B2	B4	B3	A
B1	0.988				
B2	0.946	0.977			
B4	0.980	0.945	0.989		
B3	0.952	0.946	0.941	0.983	
A	0.988	0.977	0.985	0.977	0.966

4. Bootstrapping 检验

利用 Bootstrapping 方法计算各路径系数的 T 统计量，检验路径系数估计的显著性水平（双尾检验）。如果 T>1.96 则路径系数估计在 0.05 水平上显著。如果 T>2.58 则路径系数估计在 0.01 水平上显著。如果 T>3.29 则路径系数在 0.001 水平上显著。表 1-4 给出了 Bootstrapping 检验中结构方程模型的 T 统计量，数据显示全部路径系数均具有较高的 T 统计量，说明各路径系数通过了相应显著性水平的检验。这也进一步说明了经过 1000 次样本重复抽样，模型结构的稳定性非常好。

表 1-4 Bootstrapping：路径系数的显著性检验结果

	Original Sample (O)	样本均值 (M)	标准差 (STDEV)	T 统计量 (|O/STERR|)	P 值
B1->A	0.258	0.258	0.003	94.275	0.000
B2->A	0.250	0.250	0.003	97.202	0.000
B3->A	0.253	0.253	0.002	111.341	0.000
B4->A	0.258	0.258	0.003	78.008	0.000

二、研究结果

（一）各省（区、市）小学教育资源配置水平指标得分与排名

基于 PLS 结构方程模型运算后的输出数据，即各潜变量的得分情况，对我国小学教育资源配置水平进行比较与分析。表 1-5 为各省份在不同指标上的得分及排名情况。

表 1-5 各省份指标得分与排名统计表

省份	A		B1		B2		B3		B4	
	S	R	S	R	S	R	S	R	S	R
北京	-0.702	22	-0.834	25	-0.274	17	-0.609	21	-1.024	25
天津	-1.091	27	-1.068	27	-1.125	29	-0.964	27	-1.128	29
河北	1.299	5	1.405	4	0.670	6	1.610	3	1.402	4
山西	-0.325	17	-0.104	14	-0.533	20	-0.286	17	-0.358	17
内蒙古	-0.718	23	-0.633	24	-0.702	22	-0.754	23	-0.733	22
辽宁	-0.523	20	-0.350	19	-0.784	24	-0.275	16	-0.650	21
吉林	-0.756	24	-0.571	22	-0.885	26	-0.786	24	-0.733	23
黑龙江	-0.799	25	-0.592	23	-0.834	25	-0.82	26	-0.894	24
上海	-0.907	26	-0.947	26	-0.776	23	-0.789	25	-1.042	26
江苏	1.325	4	1.174	5	1.654	2	1.177	5	1.206	5
浙江	0.542	7	0.360	8	0.659	7	0.872	6	0.250	12
安徽	0.504	8	0.275	9	0.471	9	0.420	7	0.814	6

省份	A		B1		B2		B3		B4	
	S	R	S	R	S	R	S	R	S	R
福建	-0.081	15	-0.201	17	-0.055	14	0.009	14	-0.067	15
江西	0.099	13	0.183	11	0.297	12	-0.349	18	0.255	11
山东	1.894	3	1.815	3	1.642	3	2.284	2	1.698	3
河南	1.968	2	2.448	2	1.492	4	1.383	4	2.381	1
湖北	0.123	12	-0.042	13	0.189	13	0.123	10	0.218	13
湖南	0.375	10	0.476	7	0.484	8	0.092	13	0.417	10
广东	2.769	1	2.575	1	3.053	1	2.953	1	2.305	2
广西	0.410	9	0.257	10	0.345	11	0.354	8	0.651	7
海南	-1.110	28	-1.149	28	-1.078	27	-1.057	29	-1.074	27
重庆	-0.522	19	-0.539	21	-0.474	19	-0.529	19	-0.507	20
四川	0.706	6	0.768	6	1.020	5	0.354	9	0.632	8
贵州	-0.079	14	-0.124	15	-0.064	15	-0.059	15	-0.063	14
云南	0.287	11	0.079	12	0.435	10	0.110	11	0.507	9
西藏	-1.233	31	-1.309	31	-1.119	28	-1.190	31	-1.220	31
陕西	-0.085	16	-0.168	16	-0.116	16	0.094	12	-0.141	16
甘肃	-0.528	21	-0.427	20	-0.651	21	-0.562	20	-0.439	18
青海	-1.215	30	-1.248	30	-1.261	31	-1.116	30	-1.148	30
宁夏	-1.156	29	-1.184	29	-1.237	30	-1.039	28	-1.079	28
新疆	-0.472	18	-0.323	18	-0.443	18	-0.651	22	-0.439	19
全国均值	0.000		0.000		0.000		0.000		0.000	

注：S 代表得分 (Score)；R 代表排名 (Rank)。

从总配置水平（A）看，广东、河南、山东三省名列前三名，青海和西藏位居最末。排名第一的广东分值为 2.769，远高于排名第二的河南（得分 1.968），更遥遥领先于其他地方，排名最后的西藏得分为 -1.233。

师资力量（B1）方面，广东、河南和山东三省最强，三地得分的平均值为 2.279；西藏最弱，评估值为 -1.309。

教育经费（B2）方面，广东、江苏和山东三地情况最佳，排名第一的广东分值为 3.053，远高于排名第二的江苏（得分 1.654）；宁夏和青海最不理想，得分均值为 -1.249。

硬件条件（B3）方面，广东、山东、河北三省最好，得分平均值为 2.282；青海和西藏最差，得分均值为 -1.153。

校舍条件（B4）方面，河南、广东、山东三省最好，得分分别为 2.381、2.305、1.698；青海和西藏最差，得分均值为 -1.184。

（二）我国小学教育资源配置水平区域划分

以"配置水平"得分值作为分类对象，采用 Q 型聚类分析，距离测度方法为欧氏距离平方，分析变量为"资源配置水平"，对全国 31 个省（区、市）进行聚类划分，可划分为 4 类地区，且类别间的差异足够大（p 值为 0.000），聚类结果如表 1-6 所示。

表 1-6 小学教育资源配置水平区域划分情况

类别号	省份
I	广东
II	河北、江苏、山东、河南
III	浙江、安徽、福建、江西、湖北、湖南、广西、四川、贵州、云南、陕西
IV	北京、天津、上海、山西、内蒙古、辽宁、吉林、黑龙江、海南、重庆、西藏、甘肃、青海、宁夏、新疆

广东因聚类距离最远，被归为第 I 类。广东省经济发达，据各地 2017 年统计数据，从经济总量上看，广东位居全国第一，经济总量达到 89879.23 亿元。所以广东有强大的经济实力办义务教育。而且地方政府也致力于大力发展义务教育。广东在师资力量、教育经费、硬件水平方面均居于全国第一的位置（得分分别为 2.575、3.053、2.953）远远高于全国平均值（0.000）。所以广东属于我国小学教育资源配置最高水平区域。

河北、江苏、山东、河南 4 省被归于第 II 类，师资力量得分值在 1.405——

2.448 之间，教育经费得分值在 0.670—1.654 之间，硬件条件得分在 1.177—2.284 之间，校舍条件在 1.206—2.381 之间，总得分在 1.299—1.968 之间。上述地区教育资源较丰富，师资力量、教育经费投入水平、图书计算机等硬件设施条件、和校舍条件排名靠前（1~6 名），可归为小学教育资源配置较高水平区域。

处于第 III 类的省级行政区划单位有浙江、安徽、福建、江西、湖北、湖南、广西、四川、贵州、云南、陕西 11 个行政单位。师资力量得分值在 -0.168—0.768 之间，教育经费得分值在 -0.116—-1.020 之间，硬件水平在 -0.059—0.872 之间，校舍条件在 -0.141—0.814 之间，总分值在 -0.085—0.706 之间。各项指标均值均处于全国均值（0.000）附近，因此将上述省区划归为小学教育资源配置一般水平区域。

其余省份被归于第 IV 类，包括北京、天津、上海、山西、内蒙古、辽宁、吉林、黑龙江、海南、重庆、西藏、甘肃、青海、宁夏、新疆。师资力量得分值在 -0.323—-1.309 之间，教育经费得分值在 -0.274—-1.261 之间，硬件水平在 -0.275—-1.190 之间，校舍条件在 -0.358—-1.220 之间，总分值在 -0.325—-1.233 之间。各项指标值均低于全国平均水平（0.000），排名靠后，属于小学教育资源配置较低水平区域。

在配置一般和较低水平区域，北京、上海等经济发达省份被包含在内。可见，经济发展水平与教育资源配置水平并不是高度一致的。岳昌君的一项研究表明，地方经济和财政发展状况对各省份的教育经费水平起着相当的决定作用。[①] 但武向荣的研究表明，我国东、中、西部地区教育经费支出的均衡水平与经济发展水平并不呈同向关系，比如，东部经济发展水平较高，但教育经费支出均衡水平却较低。[②] 可见，随着 2006 年我国首次以法律的形式（《义务教育法》）规定"促进义务教育均衡发展"以来，我国义务教育经费支出水平越来越不依赖于地方经济发展水平，教育资源配置过程更体现的是教育供给与需求矛盾解决的过程。由于配置水平的区域划分与各省份小学生数量位序基本相应，

---

① 岳昌君 . 经济发展水平的地区差异对教育资源配置的影响 [J]. 教育与经济 ,2003(1):35-41.
② 武向荣 . 义务教育经费均衡现状调查与对策分析 [J]. 教育研究 ,2013,34(7):46-53+97

所以，可以说教育资源配置水平高低取决于各省学生数量的多少。

（三）我国小学教育资源配置水平省域差异比较

为进一步深入比较目前各省（区、市）小学教育在师资力量、教育经费、硬件条件与校舍条件四个方面的资源配置均衡水平与差异，对比各行政区划单位的各指标排序与总排序的绝对差值，求出最大值。然后将绝对差值小于等于2以内的划为配置均衡区域，绝对差值为3、4的划为配置欠均衡区域，而绝对差值大于4的归为配置不均衡区域，如表1-7所示。

表1-7 小学教育资源配置分项均衡状况

区域类别	数量	分区	省份
配置均衡	19	I 类最高水平	广东
		II 类较高水平	河北、江苏、山东、河南
		III 类一般水平	安徽、湖北、贵州、云南、福建、广西
		IV 类较低水平	天津、内蒙古、吉林、黑龙江、青海、宁夏、海南、重庆
配置欠均衡	9	III 类一般水平	湖南、四川、陕西
		IV 类较低水平	山西、辽宁、上海、西藏、甘肃、新疆
配置不均衡	3	III 类一般水平	浙江、江西
		IV 类较低水平	北京

从表1-7不难看出，广东、河北、江苏、山东、河南不仅配置总水平在全国位居前列，而且无论是在师资力量、教育经费、硬件条件还是校舍条件方面也表现出较好的均衡状态。安徽、湖北等14个省份虽然总体配置水平表现一般甚至略低，但各指标配置均衡，无明显薄弱环节。

欠均衡和不均衡统一称为非均衡。非均衡包括两种情况：一是某一或几项指标落后于总配置水平指标，落后指标即薄弱环节；二是某一或几项指标优势特别突出，导致其余指标名次等于或接近于总配置水平指标，其余指标即待提升项目。在教育资源配置非均衡的12个省（区、市）中，利用排序差值归纳总结各地小学教育资源配置的相对薄弱环节和待提升项目，如表1-8所示。由表可知，大多数配置呈现非均衡状态的省份是由某一项或两项指标的"弱势"造成的。其中，"教育经费"是山西和辽宁的不足所在；浙江的"校舍条件"指标是薄弱环节；在"硬件条件"方面，江西、湖南、四川、新疆发展显著不足；北京的"师资力量"和"校舍条件"方面发展不足。在待提升项目方面，甘肃的"教育经费"，上海的"师资力量"和"校舍条件"是需要进一步发展和提升的指标。西藏和陕西较为特殊，其总体排序偏低是三项指标偏弱的叠加效应，即西藏的"师资力量""硬件条件""校舍条件"，陕西的"师资力量""教育经费""校舍条件"指标是需要两省（区）进一步提高和发展的指标。

表 1-8 小学教育资源非均衡配置区域的薄弱环节和待提升项目

薄弱环节	数量	省份
经费	2	山西、辽宁
校舍	1	浙江
硬件	4	江西、湖南、四川、新疆
师资＋校舍	1	北京
待提升项目	数量	省份
经费	1	甘肃
师资＋校舍	1	上海
师资＋硬件＋校舍	1	西藏
师资＋经费＋校舍	1	陕西

三、研究结论

（一）我国小学教育资源配置在发展质量上已实现基本均衡

从总体上看，2017 年我国小学教育资源配置在师资力量、教育经费、硬件条件、校舍条件四个指标上表现十分均衡，各测评指标省（区、市）间不存在显著差异。各省（区、市）各指标的质量指标（相对数）差异不明显（指标数列方差接近于 0），说明我国小学教育资源配置水平省际差异不明显，即我国小学教育资源配置在发展质量上已实现了基本均衡。

（二）我国小学教育资源配置过程基本受供给与需求原则支配

从教育资源配置水平的层次来看，我国 31 个省（区、市）的小学教育资源配置水平可被划分为四个层次，分别为小学教育资源配置最高水平、较高水平、一般水平、较低水平区域。其中广东属于资源配置水平最高的区域，河北、江苏、山东、河南为较高水平区域，其余省份为一般和较低水平区域。由于资源配置水平的区域划分与各省份小学生数量位序基本相应，所以，可以说我国小学教育资源配置水平已经不完全受地方经济发展水平限制，而是由各省学生数量来决定的，即小学教育资源配置过程基本受供给与需求原则来支配。

（三）我国小学教育资源配置水平省域差异体现在各省（区、市）域内指标发展水平的非均衡

从教育资源配置均衡水平来看，小学教育资源配置水平省域差异体现在各省（区、市）域内小学教育资源配置指标之间发展水平的非均衡。广东、河北、江苏、山东、河南小学教育资源配置水平比较均衡。安徽、湖北、贵州、云南、福建、广西、天津、内蒙古、吉林、黑龙江、青海、宁夏、海南、重庆 14 个省份小学教育资源配置水平虽然总体上表现一般甚至略低，但各项指标发展均衡，无明显薄弱环节或短板。在教育资源配置非均衡的 12 个省（区、市）中，大多数呈现非均衡状态的省份是由某一项或两项指标的"弱势"造成的，而西藏和陕西较为特殊，其总体排序偏低是三项指标偏弱的叠加效应。

四、小学教育资源配置水平的均衡策略

（一）推进我国小学教育资源配置走向优质均衡

我国小学教育资源配置水平省际差异不明显，即我国小学教育资源配置在发展质量上已实现了基本均衡。2019 年，中共中央、国务院发布了《中国教育现代化 2035》，为了贯彻落实该文件的指示精神，各省（区、市）要在现有教育资源配置水平的基础上，重点保障区域、城乡、校际、群体间的教育资源配置均衡，以教育质量的提高为发展宗旨，不断促进县域内小学教育资源配置优

质均衡，进而从整体上实现我国小学教育资源配置从基本均衡走向优质均衡。

（二）加强对小学学龄人口的统计和监测，动态调配教育资源

虽然我国小学教育资源配置过程基本受供给与需求原则来支配，即我国小学教育资源配置可以基本满足学龄人口的教育需求，但是我国人口老龄化持续加深，城市化进程不断加快，人口的自然增长率持续下跌，人口的迁移变动显著，在这些复杂的社会因素影响下，学龄人口数量必然会持续变动。在学龄人口变动的趋势下，准确把握不断变化的学龄人口的教育需求，以落实教育资源供给与需求原则就显得尤为重要。所以要加强对学龄人口的统计和监测，识别和预测学龄人口的空间变化，以便可以动态调配教育资源。

（三）小学教育资源配置水平一般或略低但均衡的省份应全面推进各项指标发展，非均衡省份要提升其弱势指标和待提升项目水平

首先，对于小学教育资源整体配置水平一般或略低但各指标发展均衡的省份，即安徽、湖北、贵州、云南、福建、广西、天津、内蒙古、吉林、黑龙江、青海、宁夏、海南、重庆应在均衡发展中，全面推动人力、财力、物力资源配置水平的进一步提高；其次，对于师资力量、教育经费、硬件水平、校舍条件中某些方面存在明显弱势的省份，必须针对薄弱项目，补齐短板，以扭转其非均衡配置状态，具体而言，山西和辽宁要提高公共预算教育经费投入，增加固定资产投资；浙江要增加教室、图书室、微机室等使用面积，改善校舍条件；江西、湖南、四川、新疆要进一步提高硬件投入水平，如增加图书、计算机等辅助教学工具的配备；北京要加大教师队伍建设，增加专任教师尤其是高学历专任教师的数量，改善校舍条件，如拓展教室、图书室、微机室等校舍空间。最后，个别省份只需将改进力量集中于待提升项目即可，即甘肃可以适当增加教育经费投入；上海可以在教师队伍建设和改进校舍条件方面进一步发展和提升，如增加专任教师尤其是高学历专任教师的数量，增加教室、图书室、微机室等校舍面积；西藏则要进一步提升教师队伍的专业化水平，增加专任教师数量，改善教师学历构成，改善学校硬件条件和校舍条件，如增加图书、计算机等教学用具和设施的配备，改善学校的校舍条

件；陕西则要增加教育经费投入，加强教师队伍建设，提高师资力量，进一步改善教室、图书室、微机室等校舍条件。

第二章　我国初中教育综合发展水平测评

引言

国家教育事业发展"十三五"规划和《国家中长期教育改革和发展规划纲要（2010—2020 年）》颁布以来，我国统筹经济社会发展全局，协调教育内外部关系，将教育摆在优先发展的战略位置，各项教育事业取得长足发展，尤其是义务教育的结构布局、资源配置和办学水平得到不断优化。2019 年，我国九年义务教育巩固率达到 94.8%，全国 95.3% 的县级单位实现了义务教育基本均衡发展，99.8% 的义务教育学校（含教学点）办学条件达到"20 条底线"要求，56 人以上大班额比例下降到 3.98%。[①] 初中教育是我国义务教育的重要组成部分，认识、评价和监测当前我国初中教育发展状况是重大的教育政策实践与理论问题。深入了解我国各省（区、市）初中教育发展的基本概况及地区差异，有利于各地区发挥比较优势，准确定位、科学谋划初中教育发展的空间布局，促进区域内初中教育协调、可持续发展。本研究在参考以往有关教育发展评价指标体系研究的基础上，初步建构衡量我国各省（区、市）初中教育综合发展水平的指标体系，并对其进行测量和比较。

---

① 教育部："十三五"规划确定的主要目标任务将如期实现 [EB/OL] http://www.moe.gov.cn/fbh/live/2020/52692/mtbd/202012/t20201201_502759.html.

一、初中教育综合发展水平评价指标体系的初步构建

目前，国内学界专门针对我国初中教育发展现状、整体水平及其评价指标体系或发展指数的探讨相对较少，已有研究更多集中于对我国整体教育发展、高等教育（研究生教育）、普通高中教育和学前教育等教育阶段的探讨。在整体教育综合发展水平评价方面，王善迈等人[①]构建了由教育机会、教育投入（教育质量的替代指标）、教育公平3个指标构成的教育发展指数，并对各省份教育发展水平进行了横向比较；刘复兴等人[②]以"十一五"时期教育发展的宏观数据为基础，从教育发展的规模、质量、效益、公平和创新5个方面建构了我国教育发展评价指标体系，为解决我国教育领域综合改革阶段的教育难题，提供了科学的追踪与检测方法、模型，但该指标体系在教育创新方面不宜量化处理。在高等教育（研究生教育）综合发展水平评价方面，黄海军、孙继红[③]从整体规模、师资力量、学科专业、社会服务、经费投入、多元参与、信息化、国际化和学生体验7个维度进行了构建；刘惠琴等人[④]则以系统论为基础，建构了由教育发展的规模、结构、质量和效益4大维度、14个一级指标构成的研究生教育发展指标。在普通高中教育发展水平评价方面，高丙成、陈如平[⑤]从教育机会、教育条件、教育质量和教育公平4个指标进行构建；李德显、魏新岗[⑥]从教育整体规模、师资水平、办学条件和经费投入4个指标进行了构建；程素萍[⑦]认为，评价指标体系的确立应以能反映教育发展的规模、速度与水平为基本前提，由此提出了包括办学定位与目标、普及与公平、师资队伍、教育质量、条件保

①　王善迈, 袁连生, 田志磊, 等. 我国各省份教育发展水平比较分析 [J]. 教育研究 ,2013,34(06):29-41.

②　刘复兴, 薛二勇. 中国教育发展指数 [M]. 北京 : 北京师范大学出版社 ,2014:2-5.

③　黄海军, 孙继红. 我国省域高等教育综合发展水平评价研究 [J]. 当代教育科学 ,2018(10):63-68.

④　刘惠琴, 王传毅, 李锋亮, 等. 研究生教育发展指数之构建研究 [J]. 清华大学教育研究 ,2020,41(02):112-121.

⑤　高丙成, 陈如平. 我国普通高中教育综合发展水平研究 [J]. 教育研究 ,2013,34(9):58-66.

⑥　李德显, 魏新岗. 普通高中教育综合发展水平评价及省域比较研究 [J]. 教育理论与实践 ,2018,38(02):16-19.

⑦　程素萍. 区域普通高中教育发展水平评估监测指标体系的构建 [J]. 教育导刊 ,2020(8):38-43.

障和多样化特色发展 6 个一级指标构成的普通高中教育发展水平评价指标体系，虽然该指标体系涵盖内容全面，但具体施测存在一定难度。在学前教育发展水平评价方面，刘占兰与高丙成[①]、陈纯槿与范洁琼[②]都从教育机会、教育投入、教育质量与教育公平 4 个一级进行构建，但具体的二级评价指标略有差异。

总的来看，国内学界大多比较注重采用具有综合性的教育发展指标或发展指数来对地区各阶段教育发展水平进行测度与比较，但对于各阶段教育发展水平的测度到底应涉及哪些维度或具体指标还未达成明确、一致的共识。本研究在遵循指标体系设计系统性、科学性、代表性、可操作性等原则基础上，借鉴前人研究经验，并结合初中教育发展的实际情况，构建了一个由 3 个一级指标和 10 个二级指标组成的体系反映初中教育发展水平（见表 2-1）。

（一）师资力量指标

《关于全面深化新时代教师队伍建设改革的意见》指出："教师是教育发展的第一资源，是国家富强、民族振兴、人民幸福的重要基石。"2019 年，我国初中教育阶段共有教职工 435.04 万人，其中专任教师达 374.74 万人。教师队伍是教育资源配置均衡的重要指标，是当前我国深入推进教育均衡发展的政策评估指标。[③]为了有效描述各省的师资力量水平，选取如下 3 个二级指标。（1）生师比：教育部公布的《2019 年教育统计数据》直接公布了初中教育阶段的生师比数据，记为 X_1。生师比直接影响教师的教育教学过程，生师比越低，越有利于教师教学和班级管理活动的展开。生师比是一个逆向指标，本研究通过取倒数的方法进行正向化处理；（2）班级规模：班级规模 = 初中学生总数 / 初中班级总数，记为 X_2。班级授课是学校教学的基本组织形式，班级规模成为影响教师班级授课和课堂管理的重要因素。班级规模越小，教师就越有可能照顾到班级中每个个体，从而越有利于对学生因材施教。班级规模是一个逆向指标，

① 刘占兰,高丙成.中国学前教育综合发展水平研究[J].教育研究,2013,34(04):30-37.
② 陈纯槿,范洁琼.我国学前教育综合发展水平的省际比较与分析[J].学前教育研究,2018(12):14-27.
③ 薛二勇.区域内义务教育均衡发展指标体系的构建——当前我国深入推进义务教育均衡发展的政策评估指标[J].北京师范大学学报(社会科学版),2013(04):21-32.

本研究同样通过取倒数的方法进行正向化处理；（3）本科及以上学历专任教师占比：目前我国初中专任教师的学历达标率已达 99.88%，为了能够有效反映初中教育师资力量水平，本研究以本科及研究生学历专任教师占比进行测度，记为 X_3。教师的学历层次一定程度上能够反映学校教育质量水平，在推进教师培养供给侧结构性改革的当下，一批素质全面、业务见长的本科及以上层次教师逐渐成为初中学校建设和发展的主力军。

（二）办学条件指标

本研究所讨论的办学条件主要是指初中学校的教学基础设施情况（学校硬件条件），它是衡量教育综合发展水平重要因素。为了有效描述各省的办学条件水平，选取如下 5 个二级指标。（1）生均教学及辅助用房面积：教学及辅助用房包括教室、实验室、图书室、微机室、语音室和体育馆等，生均教学及辅助用房面积 = 教学及辅助用房总面积 / 初中学生总数，记为 X_4；（2）生均运动场地面积：生均运动场地面积 = 运动场地总面积 / 初中学生总数，记为 X_5；（3）生均图书（册）数量：生均图书（册）数量 = 图书（册）总量 / 初中学生总数，记为 X_6；（4）生均教学用计算机数量：生均教学用计算机数量 = 教学用计算机数 / 初中学生总数，记为 X_7；（5）生均教学仪器设备资产值：生均教学仪器设备资产值 = 教学仪器设备资产值 / 初中学生总数，记为 X_8。

（三）经费投入指标

目前，我国财政性教育经费主要来自中央财政性教育经费拨款和地方政府一般公共预算教育经费，其中地方政府一般公共预算经费占绝大比例。我国初中教育阶段的教育经费主要划分为两块：一是生均一般公共预算教育事业费（简称"生均教育事业费"），二是生均一般公共预算公用经费（简称"生均公用经费"）。[①] 由于各地区经济发展水平不均衡，我国各省（区、市）教育经费投入存在较大差异。为了有效描述各省的经费投入水平，选取如下 2 个二级指标。（1）生均教育事业费水平：教育事业费是各级政府相关部门在预算年度内安排，

---

① 罗贵明，邬美红 . 我国小学阶段生均一般公共预算教育经费地区差异分析 [J]. 当代教育论坛 ,2020(05):26-35.

并划拨到学校或单位的教育经费拨款，将各省的生均教育事业费记为 X_9。生均教育事业费水平能够反映各省（区、市）初中教育阶段得到的公共财政支持力度。（2）生均公用经费水平：教育公用经费是指用于学校教学业务与管理、教师培训、实验实习、文体活动等方面实际支出，将各省的生均教育事业费记为 X_10。

表 2-1 初中教育综合发展水平评价指标初步建构

一级指标	二级指标	变量名
师资力量	生师比	X_1
	班级规模	X_2
	本科及以上学历专任教师占比	X_3
办学条件	生均教学及辅助用房面积	X_4
	生均运动场地面积	X_5
	生均图书（册）数量	X_6
	生均教学用计算机数量	X_7
	生均教学仪器设备资产值	X_8
经费投入	生均教育事业费水平	X_9
	生均公用经费水平	X_10

二、数据、方法与工具

本研究所使用的数据来自《2019 年教育统计数据》《2019 年全国教育经费执行情况统计表》和《中国统计年鉴 2020》。由于本研究采用除港澳台外，我国 31 个省（区、市）的截面数据进行横向比较，样本数据量较小，不符合极大似然估计的协方差结构模型 (CSM) 样本量不少于 200 个的要求。偏最小二乘法（Partial Least Squares, PLS）对数据分布形态无特殊要求，能够同时处理反映型指标和形成型指标结构，其在小样本数据的综合评价研究中具有良好的应用效果。[1] 因此，本研究使用 SPSS23.0 和 Smart PLS3.0 软件对数据进行处理与分析。

---

[1] Urbach N, Ahlemann F. Structural equation modeling in information systems research using partial least squares[J]. *Journal of Information Technology Theory and Application*,2010,11(2):5-40.

三、研究模型的构建与检验

（一）初中教育综合发展水平模型的建构

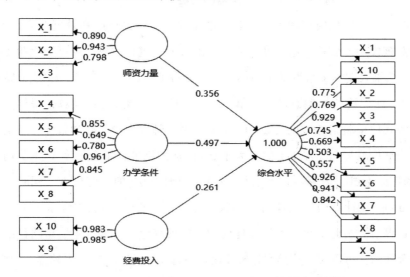

图 2–1 初中教育综合发展水平的 PLS 结构方程模型

本研究借鉴 Guinot[①] 等人提出的复数据表分析方法，建构我国初中教育综合发展水平评价模型（见图 2–1）。该模型将 PLS 结构方程模型与复数据表方法相结合，能够直接测算出评价对象的综合得分，进而进行比较分析。PLS 结构方程模型将不能进行直接测度的变量作为潜变量，其需要通过特定的可观测指标进行衡量（即"显变量"）。模型左侧表示的是反映 3 个潜变量的显变量组，即潜变量师资力量、办学条件、经费投入分别对应显变量组 X_1—X_3、X_4—X_8 和 X_9—X_10。模型右侧是由评价指标体系中所有的观测变量组成，用 X_1—X_10 表示，它们共同反映的潜变量则是一个综合评价指标，即"综合水平"，该指标对所有观测指标的概括性最强。如果师资力量越强，办学条件越好，经费投入越多，那么初中教育综合发展水平也就越高。模型中间部分反映了各潜变量之间的因果关联关系，师资力量、办学条件、经费投入共同构成了

---

① Guinot C, Latreille J, Tenenhaus M. PLS Path modelling and multiple table analysis. Application to the cosmetic habits of women in Ile-de-France[J]. *Chemometrics and Intelligent Laboratory Systems*,2001,58(2):247-259.

初中教育发展综合水平指标。

（二）初中教育综合发展水平模型的检验

PLS 结构方程模型的评价检验标准主要从模型的信度和效度两方面展开。首先对该模型左侧每一组显变量所构成的潜变量进行"单一维度"检验（见表2-2），结果表明，每个潜变量的第一主成分特征值均大于1，第二主成分特征均小于1，所建构的模型通过了"单一维度"检验。通过迭代运算，得到了模型估计的其他检验指标（见表2-3）。综合水平、师资力量、办学条件、经费投入的平均抽取变异量（AVE）值均大于0.5的适配标准，组合信度（CR）均大于0.7的适配标准，内部一致性系数（CA）均大于0.7的适配标准。同时，基于Bootstrapping 计算的模型各路径参数估计的 t 值在5%的显著性水平上超过了1.96 临界值。由此证明，本研究建构的初中教育综合发展水平模型路径结构关系是合理的，可以使用该模型分析和比较各省（区、市）的初中教育发展概况。

表 2-2 PLS 结构方程模型的"单一维度"检验结果

变量组	第一主成分特征值	第二主成分特征值
师资力量	2.318	0.523
办学条件	3.422	0.755
经费投入	1.937	0.063

表 2-3 模型拟合指标与信效度检验

潜变量	平均抽取变异量（AVE）	组合信度（CR）	内部一致性系数（CA）	测度系数（R^2）
综合水平	0.607	0.937	0.923	1.000
师资力量	0.773	0.910	0.910	
办学条件	0.680	0.913	0.881	
经费投入	0.967	0.984	0.967	

表 2-4 显示的外部权重均为正数，表明各指标与综合发展水平之间存在正相关，从潜变量综合水平及其相关系数指标来看，除了指标 X_5（生均运动场

地面积）和指标 X_6（生均图书数量），其余指标的相关系数均超 0.65，这说明模型较好地综合反映了观测指标的基本信息。

表 2-4 PLS 结构方程模型的外部权重及与其潜变量的相关系数

潜变量	具体指标	外部权重	相关系数	潜变量	具体指标	外部权重	相关系数
师资力量	X_1	0.359	0.890		X_1	0.128	0.775
	X_2	0.430	0.943		X_2	0.153	0.929
	X_3	0.345	0.798		X_3	0.123	0.745
办学条件	X_4	0.222	0.855	综合水平	X_4	0.110	0.669
	X_5	0.167	0.649		X_5	0.083	0.503
	X_6	0.185	0.780		X_6	0.092	0.557
	X_7	0.307	0.961		X_7	0.153	0.926
	X_8	0.312	0.845		X_8	0.155	0.941
经费投入	X_9	0.531	0.983		X_9	0.139	0.842
	X_10	0.485	0.985		X_10	0.127	0.769

四、初中教育综合发展水平的实证结果分析

（一）省际初中教育综合发展水平的比较分析

表 2-5 展示了 PLS 结构方程模型估计得出的我国 31 个省（区、市）初中教育综合发展水平的得分及排序。从初中教育教育发展的综合水平排名来看，北京、上海和浙江分别位列全国前 3 位，其得分都在 1.000 以上，说明这三个地区初中教育综合发展水平明显高于其他地区，处于全国领先地位。辽宁、江苏、天津、吉林、内蒙古、新疆以及陕西 7 个省份得分在 0.837—0.154 之间，排名分别位列第 4 位到第 10 位，其初中教育综合发展水平相对也排名靠前。而广东、黑龙江、山东、青海、甘肃、宁夏、西藏、安徽、山西、湖北、四川等省得分在 0.138—-0.481 之间，排名位列全国第 11 位到第 21 位，处于全国中游水平。海南、贵州、湖南、福建、河北、云南、重庆、广西、江西、河南等省得分在 -0.613—-1.164 之间，排名位列全国后 10 位，处于全国下游水平。从初中

教育综合发展水平的单一指标来看，在师资力量指标，排名全国前3位的分别是北京、上海和天津，其得分在1.000以上，处于领先地位；在办学条件指标，上海、北京、浙江、辽宁排名全国前4位，得分在1.000以上，处于领先地位；在经费投入指标，北京以4.577分位居榜首，得分远超其他省份，其次是上海，其得分为1.866分，这两个地区的经费投入处于明显的领先地位

表2-5 全国31个省（区、市）初中教育综合发展水平排名及等级差

省份	师资力量		办学条件		经费投入		综合水平	
	得分	排名	得分	排名	得分	排名	得分	排名
北京	3.336	1	1.989	2	4.577	1	3.77	1
上海	2.2	2	2.98	1	1.866	2	2.751	2
浙江	0.703	6	1.865	3	0.354	5	1.269	3
辽宁	0.805	5	1.406	4	-0.566	26(A-----)	0.837	4
江苏	0.474	8	0.901	5	0.079	7	0.637	5
天津	1.234	3	-0.153	16(A--)	0.966	4	0.615	6
吉林	0.96	4	0.344	10	-0.247	16(A--)	0.448	7
内蒙古	0.468	9	0.263	11	-0.252	17(A--)	0.232	8
新疆	-0.052	14(A-)	0.461	7	-0.093	11	0.186	9
陕西	0.34	10	0.08	13(A-)	-0.027	8	0.154	10
广东	-0.206	16(A-)	0.493	6(A+)	-0.128	12	0.138	11
黑龙江	0.586	7(A+)	-0.015	14	-0.387	20(A--)	0.1	12
山东	-0.066	15	0.451	8(A+)	-0.411	21(A--)	0.094	13
青海	-0.608	22(A--)	0.383	9(A+)	-0.04	9(A+)	-0.036	14
甘肃	0.22	11(A+)	-0.109	15	-0.522	23(A--)	-0.112	15
宁夏	-0.453	20(A-)	0.186	12(A+)	-0.381	19	-0.168	16
西藏	0.009	13(A+)	-0.883	26(A--)	0.978	3(A+++)	-0.18	17
安徽	-0.406	19	-0.292	19	-0.219	15	-0.346	18
山西	0.219	12(A+)	-0.63	22	-0.54	25(A-)	-0.376	19
湖北	-0.892	27(A-)	-0.276	18	-0.071	10(A++)	-0.473	20
四川	-0.715	24	-0.211	17(A+)	-0.465	22	-0.481	21

续表

省份	师资力量		办学条件		经费投入		综合水平	
	得分	排名	得分	排名	得分	排名	得分	排名
海南	-0.763	25	-0.755	24	0.131	6(A++++)	-0.613	22
贵州	-0.786	26	-0.453	20	-0.702	29(A-)	-0.688	23
湖南	-0.926	28(A-)	-0.583	21	-0.527	24	-0.757	24
福建	-0.215	17(A++)	-1.271	30(A-)	-0.193	13(A+++)	-0.759	25
河北	-0.701	23	-0.733	23	-0.631	27	-0.778	26
云南	-0.513	21(A+)	-0.894	27	-0.639	28	-0.794	27
重庆	-0.235	18(A++)	-1.493	31	-0.261	18(A++)	-0.894	28
广西	-1.35	30	-0.86	25(A+)	-0.73	31	-1.098	29
江西	-1.507	31	-1.052	28	-0.209	14(A++++)	-1.114	30
河南	-1.157	29	-1.142	29	-0.709	30	-1.164	31

　　根据 PLS 结构方程模型所估计的潜变量得分，本研究利用 SPSS23.0 对 31 个省（区、市）进行聚类分析。聚类分析是根据变量彼此不同的属性进行区分和辨认，将具有某些相似属性的变量聚为一类，使得同一类的变量具有一定的相似性。[①] 本研究运用 Ward 方法，选择平方 Euclidean 距离进行聚类。根据上述聚类分析结果，将全国 31 个省（区、市）初中教育综合发展水平聚为五类（见图 2-2）。同时对这五类省份的师资力量、办学水平和经费投入进行单因素方差分析后发现，这五类省份在 3 个潜变量上的 F 统计检验的 $P=0.000<0.001$ 均成立，这说明这五类省份在师资力量、办学条件和经费投入方面存在着非常显著的差异。

---

　　①　张奇 .SPSS for Windows——在心理学与教育学中的应用 [M]. 北京 : 北京大学出版社 ,2009:315.

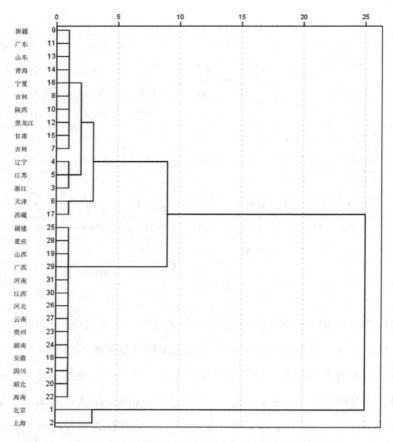

图 2-2 初中教育综合发展水平区域聚类图

北京、上海属于类团 1，其师资力量、办学条件和经费投入水平均高于全国其他省份，其中经费投入水平表现尤为突出，这在一定程度上与两地较高的经济发展水平有关。有学者指出，地方经济和财政发展状况对各省份的教育经费投入水平起着一定的决定作用，尽管各省（区、市）人均教育经费投入在逐年增长，但东部发达省份要高于中部和西部地区。[①]

河南、广西等 13 个省份属于类团 2，其师资力量得分在 -1.507—-0.215 之间，办学条件得分在 -1.493—-0.211 之间，经费投入得分在 -0.73—0.131 之间，

---

① 倪海，回世勇，吕晓英.我国教育经费投入地区差异实证研究[J].开发研究,2014(05):144-148.

综合水平得分在 -1.164—-0.346 之间，这些地区各指标发展水平都处于弱势地位，因此教育综合发展水平排名靠后。

辽宁、江苏和浙江属于类团 3，其师资力量得分在 0.474—-0.805 之间，办学条件得分在 0.901—1.865 之间，经费投入得分在 -0.566—0.354 之间，综合水平得分在 0.637—1.269 之间，可见这三个省份的综合发展水平仅次于第一类的北京和上海。其中，辽宁的经费投入水平得分虽然为 -0.566，但其他两个指标和综合得分均较高，因此被聚为类 3。

天津、西藏属于类团 4，其师资力量得分在 0.009—1.234 之间，办学条件得分在 -0.833—-0.153 之间，经费投入得分在 0.966—0.978 之间，可见相较于师资力量和经费投入水平，这两个地区的办学条件水平还处于弱势地位。

广东、新疆等 11 个省份属于类团 5，这些地区的师资力量、办学条件和经费投入三个指标发展不均衡，既有优势又优劣势，如山东、广东、青海、宁夏、新疆的师资力量和经费投入得分均为负值，但是办学条件得分均为正值，这说明相比于办学条件水平，这些地区在师资力量和经费投入方面上还处于弱势地位。

（二）省域内初中教育综合发展水平的比较分析

协调发展是指为实现系统发展总目标，内部子系统或构成要素之间相互合作与促进、相互内嵌与耦合的均衡状态。[1]教育内部的协调发展是指投入到教育中的资源要素之间保持均衡和一致，从而能够有效支撑教育功能的实现。[2]教育外部的协调发展主要指教育与经济社会发展水平之间的协调。为判别初中教育发展内部协调程度，本研究将各省在师资力量等 3 个指标的排名与初中教育综合发展水平的排名作等级差处理，标准为 4 的倍数，这种方法在我国高等教育

① 崔玉平，夏焰.区域高等教育联动改革与协调发展的经济意义——基于长三角地区的分析 [J].清华大学教育研究 ,2012,33(1):40-45.
② 段从宇.资源视角的高等教育区域协调发展研究 [D].大连：大连理工大学博士学位论文 ,2015:4.

（研究生教育）[1] 和继续教育 [2] 评价研究中得到了良好的应用。等级差为 1 倍时用"A+/A-"表示，等级差为 2 倍时用"A++/A--"表示，以此类推。其中，"A+"表示该项指标的排名高于本省的综合水平排名，"A-"表示该项指标的排名低于本省的综合水平排名。

由表 2-5 可以看出，相对于各省综合水平排名，在师资力量指标上处于劣势的主要有新疆 (A-)、广东 (A-)、青海 (A--)、宁夏 (A-)、湖北 (A-)、湖南 (A-)。因此，这些地区应进一步提升师资力量，包括降低生师比、减小班级规模、扩大本科及研究生专任教师比例。而河北 (A+)、山西 (A++)、吉林 (A+)、黑龙江 (A+)、福建 (A+++)、重庆 (A+++)、云南 (A++)、西藏 (A+)、甘肃 (A+) 等地区相对自身整体综合水平排名，在师资力量指标上处于优势地位；相对于各省综合水平排名，在办学条件指标上处于劣势的主要有天津 (A--)、陕西 (A-)、西藏 (A--)、福建 (A-)。因此，这些地区重点应提高办学条件的水平，包括进一步扩大教学及辅助用房面积、增加校园运动场地、图书（册）数量、教学用计算机和教学仪器设备的数量。而广东 (A+)、山东 (A+)、青海 (A+)、宁夏 (A+)、四川 (A+)、广西 (A+) 等地区相对自身整体综合水平排名，在办学条件指标上处于优势地位；相对于各省综合水平排名，在经费投入指标上处于劣势的主要有辽宁 (A-----)、吉林 (A--)、内蒙古 (A--)、黑龙江 (A--)、山东 (A--)、甘肃 (A--)、山西 (A-)、贵州 (A-)。因此，这些地区的财政和教育等政府部门应加大教育经费投入，提升生均一般公共预算教育事业费和生均一般公共预算公用经费。而青海 (A+)、西藏 (A+++)、湖北 (A++)、海南 (A++++)、福建 (A+++)、重庆 (A++)、江西 (A++++) 等地区相对自身整体综合水平排名，在经费投入指标上处于优势地位。

（三）省域初中教育综合发展水平与经济发展水平的协调程度

一个地区初中教育发展水平与经济社会发展水平之间是否协调是判断教育外部协调发展的一个重要指标。本研究以人均地区生产总值来衡量一个地区经

① 毛盛勇 . 中国高等教育与经济发展的区域协调性 [J]. 统计研究 ,2009,26(5):82-85.
② 王纾 , 赖立 . 我国继续教育综合发展水平的区域比较研究 [J]. 教育研究 ,2013,34(11):65-72.

济发展水平，并与教育综合发展水平之间的关系进行比较。从全国各省（区、市）初中教育综合发展水平与人均 GDP 的关系来看（见图 2-3），北京、上海、江苏、浙江、天津、广东、山东的初中教育综合发展水平与当地人均 GDP 都高于全国平均水平，发展势头良好；福建、湖北和重庆虽然人均 GDP 高于全国平均水平，但是其初中教育综合发展水平低于全国平均水平；辽宁、吉林、黑龙江、新疆、陕西和内蒙古的人均 GDP 虽然低于全国平均水平，但是其初中教育综合发展水平高于全国平均水平；西藏、青海、宁夏、安徽、四川、山西、海南、湖南、云南、河北、广西、江西、河南的人均 GDP 接近或低于全国平均水平，同时其初中教育综合发展水平也低于全国平均水平。

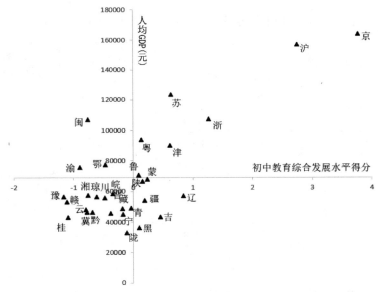

图 2-3 省域初中教育综合发展水平和人均 GDP 的关系

进一步对 31 个省（区、市）初中教育综合发展水平排名与人均 GDP 的排名进行比较，从而得到省域初中教育发展水平与经济社会发展水平的等级差异，等级差异 = 初中教育综合发展水平排名 - 人均 GDP 排名，由此评价各省（区、市）初中教育与经济发展的协调程度（见表 2-6）。本研究将省域初中教育综合发展水平与经济发展水平的协调程度分为三个层次：等级差异 > 4，则表明初中教育综合发展水平低于经济发展水平；-4 < 等级差异 < 4，则表明初中教育综合发展水平与经济发展水平基本协调；等级差异 < -4，则表明初中教育综合发展水平高于经济发展水平。研究发现，全国共有 12 个省（区、市）初中教育综合发展水平与其经济社会发展水平基本协调，即内蒙古、陕西、浙江、天津、贵州、北京、上海、广西、河北、江苏、山东和四川。有 9 个省（区、市）的初中教育综合发展水平高于经济发展水平，即吉林、黑龙江、甘肃、宁夏、辽宁、新疆、青海、山西、西藏。其余 10 个省（区、市）初中教育综合发展水平低于经济发展水平，即云南、安徽、广东、海南、湖南、江西、湖北、河南、重庆和福建。

表 2-6 省域初中教育综合发展水平与人均 GDP 排名比较

省份	综合水平	人均 GDP		等级差异	初中教育与经济发展协调程度
		排名	数额（元）		
吉林	7	28	43475	-21(A-----)	初中教育综合发展水平高于经济发展水平
黑龙江	12	30	36183	-18(A----)	
甘肃	15	31	32995	-16(A----)	
宁夏	16	27	45217	-11(A--)	
辽宁	4	15	57191	-11(A--)	
新疆	9	19	54280	-10(A--)	
青海	14	21	48981	-7(A-)	
山西	19	26	45724	-7(A-)	
西藏	17	22	48902	-5(A-)	

续表

省份	综合水平	人均GDP		等级差异	初中教育与经济发展协调程度
		排名	数额（元）		
内蒙古	8	11	67852	-3	
陕西	10	12	66649	-2	
浙江	3	4	107624	-1	
天津	6	7	90371	-1	
贵州	23	24	46433	-1	
北京	1	1	164220	0	初中教育综合发展水平与经济发展水平基本协调
上海	2	2	157279	0	
广西	29	29	42964	0	
河北	26	25	46348	1	
江苏	5	3	123607	2	
山东	13	10	70653	3	
四川	21	18	55774	3	
云南	27	23	47944	4(A+)	
安徽	18	13	58496	5(A+)	
广东	11	6	94172	5(A+)	
海南	22	16	56507	6(A+)	初中教育综合发展水平低于经济发展水平
湖南	24	14	57540	10(A++)	
江西	30	20	53164	10(A++)	
湖北	20	8	77387	12(A+++)	
河南	31	17	56388	14(A+++)	
重庆	28	9	75828	19(A++++)	
福建	25	5	107139	20(A+++++)	

五、结论与建议

（一）研究结论

本研究采用 PLS 结构方程模型，从师资力量、办学条件、经费投入三个指标构建并检验了初中教育综合发展指标体系，建构的模型拟合理想，较好地解释了我国初中教育综合发展水平。同时，通过考察了各省（区、市）间初中教育综合发展水平差异和各省（区、市）内部初中教育发展水平，以及各省（区、市）初中教育综合发展水平与经济发展水平的协调程度，得到如下结论：

1. 从各省（区、市）间教育发展水平来看，我国初中教育综合发展水平各省（区、市）间发展不平衡，其存在较为明显的"梯队现象"。结合前文初中教育发展水平的排名和聚类结果，可以初步将我国各省（区、市）初中教育发展水平划分为四个梯队。北京、上海、浙江、江苏等省属于第一梯队，其综合发展水平排名较高，且各项指标也都靠前；辽宁、天津、内蒙古等省紧随其后，属于第二梯队，其综合发展水平排名其次，部分指标排名相对较低；青海、甘肃、宁夏等省属于第三梯队，其综合发展水平排名位于中间及以下，部分指标排名较为滞后；贵州、湖南、福建等省属于第四梯队，其综合发展水平排名和各项指标均较为靠后。受地域、经济、政策、文化等诸多因素叠加形成的这种初中教育发展"梯队问题"值得警惕。

2. 从教育的内、外部协调发展来看，我国初中教育综合发展水平省域内部协调性较差，且省域初中教育综合发展水平与地区经济发展水平的协调程度不佳。除第一梯队的四个省份和其他梯队个别省份外，我国多数省份初中教育内部各指标发展并不均衡，出现了"后进反超"问题，导致整体教育发展的协调性较差，影响了初中教育整体水平的排名。如辽宁省初中教育综合发展水平排名位列全国第 4 位，但经费投入却排在全国第 26 位；再如海南和江西两省的初中教育综合发展水平排名分别位列全国第 22 位和第 30 位，但两省的经费投入水平却位列全国第 6 位和第 14 位。此外研究发现，全国不足半数的省（区、市）初中教育综合发展水平与当地的经济社会发展水平基本适应，这说明经济发展水平与初中教育综合发展水平不一定成正相关关系。虽然各省份的经济发展水平会直接影响区域内各级政府对初中教育的投入力度，但影响初中教育综合发展的因素有很多，比如各地方的发展战略、人口规模、教育政策、教育观念、文化传统等。

（二）对策建议

1. 加大中央对薄弱省区转移支付力度，强化省级政府的统筹责任

《中国教育现代化 2035》明确提出"提升义务教育均等化水平，建立学校标准化建设长效机制。"初中教育发展出现的梯队问题不利于我国义务教育均衡发展，如不及时进行破解，很有可能形成发展中的"路径锁定"，或加剧各省（区、市）间教育资源的不合理流动。经费是初中教育良性运转的命脉，从促进教育公平的角度出发，中央层面应加大对第三、第四梯队等薄弱省份初中教育的财政转移支付力度，充分发挥中央财政资金的杠杆作用。同时，各地方政府部门应结合本地区实际，在制定区域内初中教育生均经费和财政拨款基本标准的同时，建立相应的动态调整机制，切实保障初中教育经费的增量更多向辖区内农村和贫困地区学校倾斜。

着眼于国家教育改革发展全局，还需对初中教育经费省级统筹责任作进一步明确。《教育领域中央与地方财政事权和支出责任划分改革方案》规定"义务教育总体为中央与地方共同财政事权，并按具体事项细化""明确地方权责，加强省级统筹"。鉴于当前部分省份在中央相应政策执行和落实过程中存在的初中教育经费统筹职责定位不清晰、统筹责任下移，以及省对下初中教育转移支付功能结构不合理、"重物轻人"等突出问题[1]，应进一步明确省级政府的财政投入责任。具体来说，省级政府应成为初中教育均衡发展中最主要的财政责任承担者，加大对人员经费支出的投入力度，将学校基建等支出责任转移给基层政府；增加初中教育一般性转移支付，并逐步提高其在转移支付体系中所占比重，使区域内初中教育资源配置得到均衡化发展，从而建设更加公平且更有质量的初中教育。

2. 补齐自身短板，促进整体协调发展

从系统论观点来看，任何一个子系统的发展滞后，都会导致整个巨系统中各子系统间出现相互掣肘的"短板"效应。因此，若要初中教育综合发展水平

---

① 李振宇. 义务教育经费"省级统筹"政策执行分析 [J]. 清华大学教育研究 ,2019,40(6):84-91.

这个复合巨系统达到协调状态，就必须关注巨系统内部相对滞后的子系统，即需要各地区辨识自身相对优势和不足，尤其是那些初中教育内部失调程度较大的省份，需要投入更多的人力、物力和财力促进师资力量、办学条件等内部子系统的同步发展，这样才能使初中教育整体发展水平得到优化。

3. 发挥地缘优势，共建"初中教育发展共同体"

"教育发展共同体"是指在相同或相似的教育发展条件下，如相同或相近的地域、文化、经济发展水平等，若干个比邻的省份相互学习、相互影响、相互促进而形成的一种伙伴关系。[①] 不难发现，我国某些省份无意或有意形成了一种"初中教育发展共同体"，如重庆、湖南、湖北、江西等四省市不仅地理位置比邻，并且在经济发展水平、文化传统方面也有较大相似性，反映在初中教育综合发展水平排名也比较接近，分别为第 20（湖北）、第 24（湖南）、第 28（重庆）、第 30（江西），同时通过初中教育综合发展水平区域聚类情况也可以发现，这五个省市都属于类团 2；吉林、内蒙古、黑龙江，排名分别为第 7、第 8、第 12，并且都属于类团 5。因此，各地应积极探索、发挥这种自然和历史的地缘优势，共同建设具有真正成效的"初中教育发展共同体"，这有助于各地区之间的相互学习与借鉴，促进各省（区、市）间初中教育资源的共享，降低教育发展成本，提高教育发展效益。

---

① 刘复兴,薛二勇.中国教育发展指数 [M].北京：北京师范大学出版社 ,2014:315.

第三章　普通高中教育综合发展水平评价及省域比较研究

引言

《国民经济和社会发展第十三个五年计划纲要》明确提出加快教育布局调整和资源整合，全面落实普惠教育政策，扩大高中阶段教育，要求到"十三五"末高中阶段教育的毛入学率应达到 86% 以上，基本普及高中阶段教育。因此，深入研究普通高中教育发展的整体状况以及省域、省内之间的差异，对于国家和各省份相关部门全面了解普通高中教育发展现状，准确定位自身的优劣势，提高决策的针对性、实效性和合理性，促进各省普通高中教育的协调发展，完成"十三五"规划纲要中有关高中阶段教育的目标具有重要推动作用。

一、普通高中教育综合发展水平评价指标体系的初步构建

普通高中教育作为我国整体教育体系的重要层次之一，对其综合发展水平的评价必须将多种教育指标进行系统整合，方能较为全面客观的反映其发展状况。教育指标体系是"基于一定价值判断和价值追求、由一系列相关数据指标组合而成的系统的评价工具，是评判教育发展重要手段"。[1] 其设计主要基于两方面的含义："一是评价教育发展状况，二是描述教育系统的重要特征。"[2]

---

① 高书国 . 教育指标体系的特点与功能 [J]. 教育与教学研究 ,2014(12):1-6.
② 张男星等 . 我国高等教育综合发展水平评价及区域差异研究 [J]. 教育研究 ,2014(5):28-36.

目前，有国内学者[1]将普通高中教育综合发展水平的指标体系设计为由教育机会、教育条件、教育质量和教育公平 4 个一级指标和初中升入普通高中的升学率、普通高中巩固率、普通高中教育经费占教育经费比例、生均建筑面积、班额、生师比、教师学历达标率、生均教育经费城乡差异、教师学历合格率城乡差异、生均图书量城乡差异 10 个二级指标构成。这一指标体系的构建为本研究提供了重要的信息，但是同时发现，其存在着一些如生均教学用计算机量、研究生学历专任教师所占比例等重要指标未能涵盖的缺陷。此外，对于指标体系中权重问题的处理，该研究主要将相关指标赋予相同的加权方法。有学者[2]指出这种权重赋予方法存在一定的主观性。为了使研究更为客观，笔者认为可以借鉴 Johnstone[3] 提出的使用因子分析求得各指标的因子负荷作为各指标权重的方法。Berlage[4] 等人通过实证技术证明了这种方法的可行性。另外还有学者[5]建构了由方向（学校发展特色化与多样化）、输入（硬件—软件资源供给的现代化）、过程（教学—科研—管理的育人中心）、产出（学生—教师—学校三位一体的效能呈现）和环境（政府—社会—家庭）多元联动的支持系统 5 个方面的指标体系。但该指标体系存在一些不宜量化处理的缺点。

在借鉴以上指标体系同时，结合我国普通高中教育的实际情况，本研究初步构建了一个由 5 个一级指标和 15 个二级指标组成的指标体系。分别为：（1）一级指标整体规模由普通高中入学率这个二级指标构成，它主要反映普通高中教育的承载能力；（2）一级指标师资水平 1 由生师比、班额、二级职称专任教师所占比例、本科学历专任教师所占比例、专科学历专任教师所占比例、三级职称专任教师所占比例 6 个二级指标构成；（3）一级指标师资水平 2 由高级职称专任教师所占比例、研究生学历专任教师所占比例和一级职称专任教师所占

[1] 高丙成，陈如平.我国普通高中教育综合发展水平研究 [J].教育研究,2013(9):58-66.

[2] 王保进.台湾地区国民教育发展形态之研究 [J].教育与心理研究,1991(14):207-234.

[3] Johnstone J N. *Indicators of education systems*[M]. London: Kogan Page Press,1981:2-6.

[4] Berlage L, Terweduwe D. The classification of countries by cluster and factor analysis[J]. *World Development*,1988,16(12):1527-1545.

[5] 杜明峰，范国睿.普通高中教育现代化发展指标的价值选择与建构思路 [J].教育发展研究,2015(1):71-75.

比例 3 个二级指标构成。师资水平 1 和师资水平 2 这两个一级指标主要反映了教师队伍的量与质，是普通高中教育质量的重要基础和必要保障（这里之所以分为师资水平 1 和师资水平 2 两个指标主要是因为，通过初步的模型运算发现，师资水平 1 这个一级指标中的 6 个二级指标与综合水平指标之间呈负相关关系，而师资水平 2 这个一级指标中的 3 个二级指标与综合水平之间成正相关关系。因此，如果简单的合成一个指标将影响对综合水平这一指标的反映和模型结构的构建）；（4）一级指标办学条件由生均体育馆场面积、生均藏书量、生均教学用计算机数 3 个二级指标构成，它主要反映了办学的硬件条件；（5）一级指标经费投入由生均预算教育事业费和生均公共财政预算公用费 2 个二级指标，它主要反映了经费的保障。

二、研究方法、工具选择与模型建构、检验

目前，在统计学、社会学等领域综合评价研究应用最为广泛的方法之一是多指标综合评价。其主要分两大类："一类是不含潜变量的综合评价方法，另一类是含潜变量的综合评价方法。"[①] 鉴于本研究主要为省域、省内之间的横向比较，样本量仅为 31 个，不符合协方差结构方程模型（CSM）样本量最少不低于 200 个的要求。所以，采用由瑞典统计学家伍德（Word）等人提出偏最小二乘通径模型（Partial Least Squares Path Modeling）方法。该方法采用的是一系列一元或多元线性回归的迭代求解。[②]

---

　　① 李国峰,孟亚男.我国部属高校科技活动综合评价 [J].研究与发展管理,2013(2):95-106.

　　② 王惠文,吴载斌,孟洁著.偏最小二乘回归的线性与非线性方法 [M].国防工业出版社,2006:149.

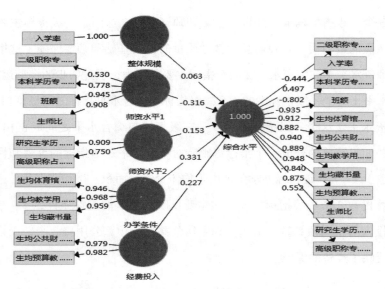

图 3-1 普通高中教育发展综合水平的 PLS 结构方程模型

注：为便于排版，图中将"二级职称专任教师所占比例"简称为"二级职称专…"，依此类似。

PLS 结构方程模型将不能直接测量的变量称为潜变量，本研究指标体系中共有整体规模、师资水平 1、师资水平 2、办学条件和经费投入 5 个一级指标组成的潜变量和一个综合水平潜变量。初步选取 15 个显变量（二级指标）来测量这 5 个潜变量，所选显变量是否反映所属潜变量，可以通过指标与潜变量之间的相关负荷及显著性进行验证，其要求相关负荷值大于 0.5 同时 p 值显著。由 SmartPLS3.0 软件给出的检验结果显示，除指标具有一级职称专任教师所占比例、三级职称专任教师所占比例和专科学历专任教师所占比例的相关负荷低于 0.5 且 p 值不显著，其他指标都通过了检验。由此，可判断剩余指标能够较好估计普通高中教育综合发展的水平，最终构建了由 5 个一级指标和 12 个二级指标构成的普通高中教育综合发展水平的结构方程模型（见图 3-1）。

由图 3-1 可以得到整体规模等 5 个潜变量对综合水平这一潜变量的标准化路径系数。其中对普通高中综合发展水平贡献最大是师资水平：包括师资水平 1（-0.316）和师资水平 2（0.153），其中师资水平 1 的标准化路径系数为 -0.316。

这里的负号代表师资水平与综合水平之间呈负相关关系，也就是说在师资水平1中的生师比越小，就可能越利于教学效果提高，也就越有利于综合水平的提高，同理班额等其余的指标亦是如此。而值0.316代表了师资水平对综合水平贡献的大小。办学条件潜变量对综合水平的贡献排在第二位（0.331），且与之呈正相关。经费投入潜变量对综合水平的贡献排在第三位（0.227），且与之呈正相关。整体规模潜变量对综合水平的贡献排在第四位（0.063）。通过Bootstrapping程序检验发现这5个潜变量与综合水平这一潜变量之间呈显著性差异（p<0.05），因此，这5个潜变量可以很好地解释综合水平这个变量。同时，综合水平对整体规模等5个潜变量的多元回归方程测度系数是1.000，说明综合水平对这5个潜变量概括程度相当高。

首先对该模型的潜变量进行"单一维度检验（unidimensionality test）"，结果显示每个潜变量的第一主成分特征值均大于1，第二主成分特征均小于1。因此，所构建的PLS路径模型通过了该检验。进而通过迭代运算，得到了模型估计的其他检验指标。PLS结构方程方程模型的信度指标主要有合成信度（CR），要求其值>0.7。效度指标主要通过聚合效度进行评价，聚合效度是平均抽取变异量（AVE），要求其值>0.5。由表3-1可知，本研究构建的普通高中教育发展综合水平模型的信度和效度各项指标均符合要求，可以使用该模型分析各省域的普通高中教育发展状况。

表3-1 PLS路径模型信度效度检验指标

潜变量	平均抽取变异量（AVE）	合成信度（CR）	测定系数（R^2）
综合水平	0.660	0.747	1.000
整体规模	1.000	1.000	
师资水平1	0.651	0.877	
师资水平2	0.694	0.818	
办学条件	0.917	0.971	
经费投入	0.916	0.980	

　　表 3-2 给出了各显变量指标与相应潜变量的相关程度。一般情况下，指标与其潜变量之间相关程度越高，说明潜变量越能很好地概括指标所包含的信息。由表 3-2 潜变量综合水平及其指标可见，除入学率、二级职称专任教师所占比例和高级职称专任教师所占比例三个指标相关系数在 0.5 左右外，其余 9 个指标的相关系数都高于 0.8，因此说明模型较好地综合了观测指标的基本信息。

表 3-2 PLS 结构方程模型的外部权重及与其潜变量的相关系数

潜变量	指标	外部权重	相关系数	潜变量	指标	外部权重	相关系数
整体规模	入学率	1.000	1.000		入学率	0.063	0.497
师资水平1	二级职称专任教师所占比例	0.177	0.530		二级职称专任教师所占比例	-0.056	-0.444
	本科学历专任教师所占比例	0.320	0.778		本科学历专任教师所占比例	-0.101	-0.802
	班额	0.373	0.945		班额	-0.118	-0.935
	生师比	0.335	0.908		生师比	-0.106	-0.840
师资水平2	研究生学历专任教师所占比例	0.723	0.909	综合水平	研究生学历专任教师所占比例	0.110	0.875
	高级职称专任教师所占比例	0.456	0.750		高级职称专任教师所占比例	0.070	0.552
办学条件	生均体育馆（场）面积	0.347	0.946		生均体育馆（场）面积	0.115	0.912
	生均藏书量	0.339	0.968		生均藏书量	0.112	0.889
	生均教学用计算机数	0.358	0.959		生均教学用计算机数	0.119	0.940
经费投入	生均预算教育事业费	0.528	0.979		生均预算教育事业费	0.120	0.948
	生均公共财政预算公用费	0.492	0.982		生均公共财政预算公用费	0.111	0.882

三、省域之间普通高中教育综合发展水平比较分析

如果想对全国31个省份普通高中教育综合发展水平进行比较分析的话，就需要对这些省份的得分进行排名。因为师资水平1与综合水平之间呈负相关关系，要得到综合水平这一变量的得分排名需要将这种负相关关系转化为与整体规模、师资水平2、办学条件和经费投入这四个潜变量相一致的正相关关系。按照 Tenenhaus[1] 的建议，可以将单独负相关指标的符号进行改变。若要继续求得省域普通高中教育指标体系中潜变量的得分排名，可以将这整体规模、师资水平（因为将师资水平负相关关系进行了转化，所以这里将师资水平1和师资水平2合并为师资水平）、办学条件和经费投入这4个潜变量作为指标，进行PLS 路径模型的二次运算，由此得到了我国31个省份（这里将港澳台地区除外）普通高中教育发展的综合水平得分和排序如下表3-3所示。

表 3-3 全国各省份普通高中教育发展综合水平排名及等级差

省份	整体规模		师资水平		办学条件		经费投入		综合水平	
	得分	排名	得分	排名	得分	排名	得分	排名	得分	排名
北京	1.547	4（A-）	3.438	1	3.958	1	4.286	1	3.876	1
天津	2.214	1	1.932	3	0.968	4	1.149	3	1.772	3
河北	0.198	13(A++)	-0.368	19	-0.244	12（A++）	-0.538	24(A-)	-0.332	19
山西	-0.252	17(A+)	-0.275	17(A+)	-0.500	21	-0.528	23	-0.421	21
内蒙古	1.687	2(A+)	0.459	7	-0.192	11(A-)	0.039	8(A-)	0.440	5
辽宁	0.431	10	0.697	5(A+)	-0.363	15(A--)	-0.194	13(A-)	0.261	8
吉林	1.237	5(A+)	0.020	12	-0.591	26(A-----)	-0.428	19(A---)	-0.049	10
黑龙江	-0.453	20(A-)	0.060	11(A+)	-0.556	24(A--)	-0.255	15	-0.238	16
上海	0.229	11(A---)	2.194	2	2.510	2	2.507	2	2.298	2
江苏	-0.670	22(A------)	1.078	4	0.520	6	0.025	9(A-)	0.542	4
浙江	-0.050	16(A---)	0.509	6	0.629	5	-0.034	11(A-)	0.379	6
安徽	-0.360	18(A+)	-0.455	20	-0.471	20	-0.364	18(A+)	-0.475	22
福建	0.229	11	-0.043	13(A-)	1.267	3(A++)	-0.486	22(A----)	0.206	9

① Tenenhaus M, Vinzi V E, Chatelin Y M, et al. PLS path modeling[J]. *Computational Statistics & Data Analysis*,2005,48(1):159-205.

省份	整体规模		师资水平		办学条件		经费投入		综合水平	
	得分	排名	得分	排名	得分	排名	得分	排名	得分	排名
江西	-0.825	26(A-----)	0.193	9	-0.395	16(A-)	0.042	7(A+)	-0.121	11
山东	0.167	15	-0.095	15	-0.312	13	-0.233	14	-0.152	15
河南	-1.213	28	-0.805	27(A+)	-0.922	31	-0.566	25(A-)	-0.930	30
湖北	0.679	8(A++)	0.121	10(A+)	-0.615	28(A---)	-0.668	29(A-----)	-0.151	14
湖南	0.183	14(A+++)	-0.604	23	-0.409	17(A++)	-0.600	28(A-)	-0.504	23
广东	-1.042	27(A---)	-0.087	14(A+)	0.105	9(A++)	-0.471	21(A-)	-0.290	17
广西	-1.306	29	-0.790	26	-0.530	22(A++)	-0.570	27	-0.843	28
海南	-0.779	24(A-)	-0.577	21	-0.025	10(A+++)	0.260	6(A++++)	-0.337	20
重庆	0.570	9(A+++++)	-0.958	29(A-)	-0.531	23	-0.311	17(A++)	-0.572	24
四川	-0.794	25	-0.742	25	-0.410	18(A+++)	-0.681	30(A-)	-0.740	27
贵州	-0.748	23(A++)	-1.319	31	-0.670	29	-0.681	30	-1.070	31
云南	-1.880	31	-0.740	24(A+)	-0.434	19(A+++)	-0.569	26(A-)	-0.884	29
西藏	-1.554	30(A-)	-0.974	30(A-)	-0.603	27	0.495	4(A++++++)	-0.728	25
陕西	1.671	3(A+++)	-0.354	18(A++)	-0.701	30(A------)	-0.190	12	-0.129	12
甘肃	-0.453	20(A++)	-0.878	28	-0.585	25	-0.447	20(A++)	-0.738	26
青海	0.927	6	0.210	8	0.259	7	0.299	5	0.378	7
宁夏	0.787	7(A+++)	-0.590	22(A-)	-0.358	14(A+)	-0.283	16	-0.315	18
新疆	-0.376	19(A-)	-0.259	16(A-)	0.203	8(A+)	-0.003	10(A+)	-0.132	13

从普通高中教育发展的综合水平排名来看，北京、上海和天津分别排名全国前3位，其得分都在1.000以上，说明这几个省份综合发展水平明显高于其他省份，处于较大的领先地位。江苏、内蒙古、浙江、青海、辽宁和福建6个省的得分在0.542—0.206之间，排名分列第4到9位，普通高中教育的综合发展水平相对也较为靠前，处于全国排名的前十位之内。而吉林、江西、陕西、新疆、湖北、山东、黑龙江、广东、宁夏、河北、海南、山西和安徽得分在-0.049—0.475之间，排名分列全国第10到22位，处于中游水平。湖南、重庆、西藏、甘肃、四川、广西、云南、河南、贵州得分在-0.504—1.070之间，排名全国后9位，处于下游水平。

　　从普通高中教育4个单一维度的发展水平来看，在整体规模维度上排在全国前5位的分别是天津、内蒙古、陕西、北京和吉林，其得分都在1.000以上，处于领先地位。因为这一维度只用入学率这一个指标反映，因此，这五个省份的入学率最高。青海、宁夏、湖北、重庆、辽宁、上海、福建、河北、湖南、山东这几个省份排名分列全国第6到15位，得分在0.927—0.167之间，处于中上游水平。而浙江、山西、安徽、新疆、甘肃、黑龙江、江苏、贵州、海南、四川、江西这几个省份排名分列全国第16到26位，得分在-0.050—-0.825之间，处于中下游水平。广东、河南、广西、西藏和云南排在第27到31位，得分都在的-1.000以上，处于全国排名的后5位，处于下游水平。在师资水平维度上，北京、上海、天津和江苏排名全国前4位，得分在1.000以上，处于明显领先地位。辽宁、浙江、内蒙古、青海、江西、湖北、黑龙江和吉林这几个省份的得分在0.697—0.020之间，位列全国第5到12位之间，处于中上游水平。而福建、广东、山东、新疆、山西、陕西、河北、安徽这几个省份的得分在-0.043—-0.455之间，位列全国排名的第13到20位，处于中游水平。海南、宁夏、湖南、云南、四川、广西、河南、甘肃、重庆、西藏和贵州排名位列全国后10位，处于下游水平，明显落后。

　　在办学条件维度上，北京、上海和福建排在全国前3位，得分在1.000以上，处于明显领先地位。天津、浙江、江苏、青海、新疆和广东得分在0.968—0.105之间，位列第4到9位，处于较领先地位。海南、内蒙古、河北、山东、宁夏、辽宁、江西、湖南、四川、云南、安徽和山西这几个省份排名位列第10到21位，得分在-0.025—-0.500之间，处于中游水平。广西、重庆、黑龙江、甘肃、吉林、西藏、湖北、贵州、陕西和河南排在我国后10位，处于下游水平。

　　在经费投入维度上，北京、上海和天津排在全国前3位，得分在1.000以上，明显处于领先地位。西藏、青海、海南、江西、内蒙古和江苏得分在0.495—0.025之间，排名位列全国第4到9位，处于上游水平。新疆、浙江、陕西、辽宁、山东、黑龙江、宁夏、重庆、安徽、吉林、甘肃、广东和福建排名位列全国第10到22位，得分在-0.003—-0.471之间，处于中游水平。山西、河北、河南、云南、广西、湖南、湖北、四川和贵州得分在 -0.528—-0.681 之间，排名位列全国后 9 位，处于下游水平，明显落后。

四、各省份内部普通高中教育综合发展水平比较分析

对各省份内部普通高中教育单一维度与其综合发展水平排名之间的比较，有利于发现其自身的优劣势，从而为各省明确今后一段时间内普通高中教育各项具体工作的轻重缓急，提高决策的针对性、实效性和合理性提供客观信息基础。从以往的研究来看，判别研究生教育（或高等教育）发展内部或外部协调程度方法，主要有五种类型，分别是："观察思辨判断型、二维图示直观型、描述性统计观测型、回归分析拟合型和系统建模仿真型。"[①] 其中"系统建模仿真型的科学性相对较高，但仍有很大改进空间，而二维图示直观型因为简洁直观，具有很大的吸引力"。[②] 结合以上学者观点，本研究将各省份在整体规模等 4 个维度上的排名与其普通高中教育发展综合水平的排名之间作等级差处理，将等级差标准定为 3 的倍数。这种方法在评价我国继续教育综合发展水平研究中取得良好的效果。[③] 各维度排名与综合水平排名之间等级差为 3 的一倍时（用 +/- ）表示，为 3 的二倍时用（++/-- ）表示，为 3 的三倍时用（+++/--- ），以此类推。其中，"+"代表着该省在 4 个维度的某一维度上的排名等级差高于它的综合水平排名，"-"代表着该省在 4 个维度的某一维度上的排名等级差低于它在综合水平上的排名。

由上表 3-3 可以得出，相对于自身综合水平排名，在整体规模维度上处于劣势主要有北京（A- ），上海 (A---)、江苏 (A------)、浙江 (A---)、江西 (A-----)、广东 (A---)、海南 (A-)、西藏 (A-) 和新疆 (A-)，因此今后努力提高其整体规模，特别是入学率是这些省份与自身其他三个维度相比的当务之急。而河北 (A++)、

① 王传毅，赵丽娜，杨莉. 我国研究生教育区域结构外部协调性研究述评 [J]. 现代教育管理 ,2013(3):101-105.

② 黄海军，李立国. 中国省域研究生教育与经济发展水平的协调性研究 [J]. 江苏高教 ,2015(3):91-94.

③ 王纾，赖立. 我国继续教育综合发展水平的区域比较研究 [J]. 教育研究 ,2013(11):65-72.

山西 (A+)、内蒙古 (A+)、吉林 (A+)、安徽 (A+)、湖北 (A++)、湖南 (A+++)、重庆 (A+++++)、贵州 (A++)、陕西 (A+++)、甘肃 (A++) 和宁夏 (A+++) 这些省份与自身综合发展水平排名相比，在整体规模维度上处于优势地位。相对于自身综合水平排名，在师资水平维度上处于劣势的主要有福建 (A-)、重庆 (A-)、西藏 (A-)、宁夏 (A-) 和新疆 (A-)，因此提高师资水平主要包括降低生师比、降低班额、降低本科学历专任教师所占比例，同时提高研究生学历专任教师所占学历、降低二级职称专任教师所占比例，并提高高级职称专任教师所占比例是这些省份重点方向。而山西 (A+)、辽宁 (A+)、黑龙江（A+）、河南 (A+)、湖北 (A+)、广东 (A+)、云南 (A+) 和陕西 (A++) 这些省份与自身综合发展水平相比，在师资水平维度上处于优势。相对于自身综合水平排名，在办学条件上处于劣势的主要有内蒙古 (A-)、辽宁 (A--)、吉林 (A-----)、黑龙江 (A--)、湖北 (A---) 和陕西 (A------)，因此今后应提高办学条件主要包括提高生均体育场馆面积、提高生均藏书量和生均教学用计算机量是这些省份需要重点关注的方面。而河北（A++）、福建 (A++)、湖南 (A++)、广东 (A++)、广西 (A++)、海南 (A+++)、四川（A+++）、云南 (A+++)、宁夏 (A+) 和新疆 (A+) 这些省份与自身综合发展水平排名相比，在办学条件维度上处于优势。相对于自身综合水平排名，在经费投入维度上处于劣势的主要有河北 (A-)、内蒙古 (A-)、辽宁 (A-)、吉林 (A---)、江苏 (A-)、浙江 (A-)、福建 (A----)、河南（A-）、湖北（A----）、湖南 (A-)、广东 (A-)、四川 (A-)、云南 (A-)，因此今后加大经费投入这里主要包括生均预算教育事业费和生均公共财政预算公用费是这些省份的重点。而安徽 (A+)、江西 (A+)、海南 (A++++)、重庆 (A++)、西藏 (A+++++++)、甘肃 (A++) 和新疆 (A+) 这些省份与自身综合发展水平排名相比，在经费投入维度上处于优势。

五、研究结论

第一，由各省域之间在整体规模、师资水平、办学条件、经费投入和综合发展水平的得分与排名情况进行分析发现，我国普通高中教育综合发展水平存在省域间不平衡特征。这种不平衡性不仅表现在各省间综合水平得分与排名上，还表现在各省间具体四个维度上的得分与排名上。因此，像排名与得分处于落后位置的贵州、河南、云南、广西等省区今后应将重点放在完成"十三五"末国家对普通高中教育发展目标上。而像北京、天津、上海、江苏排名与得分都处于全国前列，发展水平处于领先位置的省份，普通高中教育的重点在巩固自身发展水平的同时拓宽视野，向国际普通高中发展的领先水平看齐。而像排名与得分处于中游的吉林、陕西、河北、山西、安徽等省份加快弥补与处于全国前列省份之间在各维度上的差距，力争早日进入上游行列。

第二，对省内普通高中教育发展综合水平比较分析发现，我国普通高中教育综合发展水平存在省内协调性差异较大的特征。有些省份内部各指标之间发展的协调性好。这些省市主要包括：北京、上海和天津。有些省份内部某个别指标发展相对落后，协调性较差。这些省市主要包括：江苏、浙江、辽宁、福建、吉林、青海、内蒙古、陕西等。像这些省份应该有针对性的提高综合发展水平中的薄弱环节，补齐短板，从而尽早完成国家所要求的目标。如江苏、浙江这两个省份应该重点提高其整体规模，特别是普通高中的入学率上；辽宁、吉林和陕西这三个省份应该重点改善办学条件，特别是生均体育馆（场）面积、生均藏书量和生均教学用计算机数这类硬件设施上；福建应该重点加大经费的投入，特别是生均预算教育事业费和生均公共财政预算公用费等。

高等教育编

上篇：我国高等教育综合发展水平区域差异研究设计

第四章　我国高等教育综合发展水平区域差异研究的内容与方法设计

一、研究背景

教育是一个国家发展的根本，国民的教育水平越高，则这个国家的科技越发展，经济越繁荣，国家越强大。随着经济和社会的发展，我国对教育的高度重视以及对教育投入的持续增加，接受高等教育人口比例的不断增加，国家高等教育发展水平持续提高。国际上通常用高等教育毛入学率作为衡量一个国家高等教育发展水平的指标（高等教育毛入学率是指高等教育在学人数与适龄人口之比），通常认为，高等教育毛入学率在 15% 以下为精英教育阶段，15%—50% 为高等教育大众化阶段，50% 以上为高等教育普及化阶段。[①] 联合国教科文组织的有关统计结果显示：2000 年至 2014 年，世界高等教育的毛入学率从 19% 升至 34.93%，其中发达国家高等教育毛入学率从 56.16% 升至 74.33%。而我国《中国社会统计年鉴》结果显示：在上述时间段内我国高等教育毛入学率从 7.72% 发展为 39.39%，2015 年该项指标已升至 43.4%。可见，普及化已成为世界高等教育的发展趋势。我国高等教育毛入学率已经升至 48.1%，这代表

---

①　潘懋元，刘振天，王洪才，卢晓东，吕林海，叶信治，汤智，张继明 . 要勇敢面对一流本科教育这个世界性难题（笔谈）[J]. 教育科学 ,2019(5):1-16.

着我国已由高等教育大众化阶段迈入高等教育普及化阶段。[①]2016 年 4 月 7 日，我国教育部首次发布《中国高等教育质量报告》称："预计到 2019 年，高等教育毛入学率将达到 50% 以上，中国将进入高等教育普及化阶段。"2019 年 2 月 26 日，教育部召开发布会宣布，2018 年我国高等教育毛入学率达到 48.1%，这意味着我国正由高等教育大众化阶段迈入高等教育普及化阶段。在世界高等教育普及化发展大趋势下，虽然"高等教育规模和普及化水平决定着一个国家高等教育的全球影响力"，[②]但普及化水平一项指标不足以代表一个国家高等教育的综合发展水平。综合发展水平是对高等教育"质"与"量"发展程度的综合评价，兼具高等教育规模与内涵式发展的双重含义。高等教育综合发展水平决定了一个国家在世界高等教育发展格局中的地位和作用。然而，正如习近平总书记在党的十九大报告中所指出的那样：当前我国"更加突出的问题是发展不平衡不充分"。中国的改革开放在经济方面取得了令世人瞩目的成就，但经济发展程度上的差异也投影在了教育身上。我国的高等教育也存在发展不均衡与不充分的特点。我国东部沿海地区与中西部经济欠发达地区高等教育发展水平之间差异显著。我国高等教育面临深刻变革，全国人大常委会执法检查组的报告指出，目前高等教育分类评价体系尚未健全，评价标准比较单一，教育教学、人才培养等相关指标权重偏低，难以有效引导高校合理定位、特色发展，也难以鼓励教师将更多精力投入到一线教学和人才培养上。[③]

二、研究问题

在我国高等教育发展不均衡的背景下，建立一个兼顾评价高等教育规模和内涵式发展的指标体系，通过评估各项指标发展现状来衡量我国高等教育的综合发展水平，进而把握我国高等教育发展的不均衡水平，这正是本研究的研究

① 邓磊 . 面向高等教育普及化的大学人才培养模式创新 [J]. 教育科学 ,2019(4):71-76.

② 别敦荣，易梦春 . 普及化趋势与世界高等教育发展格局—基于联合国教科文组织统计研究所相关数据的分析 [J]. 教育研究 ,2018(4):143.

③ 中国网 . 高等教育发展形态面临深刻变革 [EB/OL].http://www.china.com.cn/opinion/think/2019-12/24/content_75545106.htm.

问题所在。根据对我国高等教育综合发展水平区域差异和均衡水平的研究结论，提出促进地区之间高等教育的均衡发展的有效策略和建议，为有的放矢地全面提升我国高等教育综合发展水平，进而提升我国高等教育在世界高等教育发展序列中的地位提供有力的依据。

具体而言，本研究的研究问题分为下面四个子问题。一是，我国高等教育综合发展水平各维度（教学、科研、国际交流）的发展水平如何？各维度发展的是否充分？有哪些不足之处？二是，我国高等教育综合发展水平的区域差异是怎样的？高等教育综合发展水平可划分为几个层次？三是，我国高等教育综合发展水平均衡程度如何？四是，我国高等教育综合发展水平在省域层面上的均衡程度是怎样的？

三、研究目标及内容

（一）研究目标

第一，研究结构方程模型的基本概念、假设、理论及计算方法，从数学分析角度理解结构方程模型偏最小二乘法求解的基本原理及手工计算步骤；从应用角度阐述结构方程模型建模分析的基本步骤及应该注意的问题。

第二，在结构方程理论框架下，研究偏最小二乘法。研究内容主要包括该方法的统计学原理、假设、规范、迭代步骤、模型扩展、符号检验等问题。

第三，选择指标，并构建一个用于测评高等教育教学、科研、国际交流三大职能的教育背景、输入、过程、成果四个发展过程的指标体系。

第四，根据所建立的指标体系，在掌握偏最小二乘法原理基础上，使用Smart-PLS 软件尝试构建基于偏最小二乘法结构方程模型。该模型由教育背景、输入、过程、成果和高等教育综合发展水平各潜在变量（一级指标）及其显性变量（二级指标）所构成。并在反复检验、调整和建构中最终获得可以通过各项相关统计检验标准的 PLS 结构方程模型。

第五，根据模型输出的结果，评析我国高等教育的各潜在变量（一级指标）的发展水平。

第六，根据模型输出的结果，评析我国高等教育综合发展水平。

第七，根据模型输出的结果及对我国高等教育综合发展水平和一级指标发展水平的研究结果，对我国高等教育综合发展水平进行层次划分。

第八，根据模型输出的结果，将高等综合发展水平和各一级指标进行比较，提出我国省域高等教育均衡标准，并依据标准对我国省域高等教育的均衡类型进行划分，并探寻我国各省（区、市）高等教育非均衡发展的原因。

第九，根据比较所得出的研究结论，提出有针对性的均衡策略。

（二）研究内容

1. 指标体系的构建

一般认为现代高等学校具有三种职能：培养专门人才、发展科学知识、为社会服务。与其相匹配的高等学校的主要任务应为教育教学、科学研究及形式多样的社会服务工作。培养高质量的优秀专门人才的任务是由高等教育的本质所决定的，是高等学校的本体责任。研究活动在高等学校出现之初就存在，但发展科学知识职能的产生以 19 世纪初 W. 冯特·洪堡以"教学与研究统一"的原则创办柏林大学为标志，到 19 世纪末才被广泛认可。为社会服务是指高等学校以其教育资源直接满足社会现实的需求，社会服务工作大多是教学与科研活动的延伸。[①] 随着高等教育国际化进程的推进，世界各国普遍认识到，高等教育的发展越来越依赖于自身的开放程度，国际交流与合作日益成为高等教育发展的支撑因素，成为高等学校的重要特征之一，成为现代大学的第四项职能。[②] 上述四种职能是高等教育的整体性职能，不同类型、不同规模、不同层次的高等学校，其所承担教育职能的侧重点会有所不同，除了人才培养这一本体职能是所有高校的第一职能外，其他职能可以因校而异。由于为社会服务职能是教学与科研活动的延伸，所以本研究不再将社会服务职能作为一项独立的职能纳入研究范围，只选择高等教育教学、科研、国际交流三大职能作为研究对象。

---

① 顾明远. 教育大辞典 [M]. 上海：上海教育出版社,1998:797.

② 冯振业，杨鹤. 对大学的第四职能：国际文化交流与合作的一些理解 [J]. 国家教育行政学院学报,2003(6):61-66.

以我国每个省级行政单位（港澳台除外）为一个样本，采用宏观统计数据，参考国内外相关研究，构建我国高等教育综合发展水平指标体系。由于 CIPP 模式突破了泰勒模式的框架，将评价从范围与内容上加以拓宽，具有动态评价的特征，能较全面、系统地反映评价对象的全貌。评价过程分为四个阶段：背景（context）、输入 (input)、过程 (process) 和成果 (product)。所以本研究基于 CIPP 模式，尝试从理论层面构建由高等教育背景、输入、过程、成果四部分构成的高等教育指标体系，用以表征高等教育教学、科研、国际交流职能的发展程度。

　　建立指标体系要遵循的原则如下：（1）目的性。在确定高等教育发展指标体系中的每一个单项指标时，应认真考虑此项指标在整个指标体系中的地位和作用，依据它所反映的某一特定现象的性质和特征确定该指标的名称、含义和口径范围。（2）科学性。高等教育发展指标体系的确立与建构应以适切的学科理论为依据，应根据特定理论的分析逻辑确定该研究的分析框架和研究路径。同时在确定每一个高等教育发展指标的名称含义和口径范围时（如对指标含义质的规定等），在理论上必须有科学的根据，在实践上必须可行且有实效。（3）系统性。是指研究中所选取的同类指标必须是相互关联、彼此衔接的，其中某一指标所揭示的相关状况在同类指标的其他指标中也应有所反映。每个指标的含义、范围、计算方法、时间和空间必须一致。（4）可比性。可比性有两层含义：一是不同时空的可比性；二是具体使用的可比性，不仅包括指标口径，还包括范围。[①]

　　2.结构方程模型的建立与分析

　　结构方程模型的一个重要特征是能够对抽象的构念（construct）进行估计与检定。教育背景、输入、过程、成果均属于这种抽象的构念。为了给予这些抽象的构念以操作化的定义，以便能够透过该程序得到具体的数据，用以反映高等教育在该构念上的强度，我们用若干个具体可测量的或可以直接获得数据的变量（我们称之为外显变量（manifest variable））之间的共同性来加以估计这

————————
　　①　詹正茂.我国高等教育发展水平的综合评价指数研究 [J].科学学与科学技术管理，2004（9）：128-132.

些抽象构念的强度，我们称之为潜在变量（latent variable）。[①] 根据在理论推导和构建原则指导下所构建的指标体系，选择表征教育背景、输入、过程、成果潜在变量的外显变量，运用 Smart PLS 3.0 软件构建高等教育综合发展水平 PLS 结构方程模型。对所建模型的拟合度、信效度、结构稳定性与预测能力等统计指标进行统计检验。视检验结果而不断修正指标体系和结构方程模型。根据模型输出数据结果，分析我国高等教育一级指标和综合发展水平（即各潜在变量）的发展程度。从我国高等教育综合发展水平层次划分、区域均衡水平、省域高等教育非均衡发展现状三方面进一步进行分析研究。根据分析研究结果评价我国高等教育综合发展水平发展特征及均衡程度，并总结各省（区、市）的发展优势项目、待提升项目和薄弱项目，即各省（区、市）高等教育发展的均衡水平。

3. 均衡策略的提出

通过分析我国全国和各省（区、市）高等教育的综合发展水平结构方程模型输出的数据，并依据我国高等教育综合发展水平层次划分和区域均衡水平、省域高等教育非均衡发展现状研究的结果，针对我国高等教育发展的区域特点、不均衡状况、各省（区、市）的短板或薄弱之处，提出有针对性的改进策略建议。

四、研究方法

（一）结构方程模型

结构方程模型（structural equation modeling, 简称 SEM）通常被归类于高等统计学范畴，属于多变量统计（multivariate statistics）。它融合了传统多变量统计分析中的"因素分析"与"线性模型之回归分析"的统计技术，同时检验模型中包含的显性变量、潜在变量、干扰或误差变量（disturbance variables/error variables）间的关系，进而获得自变量对因变量影响的直接效果（direct effects）、间接效果（indirect effects）或总效果（total effects），对于各种因果模

---

① 邱皓政, 林碧芳. 结构方程模型的原理与应用 [M]. 北京 : 中国轻工业出版社 ,2009:3.

型可以进行模型辨识、估计与验证。结构方程模型建模一般以理论为先导，即使是模型的修正，也必须依据相关理论而来，它特别强调理论的合理性。[①]

求解结构方程模型的方法有基于极大似然估计的协方差结构分析方法，该方法要求变量数据要符合多变量正态性（multivariate normality）假定，SEM模型分析的基本假定与多变量总体统计法相同，测量指标变量呈线性关系，LISREL是这一方法的代表；另一种方法是基于偏最小二乘法的方差分析方法，该方法对变量数据没有严格要求，偏最小二乘法为代表方法。[②]

1.结构方程模型的基本结构

SEM是用于讨论潜变量（即潜在变量）与显变量（即显性变量）关系以及潜变量与潜变量关系的多元统计分析方法。结构方程模型的要素有两个：变量的类型以及变量与变量之间的关系。

（1）变量的类型

结构方程模型中的变量分为潜在变量和显性变量。潜在变量是一个表示抽象概念的变量，不能用于直接测量，显性变量是一个具体的可测量的变量。所以，潜在变量只能间接通过观察显性变量来测量。根据潜在变量在模型中所处的不同位置特点，可将其分为外生变量和内生变量两大类。其中外生变量主要发挥着对变量进行解释的功能，所以，通常情况下外生变量只会影响该模型中的其他变量而不会受到其他变量的反射性影响。这一点通过模型路径图可以一目了然，外生变量只有指向其他变量的单向箭头，却没有其他变量指向外生变量的箭头。内生变量在路径图中一般至少有一个箭头指向它，它受模型或系统中其他变量的影响，内生变量一般由模型中的其他变量决定。

（2）变量之间的关系

结构方程模型包括结构模型（structural model）和测量模型（measurement model）。

① 吴明隆.结构方程模型——AMOS的操作与应用[M].重庆:重庆大学出版社,2010:1-3.
② 宁禄乔,于本海.结构方程模型偏最小二乘法理论与应用——以软件项目绩效评价为例[M].北京:北京理工大学出版社,2012:5.

①结构模型。结构模型描述的是潜变量之间的因果关系，方程可以表达为：

$$\eta = B\eta + \Gamma\xi + \zeta$$

式中，$\eta = (\eta_1, \eta_2, \cdots, \eta_n)$ 是内生潜变量构成的向量；$\xi = (\xi_1, \xi_2, \cdots, \xi_n)$ 是外生潜变量构成的向量；$B (m \times m)$ 是内生潜变量的路径系数矩阵，描述的是内生潜变量之间的彼此影响；$\Gamma (m \times n)$ 是外生潜变量的路径系数矩阵，描述外生潜变量对内生潜变量的影响；$\zeta (m \times 1)$ 是残差项构成的向量，反映了 η 在方程中不能解释的部分。

②测量模型。测量模型度量了潜变量与其显变量之间的关系，方程可以表达为：

$$y = \Lambda y \eta + \varepsilon y \qquad x = \Lambda x \xi + \varepsilon x$$

式中，$y = (y_1, y_2, \cdots, y_p)$ 是内生显变量构成的向量，是 η 的观测指标；$x = (x_1, x_2, \cdots, x_q)$ 是外生显变量构成的向量，是 ξ 的观测指标；$\Lambda y (p \times m)$ 和 $\Lambda x (q \times n)$ 是载荷矩阵；$\varepsilon y(p \times 1)$ 和 $\varepsilon x (q \times 1)$ 是残差向量。

2. 基于结构方程建模的测评程序

Joreskog（1993）曾经指出，结构方程模型分析可以分为 3 类：纯粹验证型（strictly confirmatory，SC）、选择模型（alternative models，AM）和产生模型（model-generating，MG）。其中，产生模型最为常见。产生模型是指研究者首先提出一个或多个基本模型，进行样本数据的拟合，在理论假定的指导下，综合考虑模型的拟合情况，分析后找出模型中还需要改进的地方，进行局部调整，并利用同样的数据或者其他样本数据进行验证，检查修正模型的拟合程度。产生模型分析的目的是形成一个最佳模型，然后根据这个最佳模型计算相应的测评指数。[①]

（二）偏最小二乘法

偏最小二乘（partial least squares，PLS）方法是 H.Wold 于 20 世纪 60 年代提出的。这种方法是基于主元回归模型发展而来的。由于未被选取的次要主

[①] 刘慧. 基于 PLS-SEM 的中国高等教育学生满意度测评研究 [M]. 镇江：江苏大学出版社, 2012:12.

元有可能包含对回归有益的信息，已被选取的主元也有可能包含对于回归无益的噪声。针对这一问题，H. Wold 提出偏最小二乘方法，并应用于计量经济学。PLS 方法综合考虑如何最大限度地概括自变量空间数据变化信息和自变量对因变量的解释作用，有效解决普通最小二乘回归所产生的共线性问题，而且还可以将多元回归问题化解为若干个一元回归问题。这种方法更适合于样本数量较少但变量较多的过程建模，具有较好的鲁棒性和预测稳定性。PLS 理论由 PLS 回归与 PLS 路径建模两个部分组成。[1] 偏最小二乘法的路径建模技术广泛应用于计量经济学、心理学和管理行为等领域。PLS 方法的推荐样本数为 30—100，[2] 对样本数量的要求较少。由于按照我国的行政区划，除港澳台外，共有 31 个省级行政单位，那么在省域层面对我国高等教育综合发展水平进行研究的样本数就为 31 个，同时已有学者论证该方法在建立综合评价指数中的应用效果良好。[3] 因此，采用 PLS 方法进行对我国高等教育综合发展水平研究是恰当合理的方法。

（三）聚类分析

聚类分析是根据不同物体的某些特征进行"物以类聚"的多元统计分析方法。从统计学观点来看，聚类分析是通过数据建模简化数据的一种科学方法。它将观测对象置于一个多维空间中，按照它们空间关系的密切程度进行分类。我们欲将特征相近的事物归为一类，就需要在数学上给出一种度量，用来测量所谓的"相近"，即用一个量的大小来测量事物之间的相近程度，如果将每个事物看作数学空间中的一个点，并在这个空间中规定两点之间的距离，就可用距离大小来表示事物之间的相近程度，分类时则将距离小的点归为一类，这就是聚类分析的基本思想。

---

① 王桂增，叶昊. 主元分析与偏最小二乘法 [M]. 北京：清华大学出版社，2012:1.

② 刘慧. 基于 PLS-SEM 的中国高等教育学生满意度测评研究 [M]. 镇江：江苏大学出版社，2012:129.

③ 王惠文，付凌晖 .PLS 路径模型在建立综合评价指数中的应用 [J]. 系统工程理论与实践，2004(10):80-85.

1. 聚类分析的方法

聚类分析的方法很多，常用的两种方法是有序事物的聚类分析和系统聚类法。

（1）有序事物的聚类分析

在实际应用中，有些事物之间有先后顺序并且不能变动，于是就有了有序事物的聚类分析。例如，对青少年的生长发育阶段进行研究时，年龄的顺序是不能改变的，否则就会失去意义。

如果用 x1, x2,……, xn 表示 n 个有序的事物，分类后的每一类必须是这样的形式：

xi, xi+1, xi+2,……, xj，其中 $1 \leq i \leq j \leq n$。

即在同一类中的事物必须顺序相邻。我们称这类问题为有序事物的聚类分析。

（2）系统聚类法

系统聚类法（hierarchical clustering method）是最常用的、也是比较成熟的一种聚类分析方法，又称谱系聚类法或者层次聚类法。系统聚类法的基本思想是：设有 n 个事物。开始时，将每个事物各看成一类，因此一共有 n 类，这时类与类之间的距离也就是事物之间的距离。然后找出距离最小的两类，将它们合并为一类。这时的类可能已包含多个事物，因此需要规定类与类之间的距离，以衡量各类之间的差别。计算各类之间的距离，并找出距离最小的两类，将它们合并为一类。再找出距离最小的两类，将它们合并为一个新的类，……这样一直下去，每次都会使类别的个数减少 1，一直到将所有的事物合并为一类为止，或者合并到类的数目满足聚类的要求为止。

在系统聚类分析的每一步中，都要寻找距离最小的两类，因此必须对类与类之间的距离作出规定，可以采用不同的方法规定类与类之间的距离。当然，随着这种规定的不同，所得到的聚类分析的结果也就可能不一样。[①]

---

① 朱莹 . 统计中的智慧 [M]. 上海：复旦大学出版社 ,2015:172-188.

2. 聚类分析的种类

根据分类对象的不同，聚类分析分为样本聚类和变量聚类。

（1）样本聚类

样本聚类又称为 Q 型聚类。在 SPSS 中，样本聚类就是对 cases（样本）进行聚类，抑或可以说是对观测变量进行聚类。这是一种依据各种能够反映被观测对象的不同特征的变量值而进行分类的研究方法。

（2）变量聚类

变量聚类又称为 R 型聚类。有些研究需要对一些相关的变量进行聚类，例如在多元线性回归分析中，需要对共线性较高的自变量进行聚类。因子分析其实也就是一种变量聚类的统计分析方法。

3.SPSS 中的快速聚类法

当聚类的数量确定时，使用快速样本聚类（quick cluster）可以很快地将观测量分配到各个类别中去。快速聚类法是比较适合教育学研究需要的聚类分析方法。快速样本聚类的计算量较小，从而可以有效地处理多变量、大样本的数据而不占用太多的内存空间和计算时间。同时在分析时用户可以人为指定初始中心位置或者将曾做过的聚类分析结果作为初始位置引入分析，这在有可借鉴的前人工作基础时是非常有用的。快速聚类分析的类别数量必须大于等于 2，但是不能大于数据文件中观测量的数量。

（1）快速样本聚类的基本思路

①首先应指定聚成几类，如聚成 K 类。

②确定 K 个初始类中心点。初始类中心点可以依据两种方法来确定，一是自行制定，即制定 K 组数据作为初始类中心点；二是 SPSS 自动指定，即该系统会根据样本数据所反映的特定情况而选择 K 个具有代表性的样本数据作为初始类中心点。

③计算所有样本数据的点到 K 个中心点的欧式距离，SPSS 按照距 K 个中心点距离最短的原则，把所有样本分派到各中心点所在的类别中，从而形成一个新的 K 类，完成一次迭代过程。

④重新计算 K 类的类中心点。计算每类中各个变量的均值，并以均值点作为新的类中心点。

⑤重复第③步和第④步，直至达到指定的迭代次数或达到终止迭代的判断要求为止。判断是否结束迭代过程的标准有两个，满足其中一个即可结束快速样本聚类分析过程。它们是：

·迭代次数等于指定的迭代次数。系统默认的迭代次数为 10 次。

·迭代收敛标准：本次迭代所产生的新的类中心距上次迭代后确定的类中心点的最大距离小于 0.02。

（2）快速样本聚类的适用条件

①参与聚类分析的变量应是连续的数值型变量。

②各变量的观测数据呈正态分布。

③各变量的计算单位相同，即量纲相同。

（3）快速样本聚类的局限性

该方法适用的是欧氏距离平方，因此参与聚类变量数据的单位必须相同，不同计量单位数据的聚类要采用分层聚类方法。快速样本聚类的变量应是连续的数值型变量，如果聚类变量是计数变量或者二分值变量，也要适用分层聚类的方法。[①]

五、核心概念界定

（一）综合发展水平

根据《新编汉语词典》的解释，"综合"有两种含义，一是"把分析过的事物或现象的各部分、各属性组合成统一的一个整体"；二是"把类别不同、性质不同的事物组合在一起"。"发展"也有两种含义，一是"事物由小到大，由低到高，由简单到复杂的变化"；二是"扩大"。"水平"意为在某方面所达到

---

① 张奇 .SPSS for Windows: 在心理学与教育学中的应用 [M]. 北京 : 北京大学出版社 ,2009:315-317.

的程度。[①] 本研究的"综合发展水平"意为把我国高等教育这一社会现象的各组成部分，即将高等教育教学、科研和国际交流三大职能组合而成为统一的一个整体，通过一定的研究方法，研究各项职能的相关评价指标在某一个时间点所达到的程度。

本研究从三个角度研究我国高等教育"综合发展水平"：一是，各一级指标的发展水平；二是，我国高等教育综合发展水平的区域差异；三是，我国高等教育发展的均衡水平。这三个研究角度也构成了本研究的研究范围。

（二）区域

根据《新编汉语词典》的解释，"区域"意为地区范围，[②] 是在空间上，对土地范围的划界。区域是根据不同需要在地表划出认为有用的地理单元。不同学科有不同的理解。经济学把"区域"理解为一个在经济上相对完整的经济单元；政治学一般把"区域"看作国家实施行政管理的行政单元；社会学把"区域"看作具有人类某种共同社会特征（语言、宗教、民族、文化）等的聚居单元。本研究中的区域既包括我国行政区划中的行政单元（省、直辖市、自治区），即省域，还包括对我国国土的地理划分，如用华北、东北、华东、中南、西南、西北表示我国 31 个省份的地理分布。

（三）均衡

均衡（equilibrium）是从物理学中引进的概念，表示一个物体同时受到几个方向不同的外力作用，当它们合力为零时，该物体处于静止或匀速运动的状态。也就是说，所谓均衡，实际上是体现某种稳定的、规律性的系统运行状态。哲学中的均衡体现为矛盾双方的同一性和一种暂时稳态结构。均衡—不均衡—均衡，体现了客观事物本身以及对事物认识的辩证发展规律。本研究中的"均衡"采用的是哲学中对"均衡"的释义，表示客观事物在变化发展过程中所达到的一种相对稳定的状态，代表矛盾双方力量的一种暂时平衡。

在《新编汉语词典》中，对"均衡"的解释，"均衡"有两种含义，一是意

---

①　罗琦，周丽萍.新编现代汉语词典 [M].长春：吉林大学出版社,2003:1549、292、1089.

②　罗琦，周丽萍.新编现代汉语词典 [M].长春：吉林大学出版社,2003:949.

为平衡和稳定；二是意为把几个事物放在同一水平线上对待。^①根据"均衡"的词义，在本研究的研究方法操作层面上，可以将"均衡"理解为根据某一种固定的标准，对不同事物加以比较，如果这些事物满足该项标准，则是"均衡"，反之则是"不均衡"或"不平衡"。

均衡与平等、平均意思相近，它们总是与公平相联系。公平是一个价值判断，是对善、恶的判定，而均衡是事实判断，是对数量有无、多少、比例的判断。公平一般是一种评价的原则，而均衡是依据此评价原则做出判定的结果。两者相辅相成，互为条件。

（四）指标体系

"指标"这个词汇最初是从日文引进的^②，英文中用"target""aim""index""quota"等词语来表达，含有"目标"或"条目""项目"的意思。在《新编汉语词典》中，"指标"意为"计划中规定要达到的或不能超过的目标或标准"。^③在本研究中，"指标"是"教育统计量"的同义词，带有评价性质而并不单纯具有描述性质，是系统要素外在的表现形式，本研究用某一个特定的指标来说明教育某一方面的情况。

"体系"在《新编汉语词典》中的解释为："若干有关事物或某种意识互相联系而构成的一个整体^④。"在自然界和社会中，都存在各自的构成体系，自然界体系一般遵循的是自然法则，而人类社会的体系则更加复杂。谈及体系或在体系的使用中，一定要注意体系的性质，即体系具有整体性、联系性。

本研究根据教育系统的运作模型而选择的一系列多指标构成指标体系。指标体系的各指标既彼此独立又具有某种联系。本研究中的指标体系由指标组成的系统，是具体化、操作化、系统化的评价标准。本研究建构指标体系的目的是为了测量多个彼此相关的指标的综合变化情况，属于社会性研究的实证范畴。

---

① 罗琦，周丽萍.新编现代汉语词典[M].长春：吉林大学出版社,2003:614.
② 岑麒祥.汉语外来语词典[M].北京：商务印书馆,1990.
③ 罗琦，周丽萍.新编现代汉语词典[M].长春：吉林大学出版社,2003:1507.
④ 罗琦，周丽萍.新编现代汉语词典[M].长春：吉林大学出版社,2003:1142.

六、研究思路及研究框架

本研究在借鉴 OECD（经济合作与发展组织）的教育指标体系框架、中国教育科学研究院中国教育发展报告课题组所构建的教育综合发展水平指标体系及其他国内外相关研究成果的基础上，从高等教育背景、教育输入、教育过程、教育成果四个主要方面入手，基于 PLS 建模技术的结构方程模型，尝试构建用于评估高等教育综合发展水平的结构方程模型，从我国全域、地区和省域三个层面探讨我国高等教育的综合发展水平区域差异和不均衡现状，目的在于为高等教育综合发展水平的比较开拓一种科学性和可靠性更强的研究思路。通过对高等教育综合发展水平进行层次划分（包括发达、较发达、优秀、一般、落后）和对各地高等教育均衡水平的比较，更加全面地了解和掌握我国高等教育综合发展水平现状，通过对各省（区、市）优势项目、薄弱项目和待提升项目的细致分析，掌握各省（区、市）高等教育综合发展水平不均衡原因，并提出有效的改进策略，为政府和教育有关部门提供基于各省情的高等教育"补短板"和"促发展"的理论和实践依据，从而减少决策的盲目性，改善高等教育服务质量，提升高等教育发展水平。

通过建立高等教育综合发展水平指标体系来反映我国高等教育综合发展水平。首先要明确指标体系的结构及二级指标的选择依据，主要有以下几点：第一，指标体系的结构是建模的基础，即首先要明确高等综合发展水平与各评价维度之间的结构关系。也就是说，要根据维度的性质和维度之间的理论逻辑关系，确定由一级指标和二级指标构成的稳定合理的指标体系结构；第二，二级指标的选择要有理论依据。在选择指标时，要根据各维度的性质特征，首先要满足指标既具有代表性，从属于该维度，又要满足对二级指标的选择具有理论依据的要求；第三，二级指标的选择要有实际依据。在选择指标时还要满足该指标"可查"，即在国家官方的统计数据库中可以搜索查询得到完整而全面的统计数据；第四，在选择不同维度和相同维度的二级指标时，既要兼顾指标之间的"异质性"（即指标之间要具有足够的区分度），还要保证同维度指标之间的"同质性"（即各维度要通过单一维度检验）；第五，对二级指标的选择要兼顾全面性和建模要求双重标准，即在尽可能地保证指标的代表性、合理性、可查性、区分度、全面性之外，还要满足模型成立的要求，也就是说，要在保障模型成立的大前提下选择合适的指标，并确定合适的指标数量。然后，在持续地进行二级指标选择，一级指标、二级指标与建模的不断适应和修正当中，尝试建立高等教育综合发展水平 PLS 结构方程模型。模型运行成功之后，要对该模型进行必要的统计学检验，包括拟合指标与信效度检验、Blindfolding 预测能力检验、相关系数检验、Bootstrapping 检验等。若检验结果证明模型尚有缺陷，则为前面工作提出了修正意见，即要返回第一步（指标的选择）和第二步（PLS 结构方程模型的建立），重新选择指标和建模，直至成功建立符合要求的模型。最后，当模型成功建立之后，根据模型输出的结果，即各省（区、市）在各项指标上的得分情况，分析各指标得分与排名情况，并根据指标表现及指标之间的联系情况进行我国高等教育综合发展水平的区域差异比较。采用聚类分析的研究方法，对我国高等教育综合发展水平进行区域层次划分。最后，从高等教育国家层面、区域层面和省域层面三个角度，根据各省（区、市）高等教育各指标的发展水平，采取一定的划分标准，对我国各省（区、市）高等教育发展的均衡水平进行划分，探究我国高等教育发展的均衡水平现状。根据以上的研究结论，并针对各研究层面的"短板"、弱势等发展待提高之处，提出具有实践操作意义的改进策略建议。

为了直观地展现上述研究思路，确保整个研究进程顺利进行，研究结论真实可靠，参考结构方程模型分析的基本程序（即可以分为模型发展与估计评鉴两个阶段），确定高等教育综合发展水平的具体研究流程，主要包括根据研究问题确立研究目标、设计研究方案、实施研究方案、建构指标体系的结构、建构各潜在指标（一级指标）、选择二级指标、单一维度检验、构建 PLS 结构方程模型、模型检验、分析模型输出结果、得出研究结论、提出策略建议等研究步骤（如图 4-1 所示）。其中分析模型输出结果分为我国高等教育综合发展水平区域差异比较、我国高等教育综合发展水平层次划分、我国区域高等教育均衡水平、我国省域高等教育均衡水平分析四个部分。

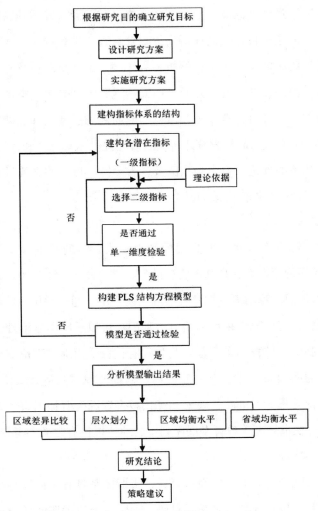

图 4-1 研究思路与研究流程图

七、研究意义与创新

（一）理论意义

高等教育综合发展水平和均衡水平研究实质是在对高等教育发展环节进行数理表征，并依据模型输出的数据进行评价。在关于高等教育评价的有关研究当中，有很多研究只是评价了高等教育的部分效能，普遍具有指标不够全面的缺憾。本研究通过建立兼顾评价高等教育规模和内涵式发展的指标体系，透视高等教育发展的全过程，全面评析高等教育背景、教育输入、教育过程和教育成果四个发展阶段的发展水平，评析各省（区、市）高等教育教学、科研、国际交流三大职能的发展程度，并通过研究透视我国高等教育整体上的综合发展水平及区域差异，针对各省（区、市）的薄弱之处、待提升之处提出改进策略和建议。研究结论可为高等教育评价实践研究提供相对全面和系统的研究成果，进一步丰富相关的理论研究，为我国及各省（区、市）的高等教育评价和教育评价的有关理论研究提供有效的参考。

（二）实际意义

高等教育综合发展水平兼具规模和内涵式发展的双重含义，是"质"与"量"并行的评价标准。它是基于实证的教育质量监控，不仅可以表征"水平如何"，还可以表现出我国高等教育发展的均衡水平。通过评析我国高等教育发展的非均衡现状，将研究结果反馈给有关部门。可以适应国家治理的需要，为国家教育战略制定、教育体系完善以及为政府教育决策提供理论支持，为促进教育机构的学习和自我改进，有的放矢地均衡提升我国高等教育综合发展水平，提高高等教育质量，促进教育公平和优化教育资源配置提出有效方案，为提升我国高等教育在世界高等教育发展序列中的地位提供有力的参考依据。

（三）研究创新

研究创新可以分为五个方面：第一，指标体系具有全面性特征。本研究构建了一个涵盖评价高等教育教学、科研、国际交流三大职能的指标体系。在指标数量和质量的选择上，该指标体系充分考虑三大职能的均衡性、全面性和系统性，是对我国高等教育综合发展水平更加科学、全面和系统的表征。

第二，指标体系具有过程性和动态性特征。本研究不同于我国其他相关研究，力求着眼并立足于高等教育的动态发展过程，从教育背景、教育输入（即各项投入）、教育过程、教育成果四个过程对高等教育发展进行了过程性和动态性的考察，指标体系除具有全面性特征外，还具有过程性和动态性特征。

第三，研究结论具有前瞻性特征。本研究采用的是目前最新的国家权威统计数据。通过分析这些数据来探索我国高等教育的发展现状，寻找当前我国高等教育各发展环节的不足或缺憾之处，有助于为中央和地方政府等有关部门针对薄弱环节和待进一步提高发展之处提出具体可操作性的策略建议，并为我国下一步的教育战略调整提供有力参考。

第四，研究结论具有层次性特征。本研究对均衡水平的研究分为三个层面：一是国家层面；二是区域层面；三是省域层面。研究结论包括不同层面的高等教育综合发展水平现状和均衡水平。研究结论可以为不同层级的教育部门在制定教育决策时提供更具有针对性的理论依据。

第五，均衡策略具有实践性特征。由于研究结论具有层次性，即针对国家层面、区域层面和省域层面的高等教育的综合发展水平现状特点都进行了科学分析和总结，所以基于这样的研究结论，尤其是各层面高等教育的均衡水平的分析研究结果，可以提出有针对性的、有特色的、符合国家和地方发展实际的均衡策略，可以在有关部门进行教育决策时，为相关主体提供更符合本地发展特点的，可操作的教育均衡策略，具有很大的实践指导意义。

第五章　高等教育综合发展水平研究回溯

　　本章的主要内容是对国内外相关研究或文献的综述，根据研究问题、研究内容及研究设计的需要，分别从教育评价、教育指标体系、教育均衡三个相关的研究主题入手梳理国内外的研究现状，具体而言包括三部分内容：第一，对国内外教育评价相关研究文献进行梳理，鉴于教育评价有很多定义，在澄清教育评价的内涵的基础上，梳理国内外教育评价有关的研究内容，以全面准确地了解教育评价研究的现状，并重点探讨了高等教育价值与评价的相关研究概况；第二，对教育指标体系研究相关文献的梳理，从指标体系的概念切入，对教育综合评价指标体系研究进行综述，进而对高等教育综合指标体系研究进行梳理；第三，关于教育均衡研究的梳理，首先以均衡概念的释义为起点，梳理教育均衡发展相关研究的概况，尤其是对我国高等教育不均衡问题的相关研究成果，可为本研究关于我国高等教育均衡水平的研究和均衡策略的提出提供必要的理论支持。

一、教育评价研究概况

（一）教育评价的概念

　　教育评价有很多定义，不同研究者根据不同研究领域的关注点给予"教育评价"以不同的内涵。但在通常意义上，教育评价是指对教育现象的教育质量的评价。[①] 在我国文字中，"评价"（evaluation）即评定价值。在英语中，

---

① Wolf R M. *Evaluation in Education* [M]. New York: Praeger,1990:2.

"evaluate"（评价）的意义为引出和阐发价值。可见评价是一种价值判断的活动。我国学者荀振芳认为评价是个宽泛的概念，泛指对事物或人物的社会价值做出判断。[①] 美国学者 N.E. 格朗兰德（Gronlund,N.E.）认为评价包括测量（定量描述）或非测量（定性描述）和对评价结果需求满足程度的价值判断。[②] 价值是与"需要"紧密联系的概念。需要指的是主体在生存和发展过程中，由某一方面缺乏而引起的一种摄取状态，具有行为动力的意义。[③] 所以，可以把教育评价理解为教育客体满足特定主体需要的程度。这里的教育客体可以是教育项目、学校、课堂等教育理论与实践活动，特定主体包括学生、家长、社会公众等对教育产生需求的群体。教育评价可以应用于所有的教育现象，是理论与实践的集合体。[④] 陈玉琨认为教育评价"是对教育活动满足社会与个体需要的程度做出判断的活动，是对教育活动现实的（已经取得的）或潜在的（还未取得，但有可能取得的）价值做出判断，以期达到教育价值增值的过程"。[⑤] 教育评价与教育质量关系密切，教育评价目的在于提高教育质量。[⑥] 教育评价的根本目的是改进教育，提高教育质量和效率，在教育发展的现实中发挥着"指挥棒"的作用。[⑦]

教育评价经常与项目联系在一起，是个严格而精确的教育价值判断过程，涉及因素有限。而教育"测评"或"监测"是对教育评价的进一步限定，是教育评价在教育发展实践中的应用，强调依赖教育统计数据，将数据收集起来，分析信息，作为管理决策的依据，是基于特定目标，即在价值判断或评价标准基础之上的描述。"测评"的整体目的在于基于实证的教育质量监控。教育质量监控包括认证和鉴定、问责、（组织）学习。认证和鉴定意为评价对象的特征是否符合设立的标志和规范；问责意为有关单位和公众可以查验评价对象质量测

①　荀振芳.大学教学评价的价值反思 [M].青岛：中国海洋大学出版社,2006:15.
②　[美]格朗兰德著,郑军等编译.教学测量与评价 [M].石家庄：河北教育出版社,1991(5):4.
③　陈玉琨.教育评价学 [M].北京：人民教育出版社,2014(4):5.
④　宁业勤.教育评价实践研究 [M].杭州：浙江工商大学出版社,2016(4):1.
⑤　陈玉琨.教育评价学 [M].北京：人民教育出版社,1999:7.
⑥　宁业勤.教育评价实践研究 [M].杭州：浙江工商大学出版社,2016(4):11.
⑦　杜瑛.高等教育评价范式转换研究 [M].上海：上海教育出版社,2013:6-8.

评的结果；学习是测评结果反馈的过程，是改进评价对象的基础。[①]

（二）国外教育评价研究

20世纪初，美国教育心理学家桑代克、赖斯等人开创了教育测量领域，其后兴起的"教育测量运动"使得运用教育测量方法研究教育质量问题成为一种共同的选择。20世纪30年代美国心理学家 R.W. 泰勒（Ralph. W.Tyler）的"八年研究"立足于"目标"，提出了一种课程评价模式，直接催生了教育评价学，为此泰勒也被誉为"教育评价之父"。泰勒将教育评价看成是描述教育结果与教育目标的一致程度，对"测验结果"作"描述"，判断教育活动达成目标程度的活动，代表了以描述为标志的评价时代。这段时期教育评价的主要焦点一直是效率，即以最少的时间和精力完成任务。学生主要是根据他们的能力接受教育，也就是说，他们只学到了他们的专业直接需要的东西。[②] 教师决定了学习目标。此外，学生在他们的学习过程中扮演着被动的角色，他们和老师之间几乎没有互动。1957年第一颗人造卫星的发射是美国教育改革的转折点之一。当苏联能够在他们之前发射第一颗卫星时，美国人感到很惊讶。因此，他们更加关注教育水平，更加注重调查和解决问题的技能，尽管知识仍然很重要，但高等教育机构的毕业生开始被期望能够预见并适应未来终身学习工作环境的变化。这些目标需要知识、技能和态度的整合，以及这些所谓的能力在不同真实情况下的应用。由于评价对学习有反馈作用，研究人员一直在争论学习和评价之间一致性的重要性。[③]20世纪60年代后对泰勒评价思想和模式的批判大大推动了教育评价的发展，形成了多种具有重要影响的评价模式。

斯塔弗尔比姆（Daniel L. Stufflebeam，1967）提出评价是"为决策提供有用信息的过程"，并提出了具有重要影响的 CIPP 评价模式。CIPP 模式是决策导

---

① ［荷］雅普．希尔伦斯,［荷］塞斯．格拉斯，［荷］萨利 .M. 托马斯著，边玉芳，曾平飞，王烨晖译 . 教育评价与监测：一种系统的方法 [M]. 北京：教育科学出版社 ,2017:7-8.

② Shepard L A, The role of assessment in a learning culture[J]. *Educational Researcher*, 2000(29):4–14.

③ Gerritsen-van Leeuwenkamp K J, Joosten-ten Brinke D, Kesterd L. Assessment quality in tertiary education: An integrative literature review[J]. *Studies in Educational Evaluation*,2017(55):94-116.

向模式，在评价中做出价值判断。他认为评价的功能在于服务改革各发展阶段的决策制定过程。1978 年，评价被斯塔弗尔比姆定义为描述、获取和应用相关对象的目的、计划、过程和结果价值的过程，以满足决策和教育效果验证的需要。1985 年，他进一步提出评价是一个定义、描述、获取和提供叙述性和批判性信息的完整过程。这些信息涉及对象的目标、研究设计、研究方案实施及其影响价值、存在的优缺点等方面，旨在解决如何决策问题，满足验证教学实效的需要，以增进对研究对象的深入了解。评价定义为获取和使用信息，以及为政策制定和计划、规划、实施、项目循环过程各环节服务，同时也为改革专家、项目经理、政府等有关部门提供了有效、可靠、可信和普遍的信息。 CIPP 模式突破了泰勒模式的框架，将评价从范围与内容上加以拓宽，具有动态评价的特征，能较全面、系统地反映评价对象的全貌。他将评价过程划分为四个阶段：背景（context）、输入 (input)、过程 (process) 和成果 (product)。背景评价具有诊断性，是对环境是否满足需要的评价，包括对评价领域子系统的评价、对目标的满足程度等。输入评价的目的在于使用可支配资源来满足整个项目的目标需求。过程评价是为了过程可以持续有效进行，对计划的执行过程进行阶段性的判断、监督和反馈。成果评价在于检测成果或结果与其他过程，即背景、输入、过程的联系程度，评价对目标达到的程度。但 CIPP 模式与泰勒模式并不完全对立，重视定量目标是它们的共同特征。美国教育评价标准联合委员会（JCSEE）对教育评价的定义很大程度上受到斯塔弗尔比姆评价思想的影响，1981 年该委员会对评价做出界定："评价是对某些现象的价值如优缺点的系统调查，为教育决策提供依据的过程。"该定义在相当一段时间里左右着美国的教育评价活动，并在世界范围内被广为接受，其中我国的教育评价就在很大程度上受到这一定义的影响。[①]

（三）国内教育评价研究

一般认为，现代教育评价发端于 20 世纪 30 年代的泰勒模式。而正规系统

---

① 杜瑛 . 高等教育评价范式转换研究 [M]. 上海：上海教育出版社 ,2013:6-8.

的教育评价活动则始于中国。我国教育评价活动大致分作四个阶段：一是古典教育评价萌生期（606年以前），包括先秦至魏晋南北朝时期的选仕评价活动；二是科举时期（606—1905年），包括隋唐至清末以科举考试为手段的评价，只注重教育结果，而不注重教育过程等；三是近代教育评价活动期（1905—1949年），体现多种体制的多元化评价格局；四是现代教育评价发展期（1949年之后），特别是自1978年以后，[①] 现代教育评价理论进入我国并被用于高等教育管理活动，最初主要集中讨论高等教育评估问题，20世纪80年代后逐步扩展到基础教育，其后在政府教育行政、学校改进、课程与教学改革、学生选拔、教师考核与激励、教育项目等众多教育领域被广泛运用，作为学科的教育评价学逐步形成并不断趋于完善。[②]

21世纪以来，我国现代教育评价的研究热点集中在高等教育、中等教育和初等教育上。其中，最显著的研究热点体现在高等教育评价上。高等教育评价的核心内容基本上由评价对象、评价体系、评价方法三个部分构成。目前我国教育评价存在评价主体单一、评价结果效率低等问题。为了实现教育公平，促进教育价值的达成，我国正致力于推动建设多元化教育评价体系。另外，自我评价作为一种重要评价方式也越来越受到相关评价主体的重视。[③]

（四）高等教育价值研究

史秋衡、王爱萍认为，由于时代的变迁，高等教育从精英阶段进入大众化阶段，这使得高等教育关涉到更多利益相关者，高等教育质量观的哲学基础逐渐从认识论转向价值论。[④] 关于高等教育价值取向，有学者从学术取向、市场取向、人文取向三个方面，讨论高等教育质量标准的价值取向。如吴鹏认为，高等教育除了传承和创造高深学问的学术取向外，市场取向、人文取向也应该成

① 侯光文.教育评价概论[M].石家庄：河北教育出版社,1996:1.
② 杜瑛.高等教育评价范式转换研究[M].上海：上海教育出版社,2013:6-8.
③ 邱均平,董西露.国内外教育评价知识基础与热点的可视化分析[J].现代教育管理,2017(8):36-41.
④ 史秋衡,王爱萍.高等教育质量观：从认识论向价值论转变[J].厦门大学学报(哲学社会科学版),2010(2):72-78.

为高等教育大众化阶段，高等教育价值取向的两个维度。[①] 谢维和认为，当前高等教育大众化的基本取向主要有两个：一是根据高等教育的学术规范和基本价值观确立高等教育大众化的质量标准；二是在高等教育大众化的过程中，高等教育的质量要符合劳动力市场的要求，质量标准要符合顾客的要求。[②] 房剑森认为，高等教育的质量应该考虑到诸如学术、社会需求、受教育者的意愿和能力等因素。[③] 董泽芳与黄建雄认为，新中国成立 60 年来，高等教育价值取向变迁大体经历了"服务政治"与"培养专才"的价值定位、"政治挂帅"与"教育跃进"的盲目适应、"教学为主"与"质量为重"的价值重构、"全面怀疑"与"极端政治"的错误取向、"工具价值"向"本体价值"的逐步回归、"适应市场"与"注重人文"的积极探索、"规模扩张"与"素质提高"的双向并进、"以人为本"与"和谐发展"的目标追求等八个阶段。[④] 钟大鹏、张艳红在探究国内外高等教育价值观研究时，认为国内对高等教育价值观的研究受教育价值观研究的影响，分为二分法和三分法的高等教育价值观，倾向于哲学层面的研究，理论较宏大，更讲究学理性和思辨性，离实践较远；而国外对高等教育价值观的研究倾向于从哲学层面和对高等教育的领导与管理等领域进行研究，更强调高等教育价值观对实践的指导，离实践较近。[⑤] 总体上，首先我国学者从高等教育主体和客体的角度，认为高等教育活动由于涉及主体的多元性和客体的多样性，及需要的层次性和差异性等，导致高等教育价值取向既具有多元性，又具有主导性特征。其次，高等教育的价值取向具有理论和实证双重特征。从理论上讲，高等教育的价值取向是主体在多方面考虑利弊后理性选择的结果；在实践中，高等教育的价值取向具有不同主体强烈的体验色彩。我国学者注重从哲学层面上探讨高等教育的价值取向，国外学者更强调价值取向在实践中的

————————

①　吴鹏.大众高等教育质量观的市场价值取向——合理性及其局限 [J].江苏高教,2001(4):37-39.

②　国家教育发展研究中心.2001 年中国教育绿皮书 [M].北京：教育科学出版社,2001:270.

③　房剑森.中国高等教育：政策与实践 [M].西宁：青海人民出版社,2002:242-243.

④　董泽芳,黄建雄.60 年我国高等教育价值取向变迁的回顾与思考 [J].华中师范大学学报（人文社会科学版）,2011(1):132.

⑤　钟大鹏,张艳红.高等教育价值观研究现状分析 [J].当代教育理论与实践,2014(9):75-78.

意义。再次，通过对我国高等教育70年的发展概况的梳理和分析，高等教育的价值取向具有继承性和发展性。高等教育的价值取向不仅受到传统高等教育理念和理论的影响，而且随着社会物质生活条件、意识形态等方面的发展而发生变化。因此，高等教育的价值取向是继承发展和在发展中继承。最后，高等教育价的多种价值取向是既具有冲突，又相互依存的矛盾关系。如学术取向、市场取向、人文取向之间是既对立，又相互补充的，要正确看待和处理三者之间的关系。

（五）高等教育评价研究

国外高等教育评价研究的研究内容主要体现在对学生学习的评价上，强调如何将评价结果和学习联系起来，关注点集中在对学生及其学习兴趣的评价。研究结果表明评价对学生学习有显著影响。基于以学习者为中心的评价实践加强了学生的积极参与，为教师提供反馈，促进师生之间的合作，让教师了解学习是如何进行的。这种做法可使学生更好地为职业生活做准备，促进学生在现实生活中解决问题的能力和实践技能的发展。近年来，高等教育评价研究主要集中在评价、教学和学习方面。在自我评价、同伴评价相关的评价模式实践和学习监控中，侧重于形成性、持续性和终结性评价。还有部分研究讨论了特定的学习环境和情境对学生学习和评价的影响。就评价方法而言，大多数研究的重点是档案袋评价，其次是笔试、口试、小组评估、论文和数字日记。在评价方式上，主要是自我评价和同伴评价，其次是形成性评价、持续性评价和终结性评价。关于给定教学方法的评估，研究集中在档案袋评估，小组工作评估、问题解决和项目导向教育、替代评估方法和在线环境。研究既有定量研究，也有定性研究，问卷调查是收集数据最广泛使用的方法。虽然定性研究较少，但访谈和焦点小组是最常用的方法。参与者大多是学生，但有相当多的研究是学生和教师共同参与的。1999年，29个欧洲国家在意大利博洛尼亚提出了欧洲高等教育改革计划即博洛尼亚进程（Bologna Process），该计划的目标是整合欧盟的高教资源，打通教育体制，[①]在欧洲国家实施博洛尼亚进程的重点和速度方面，采用替代性或以学生为中心的评估方法符合博洛尼亚进程的假设。研究解决了与学生在评估过程中的角色相关的问题，这可能表明博洛尼亚过程更需要以学习者为中心的方法。为了调查替代方法或以学生为中心的方法的有效性和公平性，还必须进行更加一致的研究，因为这些方法要求学生和教师都应该发挥更加积极的作用。[②]

我国高等教育评价理论研究落后于实践研究，研究主要集中在高等教育评价实践问题的解决。有关教育评价实践领域的具体问题研究文献繁杂而且零散。罗燕指出我国高校评价是高等教育规模扩张的分化产物。我国现阶段所构建的高校评价在范式上具有管理主义倾向，在指标体系构建上具有对所依存社会情境抽离性与碎片化特征。[③]关于高等教育评价问题，研究主要集中在以下几个方面：关于本科教学、学科发展以及学位点评估与指标及存在问题的研究；关于高等教育评价主体与评价专家的研究；关于高等教育评价方法、技术的研究；高校教育评价的发展趋势及实践中存在问题的研究；关于大学生综合素质评价及课堂学习评价的研究等；关于我国高等教育评价未来走向的研究；关于国外高等教育评价模式的研究等。[④]

二、教育指标体系研究概况

"指标"是"教育统计量"的同义词，是系统要素外在的表现形式。通常用某一个特定的指标来说明教育某一方面的情况。当统计量带有评价性质而并不单纯具有描述性质时，则更容易被称作"指标"。根据教育系统的运作模型而选择的一系列多指标通常被称为"指标体系"。指标体系的各指标既彼此独立又在

---

① Bologna Declaration. Joint Declaration of the European Ministers of Education[J]. *Bologna: The European Higher Education Area*,1999.

② Pereira D, Maria Flores M A, Niklasson L. Assessment revisited: a review of research in assessment and evaluation in higher education[J]. *Assessment & Evaluation in Higher Education*,2016:1008-1032.

③ 罗燕.中国高校评价的制度分析——兼论"双一流"建设高校评价 [J].清华大学教育研究,2017(38):37-44.

④ 杜瑛.高等教育评价范式转换研究 [M].上海：上海教育出版社,2013:23.

特定情况下具有某种联系。[①] 指标体系是由指标组成的系统，是具体化、操作化、系统化的评价标准。在实践中，指标体系实际上刻画的是价值的具体形态。所以，指标体系对于价值实践具有重要的指导意义。[②] 目前在社会学、统计学等领域多指标评价是综合评价研究应用最为广泛的方法之一。[③]

（一）教育综合指标体系研究

在教育指标体系的研究上，国内学者往往参考 OECD（经济合作与发展组织）的教育指标体系来建立我国的教育指标体系。根据人力资本理论，将指标体系分为背景指标、投入指标、过程指标和绩效指标。各项指标的具体内容是随着时代的发展而不断调整和发展的。背景指标主要来自人口、经济、人力资本等方面；投入指标主要来自财力和人力方面；过程指标主要来自各级教育参与、学生学习环境和学校组织三个方面；结果指标主要来自学生学习成绩、毕业成绩和教育劳动力市场成绩三个方面。[④] 我国是一个经济社会发展不平衡的国家，各地区的教育水平存在显著差异。为了全面描述和比较我国各地区教育的综合发展水平，中国教育科学院《中国教育发展报告》课题组（以下简称课题组）构建了由 4 个一级指标、12 个二级指标、46 个三级指标组成的教育综合发展水平指标体系，其中一级指标分别为教育机会、教育条件、教育质量和教育公平。衡量教育机会的指标主要体现在入学率、辍学率等方面；衡量教育条件的指标主要体现在教师、基础设施、资金保障和网络建设等方面；教育质量的表征体现在入学率、就业率和人力资源水平上；教育公平的衡量重点是城乡之间以及性别在教育经费、教师学历、人力资源水平等方面的差异。以经合组织教育指标体系为参照，研究组构建的指标体系不涉及背景指标，即区域人口、经济、人力资本的背景信息，其他三个指标都有所反映：教育条件属于投入指

---

① ［荷］雅普．希尔伦斯，［荷］塞斯．格拉斯，［荷］萨利．M．托马斯著，边玉芳，曾平飞，王烨晖译．教育评价与监测 一种系统的方法 [M].北京：教育科学出版社,2017:14.

② 张远增．高等教育评价方法研究 [M].上海：复旦大学出版社,2002:34.

③ 李德显，魏新岗．普通高中教育综合发展水平评价及省域比较研究 [J].教育理论与实践,2018(38):16-19.

④ 孙继红，杨晓江．OECD 教育指标体系演变及发展趋势研究 [J].现代教育管理,2009(5):89-92.

标，教育机会、教育公平属于过程指标，教育质量属于成果指标。

（二）高等教育综合指标体系研究

国外关于高等教育质量评价模型有很多，如 Evalfin 模型是高等学校综合信息素养评估模型，对评估教育机构教育质量具有一定的灵活性和有效性。[①]还有两个高等教育综合评价模型被广泛认可。一是，学者 Sabina Donlagic' 和 Samira Fazlic' 从满足学生需求和提高教育服务质量的角度建立了 SERVQUAL 模型。模型的指标体系分为 5 个一级指标和 25 个二级指标。各项指标的内容如下：第一，有形资产（实物设施、仪器设备、资金管理专业水平、教材可得性、教学内容更新程度等）。第二，可靠性（准确可靠地提供承诺服务的能力：包括班级安排、经济支持、教师对学生的评价等）。第三，反应能力（愿意及时提供帮助和服务：及时处理学生的询问，从学生兴趣的角度考虑、关注和帮助学生解决问题）。第四，支持能力（获得学生信任的能力：教师的人际知识、能力和技能；经济支持；教师的地位和专业素质等）。第五，移情能力（了解学生的需求，向学生传达积极的态度，平等、尊重学生，善于与学生沟通，随时为学生提供帮助，关注学生对经济资助的反馈等）。尽管学术界对基于顾客期望和感知差异的服务质量评价存在一些争论。但多数学者认为，这种模式特别适合高等教育部门，可以用来衡量高等教育服务质量。二是，学者 Noaman 等人建立了高等教育质量评估模型（HEQAM），从学生和专家的角度对高等教育质量进行评估。模型的指标体系分为 8 个一级指标和 53 个二级指标。一、二级指标的内容如下：第一，课程设置（招生要求、学习计划、课程时长、课程内容与尖端技术的衔接程度、激励措施、课程内容与劳动力市场需求的契合程度、学业评价，证书发放等）。第二，教师（学术研究水平、专业经验、教育教学能力、个人素质、乐于合作与负责、人际交往能力）。第三，职业前景（专业发展前景、校企联系程度、技术与交流水平、学生就业情况、学生出国留学情况、学校与其他学术机构的交流与合作、研究生入学机会）。第四，基础设

① Berenice M D, Evalfin M A: un modelo de evaluación de alfabetización informacional para instituciones de educación superior[J]. *El profesional de la información*,2018(27):879-890.

施（办公楼、教室和实验室、食堂、体育场馆、医疗设施、礼堂、宿舍）。第五，网络服务（网络服务的有效性和准确性、网络资源的访问、校园网与社会网络的连接）。第六，图书馆服务（书刊数量、借阅方便、电子图书馆、图书馆环境舒适、开放时间、馆员合作）。第七，行政服务（服务质量的有效性和准确性、工作时间、网络行政管理水平、网络技术支持、获取事件材料的难度、友好性、指导和建议的明确性）。第八，地理位置（安全等级、交通便利程度、交通成本、学校交通服务、停车服务水平）。实践证明，该模型是可行的，可应用于其他高校的教育质量评价。[①] 以上这两个模型均是可以在实际中被推广使用的，是具有较高影响力的高等教育评价模型。从他们的指标体系可以看出，研究者把高等教育看作是一个服务于学生的过程系统，具有宏观和微观的双重视角。他们研究高等教育发展的宏观和微观表现，注重学生体验和同行评价。其中 SERVQUAL 模型侧重于评价师生互动中的人际交往水平和学校提供的服务保障水平。HEQAM 模型不仅考察了教师与学生之间的沟通能力，而且把高等教育置于一个动态发展的社会背景中，因此指标反映了投入、过程和产出，这与 OECD 教育指标体系框架几无差异。

我国学者李海涛从教育指标体系构成的角度切入，在对美英以及国内最具影响力的五种高校评价体系的最新内容和特点进行分析的基础上，从评价指标体系构建角度出发对各评价体系的适用性、内容的科学性、指标的可比性以及权重的分配等问题进行了比较，从而提出改进和完善我国高校评价体系如下几方面的建议：一是要对高校进行分类评价；二是指标体系的内容应科学全面；三是评价内容应在定量数据中侧重质量指标的运用，注重定量和定性评价相结合。[②] 李倩男和姚宁宁选取了 21 个指标用以评估我国高等教育发展水平，将这些指标分为五个维度，分别为：教育规模、人力投入、物质投入、财力投入、

---

① Noaman A Y, Ragab A H M, Madbouly A I, et al. Higher education quality assessment model: towards achieving educational quality standard[J]. *Studies in Higher Education*,2017(42):23-46.

② 李海涛. 国内外高校评价体系最新内容比较及其启示 [J]. 高等教育研究 ,2010(31):40-45.

教育结果。[①] 这些维度分别对应经合组织教育指标体系的背景指标、投入指标和成果指标，缺少的是过程指标。李晶、何声升从高等教育发展规模、基础设施、资金、师资四个维度构建了高等教育发展水平指标体系。[②] 指标体系体现了背景指标和投入指标，缺乏过程指标和绩效指标。李建辉等人建立了基于灰色关联分析和熵权法相结合的高等教育综合评价模型。[③] 该模型指标体系的一级指标是学校规模、学校数量、学生人数、师资队伍状况和经费投入。这些指标包括背景指标（每 10 万人口在校学生人数）、投入指标、成果指标（每 10 万人口毕业人数），缺乏过程指标和经济背景指标。基于上述中国学者建立的高等教育综合发展水平的指标体系，可以看出如果将经合组织教育指标体系作为一个参考，中国学者建立的高等教育综合发展水平的指标体系普遍存在指标范围涵盖不完整的问题，即使包含了 OECD 的教育指标体系框架中的一些一级指标，但该一级指标的二级指标也存在范围不全的问题。例如，李倩男、姚宁宁构建的指标体系中反映教育成果的指标由以下二级指标构成：毕业生人数和毕业生中研究生比例。然而，教育的实际成果不仅仅是这两个方面，科研成果和国际交流成果也是比较重要的两个方面。

　　综合上述国内外相关指标体系研究成果，可以看到，以 OECD 的教育指标体系框架作为参照标准，国外研究相对于国内研究，其指标体系基本包括背景评价、输入评价、过程评价、成果评价四个组成部分，是完整的教育实践在数量化形式上的体现，评价内容更加细致全面，这一点可以从一级指标涵盖范围和二级指标的数量上看出来。从研究视角来看，国外学者兼具宏观与微观双重视角，从宏观上评估配套硬件资源的分配及使用状况，从微观上对教师、行政服务人员的专业能力、个性品质、服务能力等进行测评。而目前我国缺少这样相对完整的指标体系，也缺乏宏观与微观结合考察的系统性研究。

---

　　① 李倩男，姚宁宁 . 我国地区高等教育发展水平的综合评价 [J]. 高教学刊 ,2016(22):256-258.

　　② 李晶，何声升 . 中国高等教育发展水平的空间差异研究 [J]. 西部论坛 ,2017(27):70-78.

　　③ 李建辉，任水利，李永新 . 基于数据分析的地区高等教育发展评价及预测 [J]. 科技促进发展 ,2018(14):534-540.

三、教育均衡研究概况

（一）均衡概念的跨学科释义

均衡（equilibrium）是从物理学中引进的概念，被多种学科所使用，在某些学科中，均衡已经成为其核心范畴或理论基础。在物理学中，均衡表示一个物体同时受到几个方向不同的外力作用，当它们合力为零时，该物体处于静止或匀速运动的状态。也就是说，所谓均衡，实际上是体现某种稳定的、规律性的系统运行状态。在经济学中，均衡最早是由马歇尔（Alfred Marshall）从物理学引入经济学领域的。经济学中的均衡是指经济中各种对立的、变动的力量的相互作用恰好互相抵消，暂时处于一种相对静止的平衡状态而没有进一步变动的倾向，即任何一个经济决策者都不能通过改变自己的决策以增加利益时的状态。它不仅代表一种状态，还包括达到这种状态的过程。在政治学中，均衡的本质内容是利益均衡，主要表现为宪制均衡、角色均衡以及文化传承与交互作用中的代际均衡与匀质化。行政学中的均衡多被视为"制衡""分权"的同义词，它具有两种意义，一是行政体系的各派参与者的权力制衡；二是政策输出与行政体系外行为主体的需求方面达成的均衡。法学中的均衡是指公民权利的普遍化和平等化，是属人权问题。哲学中的均衡体现为矛盾双方的同一性和一种暂时稳态结构。均衡—不均衡—均衡，体现了客观事物本身以及对事物认识的辩证发展。美学中的均衡是外在表象和内在结构的平衡和协调，是一项重要的美学原则。①

（二）均衡分析方法

均衡分析方法（equilibrium analysis）是经济学等学科的基本分析方法。均衡分析可分为局部均衡分析和一般均衡分析。局部均衡分析是在假定其他条件不变的情况下，分析一种商品或一种生产要素的供给与需求相一致时的价格如何决定，即假定这一商品（或生产要素）的价格只取决于它本身的供求状况，而不受其他商品的价格及供求关系的影响。一般均衡分析在分析某种商品的价

---

① 柳海民，周霖. 义务教育均衡发展的理论与对策研究 [M]. 长春：东北师范大学出版社，2007:5-8.

格决定时，是在供给条件下，当所有商品的供求和生产要素同时达到均衡时，如何确定所有商品的价格，所有商品的需求和价格与生产要素相互影响。一般均衡分析是研究整个经济系统的价格和产出结构的一种方法，是一种比较周密和全面的分析方法。然而，由于一般均衡分析涉及市场或经济活动的方方面面，且复杂多变，实际上这种分析非常复杂、耗时。因此，在西方经济学中，大多采用部分均衡分析。均衡分析最大的缺陷是，经济系统的参与者被认为是一个没有联系的个体（只研究单个生产者或消费者的行为），他们所研究的问题不能放在一定的环境中，这种方法完全不考虑制度因素、社会因素及人文因素等对参与人行为的影响，只是单纯考察某个条件与某个结果之间一一对应的关系。因而，无法对现实中表现出的诸多现象给予合理的解释。

（三）教育均衡发展研究

关于教育均衡发展的含义，于建福认为，教育均衡发展应该是一种普遍确立的教育理念。教育均衡首先是在法律意义上的受教育权利和义务的平等，其次是教育机会的平等和教育条件的均等，最后是教育成效的相对均等，[①]三者是层层递进的关系。翟博认为教育均衡发展是经济均衡发展的移植，从某种意义上说，教育均衡发展是人们在教育供求失衡的情况下提出的教育发展理想。教育均衡最基本的要求是实现教育资源在师范教育群体中的均衡配置和共享，实现教育需求与教育供给的相对平衡，最终落实到人们对教育资源的控制和利用中。[②]综合两位学者对教育均衡发展的诠释，教育均衡首先应是法律意义上的权利与义务的平等，最基本的是教育资源配置的均衡，最终要达到人民群众的教育需求和教育供给的均衡，在实际中最终落实在教育资源支配和使用的成效上。教育均衡发展的研究学界讨论较多的主要有义务教育均衡与高等教育均衡两大主题，高中教育均衡讨论的比重相对较小。

关于义务教育均衡，学者首先考虑的是义务教育的性质和地位：义务教育是奠定一个人生存与发展的基本教育，是一个国家发展的重要基石，是保障国

---

① 于建福. 教育均衡发展：一种有待普遍确立的教育理念 [J]. 教育研究,2002（2）：10-13.

② 翟博. 教育均衡发展：现代教育发展的新境界 [J]. 教育研究,2002(2):8-10.

民素质稳步提高的重要基础性力量。这一性质和地位决定了义务教育的普及性和强迫性。在普及性原则指导下，义务教育在发展理念方面就具有了均衡性的客观发展要求。[①] 在推进义务教育均衡化发展进程中，理论研究、实践原则、评估成效是三个主要的研究方向和主题。第一，义务均衡发展概念辨析方面的研究，如朱永新和许庆豫认为基础教育均衡发展的主要含义是为更多的人提供更多的接受教育的机会，价值取向是为所有人提供基础教育，具体目标是为尽可能多的人提供尽可能好的基础教育。[②] 近年来在义务教育均衡研究中，义务教育优质均衡是一项重要的研究前沿和热点。如杨启亮认为实施"兜底"均衡的教育资源配置保障、合格均衡的评价取向、体验均衡的教育关怀、特色均衡的差异思想，有望推进一种底线均衡的义务教育优质均衡发展。[③] 第二，教育均衡发展实践指导原则的研究，如武秀霞强调在义务教育均衡化过程中，必须认识公平和正义尺度的重要性，要平衡好个体偏向与社会依赖、精神与物质、差异与均等之间的关系，走优质均衡发展之路。[④] 第三，教育均衡发展成效或结果方面的研究，如朱德全等人对苏、鲁、鄂、湘、川、渝等 14 个省（市、自治区）82 个县（区）546 所中小学的实证调查，结合 2010—2014 年义务教育发展的宏观数据和部分省（市、自治区）的典型案例分析，对 2010 年以来中国义务教育均衡发展状况进行了监测评估。评估发现，2010-2014 年这五年间我国义务教育均衡发展成效显著。[⑤]

关于高等教育均衡发展，由于受历史、政治、经济和文化等因素影响，我国高等教育自新中国成立以来就长期存在显著的东部发达、中西部落后区域发展格局。当前，在中国特色社会主义进入新时代的历史时刻，我国高等教育不均衡发展的问题亟待解决。徐小洲等学者认为，我国高等教育区域布

---

① 柳海民，周霖 . 义务教育均衡发展的理论与对策研究 [M]. 长春：东北师范大学出版社 ,2007:5-8.

② 朱永新，许庆豫 . 论基础教育均衡发展 [J]. 中国教育学刊 ,2002(6):4-7.

③ 杨启亮 . 底线均衡：义务教育优质均衡发展的解释 [J]. 教育理论与实践 ,2010,30(1):3-7.

④ 武秀霞 . 公平视野下义务教育均衡发展的理论与实践探寻 [J]. 教育发展研究 ,2011(6):6-11.

⑤ 朱德全，李鹏，宋乃庆 . 中国义务教育均衡发展报告——基于《教育规划纲要》第三方评估的证据 [J]. 华东师范大学学报（教育科学版）,2017(1):63-77.

局结构失衡、进军全球步伐迟缓、科技创新动力不足与民办高校低位发展始终是制约我国高等教育充分、均衡发展的重大难题。推进高等教育综合改革需要重构发展愿景，完善体制机制，优化整体布局，强化育人理念与大学责任，从而提升我国高等教育的全球竞争力与创新驱动力，为中华民族的伟大复兴夯实智慧基础。[①] 基于目前我国高等教育不均衡发展现状，很多学者从高等教育入学机会、教育经费投入、教育资源配置、中西部及民族高等教育等方面做了分析与评价，并提出了很多具有借鉴价值的均衡策略。例如在教育机会方面，吴炜使用中国综合社会调查（CGSS）2015 年的数据，考察了我国城乡之间高等教育入学机会分配的新变化。结果显示：第一，高等教育入学机会分配中的城乡不均衡仍然存在；第二，"90 后"中高等教育机会分配的城乡差异显著下降；第三，城乡不平等程度下降更多表现在量的层面，在质的层面，相对于专科教育，本科教育中的城乡不平等程度没有明显变化。[②] 在高等教育经费收入与支出方面，唐一鹏、周镭基于财政分权和经济收敛的视角，从理论上探讨了央地关系和经济发展对高等教育财政均衡化的影响，并对 2006—2016 年省级面板数据进行建模，分析了高等教育财政均衡化的影响因素。研究结果表明：一方面，相对于地方财政，中央财政对高等教育财政收支的影响更大；另一方面，经济发展水平对高等教育财政均衡化具有显著影响，经济发展水平越高的省份，高等教育财政收支平衡程度也就越高。[③] 杜鹏等通过对 2004—2013 年我国普通高等教育学生平均教育经费支出水平的实证分析与国际比较发现，中国高教生均教育经费虽不断提高，但实际增长速度缓慢，并且缺乏连续性及稳定性；与中等收入国家相比，我国高等教育学生的平均教育支出远低于发达国家。同时，我国在资金使用效率方面与发达国家还有

---

①　徐小洲，倪好，辛越优. 走向新时代：我国高等教育均衡发展的难题与策略 [J]. 高等教育研究 ,2017(12):30-34+42.

②　吴炜. 新中国成立以来我国高等教育城乡不均衡的最新演变——基于 CGSS2015 数据的分析 [J]. 中国农业大学学报 (社会科学版),2019(5):129-136.

③　唐一鹏，周镭. 什么促进了高等教育财政均衡化 ?——理论分析与实证检验 [J]. 当代教育论坛 ,2019(5):47-56.

一定差距。从校际差异来看，中央大学的指标明显高于地方大学；在区域差异方面，省际差异虽不大，但东部与中西部地区的差异巨大。由此可见，中国高教生均经费存在着水平较低、增长过慢、利用效率低、校际配置与地区分配不均衡等问题。[①] 在教育资源配置方面，郑志来通过界定高等教育均衡发展内涵，从供给侧视角提出了高等教育发展失衡现状主要表现为高等教育供给主体在人才培养、科学研究、社会服务等三者之间资源配置出现失衡，人才培养资源供给与需求比例失调，科学研究自身结构性失衡，高等教育供给结构单一，以及高等教育供给主体区域布局不合理等五大问题，并从高等教育参与者信息不对称、高等学校评价制度不完善、高等教育主体评价体系错位等三个方面解释高等教育发展不平衡的原因。[②] 在振兴中西部高等教育方面，蔡宗模等依据"两个大局"的战略构想，在对国内外"西部开发"和"西部高教振兴"经验检视的基础上，重点借助政治、经济和教育学科的理论资源，从战略目标、思路、框架和实施等方面提出全面振兴西部高等教育的战略设想。具体来说，战略思路：一是重心向西部转移；二是重点下沉；三是重策调整。战略框架：在生态战略层面，建立西部副都，构建协同发展的大航母战略；在均衡战略层面，搭建新技术平台，实施超常规投入的兜底计划；在崛起战略层面，将再地化与国际化结合，打造西部高教特色，拓展发展空间，扩大国际影响。战略实施：在西部副都建制下，重点打造西部"硅谷"、西部文都和西部评估 3 个造血引擎；在系统运行方面，重点构建两"线"输送、两"链"交辉、两"坠"齐耀的运行机制；在战略推进方面，以 30 年为周期，经过 3 个阶段的建设，从基本实现现代化到建成西部高等教育强区，最终实现西部高等教育的全面振兴。[③] 许可峰、曲晓晓对我国 5 个少数民族自治区

---

① 杜鹏，顾昕. 中国高等教育生均教育经费：低水平、慢增长、不均衡 [J]. 中国高教研究，2016(5):46-52.

② 郑志来. 供给侧新视角下高等教育非均衡发展问题研究 [J]. 黑龙江高教研究，2017(3):21-25.

③ 蔡宗模，张海生，杨慷慨，吴朝平. 西部扬帆——全面振兴西部高等教育的战略构想 [J]. 重庆高教研究，2019(3):25-38.

2008—2017 年高校在校生、毕业生的人数统计后发现,民族高等教育规模与全国平均水平之间仍存在一定差距,且由于缺乏对民族高等教育规模问题的普遍性认识,各自治区之间在高等教育发展方面很不均衡。民族高等教育规模发展无视民族地区政治、经济和生态发展实际需要,不利于民族高等教育健康发展。[①] 另外,还有学者从高等教育治理的角度,采用比较研究的方法,对我国高等教育治理提出了一些参考意见,如王思懿、姚荣介绍了自 20 世纪 80 年代末以来新加坡以大学自主改革为核心议题的高等教育治理现代化之路,新加坡高等教育治理的"均衡器"由国家规制、学术自治、管理自治、利益相关者引导、竞争等治理机制构成,它们之间形成的是彼此界分和动态制衡的互动关系,五种治理机制之间既是动态制衡又是合作互补的关系。[②]

公平是衡量社会文明进步的标尺,教育公平是社会公平之基石。教育均衡发展是实现教育公平的前提和手段,但均衡不是绝对的均衡,而是要辩证和理性地思考均衡。[③] 教育均衡首先是法律意义上的权利与义务的平等,最基本的是教育资源配置的均衡,最终要达到人民群众的教育需求和教育供给的均衡。义务教育的普及性和强迫性决定了义务教育在发展理念方面就具有了均衡性的客观发展要求。高等教育由于历史原因,长期以来的高等教育区域差异造成的发展不均衡格局,在一定程度上有失教育公平。学者们普遍从高等教育入学机会、教育经费支出、教育资源配置、中西部及少数民族地区高等教育等方面展开了讨论、分析与评价,并提出了很多具有借鉴价值的均衡策略。

四、研究述评

从通常意义上讲,教育评价是指对教育质量的评价,是对教育价值的评定。教育评价大致包括三部分,即定性评价、定量评价和教育结果对需求的满足程

---

① 许可峰,曲晓晓.民族高等教育发展:从"适应"到"均衡"[J].重庆高教研究,2019(5):35-44.

② 王思懿,姚荣.新加坡高等教育治理如何走向现代化——基于"治理均衡器"的理论框架[J].比较教育研究,2018(1):3-12.

③ 张梅.基础教育均衡发展的哲学审思[J].教学与管理,2016(18):1-4.

度评价。具体而言，教育评价是教育客体对教育主体需要的满足程度。教育客体可以是具体的教育项目、学校、课堂等教育理论与实践活动，教育主体包括学生、家长、社会公众等对教育产生需求的群体。教育评价的根本目的是改进教育。高等教育评价意在评估高等教育价值。高等教育价值是高等教育活动中主体教育需要的满足或实现与客体满足主体需要的表现的统一，也即高等教育价值由高等教育满足人们需要的程度决定的。教育测评是教育评价的一种形式，目的在于基于实证的教育质量监控。"测评"强调依赖教育统计数据，将数据收集起来，分析信息，作为管理决策的依据，是基于特定目标，即在价值判断基础之上的描述，即遵循的是 CIPP 决策导向评价模式，其评价功能在于服务改革的各发展阶段的决策制定过程。

关于高等教育的价值取向，我国学者多倾向于从哲学层面，采用二分法或三分法揭示和划分高等教育的价值取向，认为高等教育价值取向具有既具有多元性，又具有主导性特征。同时，我国学者在探讨这个问题时多是从理论的视角，辨析高等教育价值取向，具有理论性特征，而国外学者更注重实践中高等教育价值取向的体现，并着力探究研究结论对实践的指导意义。还有学者通过对新中国成立以来，高等教育 70 年的发展概况进行梳理和分析，勾勒了高等教育价值取向在时间轴上的发展变化特点，可以看出高等教育价值取向具有继承性与发展性特征。在多种价值取向的划分和地位诠释中，高等教育价的多种价值取向是既对立冲突，又相互依存的矛盾关系。如学术取向、市场取向、人文取向之间是既对立，又相互补充的，要正确看待和处理三者之间的关系。

国外高等教育评价研究主要集中于对学生学习的评价上，强调以学生为中心（learner-centered），通过评价结果改进教学方式等教育活动，促进师生之间的合作，使学生更好地为职业生活做准备，促进学生在现实生活中解决问题的能力和技能的发展。采用自我评价、同伴评价相关的评价模式进行学习监控，侧重于形成性、持续性和终结性评价。研究类型上既有定量研究，也有定性研究，问卷调查是收集数据最广泛使用的方法。虽然定性研究较少，但访谈和焦点小组是最常用的方法。我国高等教育评价理论研究落后于实践研究，研究主要集中在高等教育评价实践问题的解决。高校评价在范式上具有管理主义倾向，在指标体系构建上具有对所依存社会情境抽离性与碎片化特征。

指标体系方面，国外研究相对于国内研究，其指标体系基本包括背景评价、输入评价、过程评价、成果评价四个组成部分，是完整的教育实践在数量化形式上的体现，评价内容更加细致全面。国外学者兼具宏观与微观双重视角，从宏观上评估配套硬件资源的分配及使用状况，从微观上对教师、行政服务人员的专业能力、个性品质、服务能力等进行测评。而目前我国缺少背景、输入、过程、成果四个部分相对完整的指标体系，也缺乏宏观与微观结合考察的系统性研究。

教育均衡发展是实现教育公平的前提和手段，是社会公平之基石。但均衡不是绝对的均衡，而是要辩证和理性地思考均衡。教育均衡首先是法律意义上的权利与义务的平等，最基本的是教育资源配置的均衡，最终要达到人民群众的教育需求和教育供给的均衡。义务教育的普及性和强迫性决定了义务教育在发展理念方面就具有了均衡性的客观发展要求。高等教育由于历史原因，长期以来的不均衡发展造成了显著的高等教育区域及城乡差异，在一定程度上有失教育公平。学者们普遍从高等教育入学机会、教育经费和投入、教育资源配置、西部及民族高等教育等方面展开了讨论、分析与评价，并提出了很多具有借鉴价值的均衡策略。

综合上述可知，高等教育评价是教育评价的重要组成部分。指标体系建立之初就暗含了高等教育价值取向。由于目前我国缺少遵循 CIPP 评价模式的从教育背景、教育输入、教育过程、教育成果四个发展阶段构建的相对完整的指标体系，且对教育均衡的争论也并没有达成共识，所以本研究致力于遵循 CIPP 决策导向评价模式，综合参考 OECD 的教育指标体系框架和中国教育科学研究院中国教育发展报告课题组所构建的教育综合发展水平指标体系，以及其他国内外相关研究成果，在宏观视野下，从背景、输入、过程、结果四个方面，构建用以评估我国不同地区的高等教育综合发展水平的指标体系，使用与分析统计数据，描述总结数据的特点，揭示和总结教育发展特征，根据评估结果比较我国全域、各地区之间、各省（区、市）之间及省内的高等教育综合发展水平的差异之处，并进一步基于差异比较的结果提出各省（区、市）有针对性的均衡策略，为教育实践提供有力的指导建议。

第六章　高等教育综合发展水平研究的理论基础

本章主要介绍我国区域高等教育综合发展水平差异与均衡策略研究的理论基础，主要包括建构理论、CIPP 模式和相关的均衡理论。首先，根据本研究的研究思路，本研究构建的我国高等教育综合发展水平指标体系，是通过一些反映型的指标来表征社会真实现象，根据建构理论，对指标体系的构建过程是研究者对所研究对象的某种特征或特征间关系进行概念化的过程，所以建构理论可以为指标体系构建的过程提供研究方向和思路；其次，由于本研究构建指标体系的目的在于对高等教育的动态发展过程，即教育背景、教育投入、教育过程、教育成果四个发展阶段进行反映表征，这四个阶段符合 CIPP 模式的四个步骤，即背景评价（context evaluation）、输入评价（input evaluation）、过程评价（process evaluation）和成果评价（product evaluation），故 CIPP 模式相关理论可以为指标体系构建提供思路框架；最后，由于本研究的研究问题包含关于我国高等教育综合发展水平的不均衡问题，所以均衡理论可以为均衡水平研究及均衡策略的提出提供理论基础。

一、建构理论

（一）建构

1. 建构作为一种理论意义上的变量

对于建构的阐释，Cronbach 和 Meehl（1955）这样写道："建构是某种假想性的个体属性，假定是可以通过（个体在）测验中的表现反映出来的。"按照这一理解，当我们借用某个属性试图来理解测验分数，或者对个体在测验上的表现进行解释时，该属性就是所谓的建构。在更为一般意义上，可以将建构理解为刻画或描述心理现象或活动的理论变量（theoretical variable），未必一定能够通过在特定测验上的表现反映出来（Embretson,1983）。在这个意义上，教育领域中的建构和自然科学领域中诸如长度、温度、速度等物理属性在本质上是一样的，都是研究者对所研究对象的某种特征或特征间关系的概念化（conceptualization）。就像物理属性是用以描述或解释自然世界如何运作的科学理论的基本构成一样，心理或教育领域中的建构也是研究者构建心理学或教育学理论的基石。

强调建构未必能够通过测验变现反映出来，是基于如下几个方面的原因。首先，并非所有的建构都是可以测量的。判断个体是否具有该属性，通常是根据个体是否具有与该属性相应类别的具体特征，而不是在该属性上的量的多少。建构是否能够通过测验表现反映出来，取决于该建构是否属于量化属性。其次，即便属于量化属性，建构也未必完全能够通过测验表现反映出来。Gorin(2006)区分了预期建构（intended construct）和实测建构（enacted construct）。预期建构是研究者试图研究或测量的建构，而实测建构则是测量工具中的具体任务类型实际测量的建构。这两者未必是一致的。预期建构是研究者所关心的理论建构，揭示的是心理现象或活动某个方面的一般性特征，往往跨越一系列不同的测验任务。因而，预期建构的建构表征是一系列表明不同的任务背后共同的深层理论机制。相比之下，借助于特定任务类型而测量的实测建构，往往会出现Messick（1995）所讲的建构窄化（construct underrepresentation）和建构无关变异（construct-irrelevant variance）两种情况。前者是指实测建构过于窄化，未能包含预期建构中的某个或某些重要维度或构成。后者是指实测建构过于宽泛，包含了与预期建构无关的元素。不管是哪种情况，预期建构都无法通过测验表现得到合理的反映。最后，即使测验任务类型所蕴含的实测建构与预期建构是一致的，依然无法保证预期建构可以通过测验表现出来。这是因为即便在理论上，预期建构中的某个或某些成分是个体解决测验任务的必要构成，但是在特定的测试群体中，这个（些）成分未必会引起系统的个别差异（Embretson，1983）。

2.理论建构、操作定义中的建构以及观测指标之间的关系

理论层面的建构具有一定的概括性或抽象性。因此，研究者需要将试图指向的建构和采用某种操作性定义的建构区分开来。在实际测量中，研究者通常

采用一种或几种特定的任务类型来测量理论层面的建构。这意味着，当我们对某个建构进行测量时，需要检验在某种特定任务类型上所得到的测量结果能够推广到其他任务类型上去。同时，我们更需要一种方法或技术，揭示不同操作化定义或不同任务类型下所测建构的具体表征，从而能够在深层次上理解一般意义上的建构表征及其与其他相关建构的关系。

与操作化定义相关的一个问题是所测建构与观测指标之间的关系。在严格的操作主义下，通常会将具体测验任务上的表现直接作为对理论建构的界定。在严格操作主义下，通常会将具体测验任务上的表现直接作为对理论建构的界定。由此，观测指标、操作化定义下的测量建构和理论层面的测量建构的界线产生了混淆。将观测指标直接等同于所测建构，所带来的一个问题是结论的可推广性。实际观察到的指标特征以及不同指标之间的关系能够推广到建构所能涵盖的领域范围，是严格意义上的操作主义所面临的一个难题。而要解决这一难题，就需要正确认识观测指标和建构之间的合理关系。这种关系的实质，就是将观测指标视为由所测建构的一系列可能指标的一个（或一组）构成（Messick，1995），而所测建构是这一系列观测指标背后抽象的、具有一定概括性的共同基础（Cronbach & Meehl，1955）。

这一关系彰显了心理或教育领域中建构的一个核心特征，即建构是潜在的变量。作为潜变量的建构虽然不可以直接观察，但是可以通过其他可以观察的指标加以推断（Kozak & Miller，1982）。之所以在一系列的观察指标背后需要这样的潜在变量，是因为建构是研究者用以描述或刻画现象所指向的某种存在（entity）、过程（process）或事件（envent）。建构所描述的是内在的（internal）对象或特征（Cone，1979）。它们直接或间接与一系列表面看似不同的外部特征相关联。因此，建构提供了一种深层基础，用以理解或解释个体在各种情境下种种外部表现的发展变化、一致性及其相互关系。在建构水平上形成的理论，能够超越表面现象，在抽象和概括水平上对心理现象或过程进行描述、解释和预测。实现这一目标的一个关键环节，是能够形成一种系统的理论或方法，揭示观测指标和作为潜变量的建构之间关系的实质，明确从潜在建构到观测指标之间的具体机制。只有在这种基础上，才能形成像 Cronbach 和 Meehl（1955）所倡议的假设，即"拥有某种建构的个体将会（以某种明确的概率）在情境 X 中按照 Y 方式行动"。显然，这样一个建构理论假设在潜在建构和观测指标之间存在某种（或然性的）因果关系。

如果潜在建构和观测指标之间存在因果关系，那么，作为原因的潜在建构和观测指标需要是不同的东西，而且在逻辑上和时间上潜在建构需要先于观测指标而存在。然而，由于心理或教育领域中的建构大多为潜变量，是不可以直接观测的，潜在建构是通过观测指标加以推断的，这就引出了潜在建构的实质究竟是什么的问题。

（二）建构的性质

在如果区分建构与观测指标之间的不同，并且认可建构和观测指标之间存在因果关系，我们无形中就秉承了对建构是怎样一种存在的某种特定立场。Borsboom（2005）阐述了心理和教育领域中潜变量性质的三种哲学立场，即操作主义（operatinalism）、建构主义（constructivism）和实在主义（realism）。按照他的观点，心理或教育领域中的理论建构模式，以及在该领域流行的测量和统计模型，包括探索性和验证性因素分析模型（exploratory or confirmatory factor analytic model，EFA or CFA）、结构方程模型（structural equation model，SEM）、项目反应理论模型（item response theory model，IRT）等等，其实都潜在地采用了实在主义的理论立场。

站在实在主义的立场上，建构是一种真正的存在（a real entity）。它反映了人类心理现象中某个特定的、真实的维度或特征（Borsboom，2005）。建构主要指向心理现象背后的潜在过程或事件，但它以各种直接或间接的方式与外部特征相关联（Cronbach & Meehl，1995）。不过，建构和外部特征并不是像建构主义所认为的那样，是一种概括和被概况的关系，而是存在一种因果关系。建构对立于观测指标而存在，虽然可以通过一系列的观测指标得以表现，但它是个体在这些观测指标上的表现特征的原因。

实在主义建构观可以用图 6-1 来表示。在图 6-1 中，θ 表示所关注的建构，

X1，X2，X3 表示与该建构相关联的各种观测指标。链接 θ 和 X 的箭头及其方向表明 θ 是导致不同研究对象在各种观测上取值的内在原因。λ_1，λ_2，λ_3 表示建构与不同观测指标的关联程度。通常，潜在建构无法完全解释研究对象在各种指标上的表现。E_1，E_2，E_3 被用来表示指标表现中 θ 无法解释的部分，即所谓的误差。E 的大小反映了我们对建构的认识程度，以及相关观测指标的质量。该模型被称为反应性测量模型（Reflective Measurement Model；Edwards & Bagozzi，2000）。它建立在两个基本假设之上：（1）所关注的建构是存在的；（2）该建构和相应观测指标之间存在某种因果关系（Borsboom，2005）。在心理与教育领域中对潜在变量的测量以及在此基础上的实质理论都无形中暗含了实在主义观。

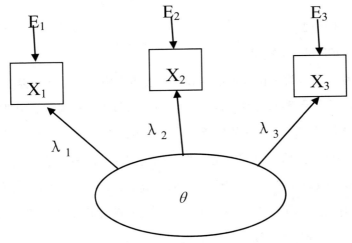

图 6-1 建构和观测指标之间的关系

（三）建构与观测指标之间的因果关系

理论建构和所观察到的各种行为指标之间并不等同，而是超越行为指标的独立存在。在这种情况下，理论建构和观测指标（或观测变量）之间的关系可以用图 6-2 来表示。在一般意义上，理论建构是导致各种行为特征的原因。但因为理论建构是无法直接观测的潜变量，不同个体在理论建构上的特征是通过其在各种观察变量上的表现加以推断的。需要指出的是，这一描述并不局限于测量的范畴之内，因为理论建构和观测变量之间的因果关系可以是质性的关系。[①]

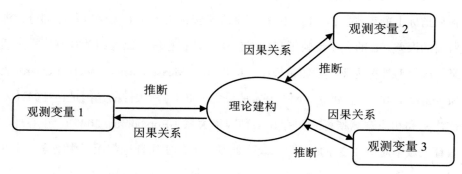

图 6-2 理论建构和观测指标之间的关系

二、CIPP 模式

（一）CIPP 模式的提出

1956 年，美国为了在人才培养和科技进步方面赶上苏联，美国政府在教育方面投入了大量资金，但要求所有由这些资金资助的项目都必须进行有效性评估，这导致了对教育评估的广泛需求。从事教育评价实践的人们对主流的 Taylor 评价模型进行了深入的反思，发现该模型存在许多不足。美国著名的评价者 D.L.Stufflebeam 提出，评价不应局限于确定目标的实现程度，而应是为决策提供有用信息的过程。1966 年 D.L.Stufflebeam 提出了 CIPP 模型。

（二）CIPP 模式的步骤

CIPP 是背景评价（context evaluation）、输入评价（input evaluation）、过程评价（process evaluation）和成果评价（product evaluation）四种评价的第一个英文字母的缩写，这四种评价既是 CIPP 模式的构成部分，又是 CIPP 模式的四个步骤：

---

① 杨向东.理论驱动的心理与教育测量学 [M].上海：华东师范大学出版社,2014:99-119.

1. 背景评价（context evaluation）

背景评价的主要目的是评价被评价对象的综合状况，集中和整理可以用来纠正不足的因素，诊断哪些方法可以提高被评价对象的质量或质量。其目的是检查教育目标是否符合学生的需要。评估的最终结果应为调整教育目标提供可靠的依据。该方法包括一系列的目标兴趣测量和各种类型的分析。

2. 输入评价（input evaluation）

输入（或投入）评价的目的是通过前后关系评价，调查计划实施的现状，估计实施过程中可能遇到的障碍，从而修订改进计划，避免因盲目实施导致浪费时间、人力和物力资源。其步骤是通过调查了解研究对象为满足学生需求所采取的各种措施哪些是有效的，哪些是无效的，深入分析目前的政策及人力资源、物力资源的运行状况等。广泛搜集各种意见和建议，综合评估各种改进方案的有效性和可行性，最终选择出富有针对性的切实可行的最优方案。

3. 过程评价（process evaluation）

过程评价的目的，一是在实施改进计划的过程中，向计划人员和具体操作人员提供反馈信息；二是为改进计划的持续修订提供信息；三是定期评估改进计划实施的深度和实施对象的接受程度；四是详细描述实施过程中的各种价值观以及旁观者和参与者的整体实施质量评价。在整个实施过程中，要进行跟踪评价，定期撰写报告，目的是使改进计划及时修订、充实和完善，使之更符合实际需要，使实施过程少走弯路，保证实施质量。

4. 结果评价（product evaluation）

结果评价的目的是衡量和判断改进计划实施结果的实现程度。另一方面，也要评价改进方案是否真正弥补了对象的不足，满足了学生的需要。分析并解释未能实现改进计划确定的目标的原因。最后，从整体上评价改进方案的成败。结果评价的方法适用于常模选择、对照组的确定及目标测验、标准参照测验或行为测验等，也可用于访问计划实施的旁观者和参与者。为了评价非预期结果的行为，有必要对非预测结果进行深入细致的研究，无论是正预测还是负预测，必要时进行跟踪研究。结果评价研究报告可分为不同层次：中期报告可在改进计划实施过程中提交，其内容为报告计划满足预测需要的程度；最终报告可总结实现计划目标的结果以及计划实施的程度。报告应全面分析执行结果。结果评价的基本用途是确定一个改进计划的价值程度，为下一个改进计划的制定提供方向性指导，使改进计划更好地服务于全体人民的需要，使其更加有效和有价值。

CIPP 模型的条件评价是为了决策。背景评价是规划决策服务，输入（或投入）评价是组织决策服务，过程评价是实施决策服务，结果评价又是决策服务。D.L.Stufflebeam 认为，在 CIPP 模型的应用中，评价者可以根据自己的需要采用不同的评价策略。可以在方案之前或方案中使用各种评估。他们可以进行一次或多次评估，这完全取决于评估听众的需求。这是一个非常灵活的模型。

（三）对 CIPP 模式的评价

CIPP 模式的优点主要在于下面几个方面：

第一，将目标纳入评价活动。CIPP 模式也可以称为面向决策的模式。这种模式下的每一个评价都必须根据对象的需要来判断对象本身，从而首先评价对象本身的合理性。与目标导向模式相比，进一步拓宽了评价的内容和范围，使评价更加全面、科学、系统。

第二，重视形成性评价。由于决策模型是决策的中心，决策贯穿于教育活动的全过程，因此评价活动始终贯穿于教育活动的全过程。在评价的任何时候都要考虑决策的需要，为决策活动提供必要的信息，突出评价的形成功能，使评价活动更具方向性和实践性。

第三，把评估当作学校工作的一部分。决策导向评价模型认为，评价应该是教育活动的日常工作，而不仅仅是一项与课程改革和目标实现有关的特殊活动。它不仅应该是对工作表现的评价，而不是找出缺点，而且应该是改进工作、使所有工作更加有效的工具。

CIPP 模式的缺点主要在于：

第一，评价缺乏价值判断。由于决策导向模型的目标是指向决策，因此评估的任务是收集和报告相关信息，供决策者选择计划。因此，在评价的整个过程中，无论是背景评价、过程评价、评价和一些结果的输入，还是寻找信息评价的差异，更多的是注重信息的描述性，对于活动的方方面面，包括决策和采取替代行动，都是对评价结果的描述缺乏价值判断。因此，有人说，决策导向模式的评价不能称之为评价活动。

第二，评价者的作用是有限的。在决策导向模式中，评价者的作用是根据相关决策为决策者收集、分析和报告相关的一般信息。因此，评价者的作用是根据决策的需要向决策者提供信息，而决策者则根据具体的准则来确定所需的信息，并对哪个方案是最佳方案做出判断。因此，评价者完全依附于决策者，不仅降低了评价者的作用，也降低了评价活动的应用功能。

第三，评估实施的适用性。面向决策的模型普遍应用于大型工程项目中，需要各种信息源的协同、雄厚的资金和科学的分析技术。正如 D.L.Stufflebeam 所指出的，CIPP 模型并不侧重于指导个人研究的进行，而是侧重于为机构决策者提供服务。决策导向评价特别适用于需要推理和系统方法的教育环境。评价效率的表现应以决策的合理性、民主性和决策过程的公开性为基础。这是由于在实际教育活动的决策过程中，广泛存在着决策任意性和大量不可预测因素，决策导向模型的使用受到很大的限制。①

三、相关的均衡理论

（一）哲学中的均衡论

均衡也称平衡（equilibrium），是相对于不均衡或不平衡（disequilibrium）的概念。它们是反映事物发展中各方面矛盾关系和表现形式的一对哲学范畴。平衡是指矛盾双方在一定条件下的统一，即是相对统一，是事物稳定有序发展的标志之一。不平衡是事物发展过程中双方相对统一的解体状态。但是均衡与平衡是有一定区别的，平衡更趋向于强调事物发展过程中的静态关系，均衡更倾向于强调事物发展过程中的动态关系。均衡论（the theory of equilibrium）研究事物在发展过程中的状态，即事物是否平衡，以及在不平衡状态下如何实现

---

① 王景英.教育评价理论与实践 [M].长春：东北师范大学出版社,2002:57-60.

事物的平衡状态，是一种理论。它可以分为认识论的均衡理论和方法论的均衡理论。

1. 中国的哲学均衡论

中国传统哲学认为，事物的最高均衡状态是万物同生而不相残，道并行而不相悖。万物共同成长，道并行，这是和。和不会互相伤害或产生矛盾。这种和就是《易经》中的"太和"。所谓"太和"，是指事物运动最完美的平衡状态，是人们所追求的理想状态。中国哲学均衡论中既包括认识论上的均衡论也包括方法论上的均衡论，它已经形成了均衡论的完整哲学体系，这一体系是我国历史上的核心哲学思想。

2. 西方的哲学均衡论

在西方早期的哲学思想中，同我国的哲学均衡论哲学思想一样，首先是关于宇宙观的，柏拉图在其宇宙生成论中就曾提出："火、气、水、土四种元素每一种都显然各为一个数目所代表而构成连比例，也就是说，火比气等于气比水，等于水比土。神用所有的元素创造了世界，因此它是完美的，而不会有衰老或疾病。它是由于比例而成为和谐的，这就使它具有友谊的精神。"① 同时，柏拉图还提出了节制和中庸的概念，他将社会分成有智慧的统治者，有勇气的武士和有欲望的自由民，他们应各行其是、各司其职。亚里士多德则在此基础上进一步提出了系统的中庸理论，认为节制和中庸是最好的立场。国家由极富者、赤贫者和居中者构成，拥有居于极富与极贫之间的财富是最适量的。

同早期均衡论思想比较接近的，主要是折中主义和相对主义哲学思想，直至 19 世纪才出现比较系统的均衡论思想。折中主义 (eclecticism) 没有独立的观点，只有一种无原则、机械地把各种不同的思想、观点和理论结合起来的哲学观点。一些古希腊哲学家不仅坚持一派学说，而且接受了其他学派的一些观点，表现出了折中主义的特点。折中主义虽然与均衡论有本质的区，但它们也存在一定的共同之处。它强调协调各种不同哲学思想的关系，既不绝对地坚持

---

① ［英］罗素著，何兆武、李约瑟译 . 西方哲学史（上卷）[M]. 北京：商务印书馆,1982:190.

某一种观点，也不绝对地坚持另外一种观点。这种哲学思想也表现在当代的哲学研究中，但必须特别注意的是它们并不是无原则地、机械地将不同思潮、观点和理论结合在一起，而是将它们有机地融合。西方哲学思想中的相对主义(relativism)，它是指把相对与绝对的辩证关系割裂开来，否定事物及其认识的稳定性、客观性的形而上学的观点和思维方法。其特点是片面强调认识论中现实的可变性和不稳定性，否定事物的相对静止性和确定性；夸大认识的主观形式和对历史条件的依赖，否定客观真理；只看到矛盾双方在事物和认识上的转化和过渡，否定矛盾双方的差异和对立，抹杀矛盾双方的界限。

西方哲学中的平衡理论把力学中的力平衡理论应用于一切自然和社会现象，认为平衡是一种规律状态，运动、发展和变化是暂时的。西方哲学的平衡论以法国的孔德和英国的斯宾塞为代表。他们提倡绝对化事物发展相对平衡的形而上学理论。他们认为，平衡和渐变是正常的，失衡是不正常的。斯宾塞认为，在宇宙中"有一个走向平衡的过程"。对立力量的普遍共存使得节奏不可避免，将各种力量分解为不同的力量，最终使平衡力量的建立成为必然。整个自然，包括作为其一部分的人类社会的演变，都是力量的结果，这是力量平衡法则造成的。"乌托邦对完美状态的描述意味着变化的停止"。平衡是进化的最终状态，在这种状态中，对立的力量达到相互依存和平衡。因此，自然规律决定了政府应该放开社会。如果政府介入这一过程，必然会造成其他地方的衰落，破坏组织的平衡。

（二）社会学中的均衡理论

哲学是世界观的理论形态，是对自然、社会、人的思维及其发展的最普遍认识，是一切理论的基本形态。既然哲学中存在均衡论思想和理论，这种思想和理论也必然会影响到其他的相关学科，形成其他相关学科的均衡论思想和理论，主要包括社会学、政治学和经济学、法学。

社会均衡论(social equilibrium)是一种重要的社会学理论。社会均衡的概念和思想最早见于马歇尔和英国经济学家斯宾塞的著作中。其基本含义是社会生活保持着功能整合的趋势。社会制度的一部分发生变化，其它部分也会发生相应的变化，其最终结果是社会趋于平衡。这一概念反映了当时社会科学家的两个愿望：一是试图建立一个社会现象之间关系的模型；二是试图描述最理想、最和谐的社会状态。在社会学发展的后期，社会均衡的观点逐渐形成。他们的主要代表是意大利社会学家 V. 帕累托和美国社会学家 T. 帕森斯。

帕累托认为，社会系统的显著特征是相互依存、相互作用的，如果其中一个特征发生了变化，其他特征及功能也会随之而发生改变。这种反应可能导致两种后果。一种是消除这种变化，使其恢复到原有的平衡状态；另一种则是这种变化引起其他部分发生相应的变化，从而实现新的平衡。帕森斯认为社会系统运行中最核心的问题就是实现社会系统的平衡。他认为任何社会系统都是由若干社会子系统组成，而这些子系统唯有在结构和功能上相互支持、相互配合，方能保证社会系统的正常运行。而社会系统发展的总体趋势是系统内各要素之间的均衡发展，社会的发展其实是在变化中实现一种均衡向另一种均衡的不断转化。

社会均衡理论的核心观点可以表述为：均衡是社会的理想状态，社会中的一切变化的最终目的是为了实现社会的均衡发展。社会均衡包含两种基本类型：稳定均衡和不稳定均衡。稳定均衡又可分为静态均衡和动态均衡。静态均衡意味着社会结构系统是稳定的、持续不变的；而动态均衡则是指在总体的均衡状态中也存在着各种活动与变化，但这些活动和变化并不必然导致社会系统内各组成部分之间的基本关系发生改变，这些暂时出现的活动与变化可能很快就会被均衡的趋势所修正。不稳定的均衡是指在社会系统中，轻微的不平衡会导致进一步的不平衡，而不需要任何监管的介入。它将逐步摧毁社会制度本身或建立一种新的均衡结构。

社会均衡论作为一种重要的社会学理论，比较深入地揭示了社会存在的基本条件和基本规则，指出了社会发展过程中的均衡与不均衡关系，是社会学中占主流地位的观点。但是，这种理论认为，社会均衡是经常状态，变迁是暂时状态，这种看法是不符合社会发展的客观现实的。在现实生活中，可以将社会分为基本稳定的层次和发展变化的层次。基本稳定的层次处于相对稳定的均衡状态，发展变化的层次处于由失衡向均衡发展的趋势。但是，从总体上来讲，社会是一个动态的发展变化过程，它永远处于不断的发展变化之中。社会关系均衡是暂时状态，是基本稳定层次的状态；社会关系失衡是经常状态，特别是发展变化层次的状态，既不存在绝对的均衡也不存在绝对的失衡。[①]

（三）高等教育均衡发展理论

新中国成立至 20 世纪 80 年代初，我国高等教育主要实施均衡发展战略。改革开放后，受经济发展不平衡战略的影响，教育也采取了不平衡发展战略。这一战略的实施，极大地促进了我国教育事业的发展。但近年来，我国高等教育发展差距不断拉大，有学者指出，高等教育应走均衡发展的道路。高等教育均衡发展，是指在增加和分配各级、各类型、各地区高等教育投入的同时，逐渐拓展教育市场，不断改进教育供给品质，实现教育资本的有效积累，增加对教育资本的有效需求，从而实现区域间的高等教育及不同层级的高等教育的均衡发展。高等教育均衡发展主要是针对高等教育的不均衡分布。它强调高等教育在区域间和区域内的合理布局。高等教育均衡发展的核心是解决高等教育需求问题，即区域内有足够的高校，让所有需要的人都能接受高等教育，其实质是缩小高等教育空间发展的差距。[②]

四、教育公平理论

社会公平是人类的美好理想，是人类社会永恒的追求。建设公平社会的理想的同时，要实现个人价值的全面发展。社会公平和每个人价值的实现是社会层面和个人层面的公平体现。要实现这样两个的发展目标和理想，就个人来讲，每个人都希望生活在公平正义的社会当中，每个人也都希望可以获得充分的发展空间，人的基本权利是生存权与发展权，如果一个人不能公平地获得应有的教育，就必然会损害他的发展权，同时他的生存质量也会受影响，这样也就损害了他的生存权。不管是生存还是发展，教育都对个人起着重要的影响。所以

---

① 刘少军 . 法边际均衡论：经济法哲学（修订版）[M]. 北京：中国政法大学出版社 ,2017:1-9.
② 李承先 . 高等教育发展代价论 [M]. 上海：学林出版社 ,2009:18-20.

教育公平是社会公平的一个重要的体现，也是社会公平不可缺失的一个组成部分。

从教育社会学角度来看，教育对社会分层产生了重要的作用，所以教育公平就具有了特别重要的社会意义，只有每个公民可以获得平等、自由的受教育权利，均等的教育机会，教育对每个社会成员来讲，才是提高社会地位的重要渠道。一般而言，教育公平是指受教育者在社会中所获得的公平地接受教育的权利，在接受教育的过程中公平享受教育资源，通过教育获得公平的教育效果等。评定接受教育的权利是社会成员最基本、最重要的权利之一。[①] 因此，一个真正和谐的人类社会，应当是一个使全体社会成员获得教育公平的社会。高等教育虽然是现代教育分层次人才培养的一种教育形式，但是高等教育的终极目标仍然是实现个人的自由发展和个人价值的全面实现，进而促进实现社会整体公平，所以，高等教育公平是教育公平的一项重要内容。[②]

[①] 郭彩琴.教育公平论 西方教育公平理论的哲学考察 [M]. 徐州：中国矿业大学出版社,2004:30.

[②] 刘中顼.高等教育公平实现之探究 高等教育分层次人才培养与教育公平之关系 [M]. 长沙：湖南师范大学出版社,2013:17.

第七章　我国高等教育综合发展水平指标体系的构建与结构方程模型的建立

本章在建构理论、CIPP 模式的理论基础上，参考国内外相关研究成果，建构了我国高等教育综合发展水平指标体系，该指标体系从八个方面反映我国高等教育综合发展水平，包括教育背景、教育机会、教学投入、科研投入与过程、国际科技交流过程、教学成果、科研成果、国际科技交流成果。然后，在我国相关的宏观统计数据中，收集与指标体系中各二级指标相对应的统计数据，并且依循本研究的研究思路与研究流程，反复构建和检验我国高等教育综合发展水平结构方程模型，最终保留通过各项检验的结构方程模型。

一、指标体系的构建

本研究基于 CIPP 模式，综合参考 OECD（经济合作与发展组织）的教育指标体系框架、中国教育发展报告课题组所构建的教育综合发展水平指标体系及其他国内外相关研究成果，基于数据的可获得性和适用性，在宏观视野下，从背景、输入、过程、结果四个方面，构建由 8 个一级指标，30 个二级指标组成的用以评估我国不同地区的高等教育综合发展水平的高等教育指标体系。8 个一级指标分别为：教育背景、教育机会、教学投入、科研投入与过程、国际科技交流过程、教学成果、科研成果、国际科技交流成果。每个一级指标下设 3—5 个二级指标，指标构成详见表 7-1。

表 7-1 高等教育综合发展水平指标体系

项目（代码）	一级指标（代码）	二级指标（代码）
高等教育综合发展水平（HDL）	教育背景（EB）	人口年龄构成（15—64周岁人口比例）单位：%（X1）
		人均 GDP 单位：元（X2）
		就业人员受教育程度构成（大学本科、专科、研究生比例）单位：%（X3）
	教育机会（EO）	每十万人口高等学校平均在校生数 单位：人（X4）
		适龄人口高考录取率 单位：%（X5）
		高考招生录取率 单位：%（X6）
	教学投入（TI）	正高级专任教师数占专任教师总数比例 单位：%（X7）
		生均教育经费支出 单位：元（X8）
		高校公共财政预算教育经费占公共财政教育支出比例 单位：%（X9）
		生均图书量 单位：册（X10）
		生均计算机数 单位：台（X11）
	科研投入与过程（RIP）	研究与发展全时人员 单位：人年（X12）
		科技经费（拨入）单位：千元（X13）
		研究与发展项目数 单位：项（X14）
	国际交流过程（ICP）	国际学术会议出席人员 单位：人次（X15）
		国际学术会议交流论文数 单位：篇（X16）
		国际学术会议特邀报告数 单位：篇（X17）
		外国留学生招生数 单位：人（X18）
		外国留学生在校生数 单位：人（X19）
	教学成果（TA）	毕（结）业生总数（研究生、普通本专科、成人本专科）单位：人（X20）
		授予学位总数（研究生、普通本专科、成人本专科）单位：个（X21）
		毕业生就业人数 单位：人（X22）

项目（代码）	一级指标（代码）	二级指标（代码）
高等教育综合发展水平（HDL）	科研成果（RA）	获国家及省部级奖项总数 单位：项（X23）
		出版科技著作数量 单位：部（X24）
		出版科技著作字数 单位：千字（X25）
		发表学术论文数 单位：篇（X26）
		国外学术刊物发表学术论文数 单位：篇（X27）
	国际交流成果（ICA）	外国留学生毕（结）业生数 单位：人（X28）
		外国留学生授予学位数 单位：人（X29）
		国际级项目验收数（与其他单位合作）单位：项（X30）

（一）一级指标的构建

CIPP 模式共分为四个步骤，即背景评价（context evaluation）、输入评价（input evaluation）、过程评价（process evaluation）和成果评价（product evaluation）。OECD 教育指标体系采用 CIPP 模式作系统框架，将指标体系分成背景指标、输入指标、过程指标和成果指标来研究教育系统的发展水平及其变化与发展趋势。本研究构建的指标体系也采用 OECD 教育指标体系的框架，将各一级指标大致分为背景指标、输入指标、过程指标和成果指标四个部分，其中背景指标包括"教育背景"，输入指标包括"教育机会""教学投入""科研投入"，过程指标包括"科研过程""国际交流过程"，成果指标包括"教学成果""科研成果""国际交流成果"。

首先，CIPP 模式中背景评价的主要目的在于评定客体的综合地位，鉴定客体的不足之处，集中和整理能用来纠正其不足之处的因素，并诊断哪些方法能提高该客体的质量或素质。所以本研究借鉴 OECD 历年来的教育指标体系构成中的教育背景指标，从"人口结构""经济发展水平""劳动力素质构成"三个方面选择二级指标，用于构建"教育背景（education background，缩写作 EB）"一级指标，目的是综合评估某省份高等教育的发展背景，从人口、经济、劳动力构成三个方面找出影响其发展的因素，并探索寻找提高该省（区、市）高等教育发展水平的路径或方法。

其次，CIPP 模式中的输入评价目的在于对评定客体的发展现状展开调查，包括系统地调查和分析现有的人力、物力及现行的政策，收集各种有竞争价值的改进设想，并为组织决策提供服务。OECD 历年来教育指标体系构成中的输入指标主要是从财政和人力两方面来考察的。所以本研究也选择采用 OECD 教育指标体系中输入指标的构成，并依据我国已有相关研究成果，将"教育机会"指标一并纳入指标体系范围来建构更加全面的"输入指标"。即输入指标包括：教育机会（education opportunity，简写作 EO）、教学投入（teaching input，简写作 TI）、科研投入（research input，简写作 RI）三个部分。其中"教育机会"表征的是获得个体获得高等教育的机会大小；"教学投入"主要是从人力、财力、物力三方面的教育资源配置现状来考察的；"科研投入"主要是从人力和财力两方面的教育资源投入现状来考察的。

然后，CIPP 模式中过程评价的目的在于向计划人员和具体操作人员提供实施改进计划过程中的反馈信息，是为实施决策服务的。OECD 历年来教育指标体系构成中的过程指标主要是从各级教育的参与情况、学生学习环境和学校组织三个方面来考察的。由于我国宏观教育统计指标与数据范围都具有局限性，对于教学过程方面，即师生教学参与状况、学生学习环境、学校组织情况并没有较权威的宏观统计数据可以采用，所以本研究的过程指标仅包括"科研过程"和"国际交流过程"。这里需要说明的是，由于我国宏观教育统计指标与数据范围的局限性问题，很难获得更加准确地表征"科研过程"的指标数据，所以本研究将年度"研究与发展项目数"作为测量"科研过程"的反映型指标。又由于在一定人力、财力投入下，研究与发展项目数量与人力、财力投入具有一定正相关关系，所以很难将"科研过程"与"科研投入"完全分离开来，所以本研究将两者合并，作为一项一级指标——科研投入与过程（research input process，简写作 RIP）。国际交流过程（international communication process，简写作 ICP）是从参与人员、交流论文或报告两个大方面来构建的。

最后，CIPP 模式中结果评价目的在于从广度上测量、判断改进计划实施结果的目标达到程度或效果，并为改进决策服务。OECD 教育指标体系构成中的结果指标主要是从学生学习成就、毕业成果、教育的劳动力市场成果三方面来考察的。本研究遵照 OECD 教育指标体系中结果指标的构成，从教学、科研、国际交流三个维度来表征各项成果，包括 "教学成果（teaching achievement，简写作 TA）" "科研成果（research achievement，简写作 RA）" "国际交流成果（international communication achievement，简写作 ICA）"。教学成果主要从学生的毕业成果、毕业生的劳动力市场认可程度两个方面来体现；科研成果主要从科研成果获奖情况、发表著作和论文情况等方面来建构；国际交流成果主要从培养留学生数量及国际级项目数量两个方面来建构。

我国学者李海涛在对美英以及国内最具影响力的五种高校评价体系的最新内容和特点进行分析的基础上，从评价指标体系构建角度出发对各评价体系的适用性、内容的科学性、指标的可比性以及权重的分配等问题进行了比较后，进而对我国的高等教育指标体系构建提出了两重要的指导性建议：一是指标体系的内容应科学全面；二是评价内容应在定量数据中侧重质量指标的运用，注重定量和定性评价相结合。[①] 综合上述可见，本研究所构建的我国高等教育综合发展水平指标体系正是采纳了这两点重要的建议，该指标体系围绕人才培养、科学研究、国际交流这三项高等教育职能为核心内容，采用 CIPP 模式的系统框架，不仅兼顾了教育指标体系的全面性、科学性还体现了过程性和系统性。同时本指标体系兼顾使用数量指标（绝对数）与质量指标（相对数与平均数），并尽可能地选取质量指标。因为数量指标只表明规模、总量等外在的数量特征，而质量指标能够表明相对数量、平均数量等内在的数量特征，比如生师比、生均教育经费支出等。由于各地高等教育规模不同，数量指标值又与规模大小有关，容易产生规模越大得分越高、以量代质的问题，因此数量指标的可比性不如质量指标高。质量指标和数量指标的结合使用，也保证了 "综合发展水平" 这一指标不仅反映的是规模上的发展水平，同时还表征了教育质量上的发展水平，

---

① 李海涛. 国内外高校评价体系最新内容比较及其启示 [J]. 高等教育研究,2010(31):40-45.

真正做到了是对我国高等教育"质"与"量"的全面、客观的考察。

（二）二级指标的选择

根据上述一级指标的构建过程，检索我国历年高等教育发展指标的国家统计数据。由于某些数据平台有关数据的统计截止日期为2016年，为了保证构建模型所使用数据的完整性和全面性，本研究使用2016年有关指标的统计数据。数据来源于国家统计局网站、教育部网站、EPS数据平台、各省教育厅网站以及《中国统计年鉴2017》《中国社会统计年鉴2017》《中国教育经费统计年鉴2017》《中国劳动统计年鉴2017》等。

根据二级指标选择的理论与实际依据，即首先依据各维度（各一级指标）的性质特征，保证所选指标既具有代表性，又要使它从属于本维度。其次，在选择指标时还要满足该指标"可查"，即在国家官方的统计数据库中可以搜索查询得到完整而全面的统计数据。再次，在选择不同维度和相同维度的二级指标时，既要兼顾指标之间的"异质性"（即指标之间要具有足够的区分度），还要保证同维度指标之间的"同质性"（即各维度要通过单一维度检验）。最后，对二级指标的选择要兼顾全面性和建模要求双重标准，即在尽可能地保证指标的代表性、合理性、可查性、区分度、全面性之外，还要满足模型成立的要求，也就是说，要在保障模型成立的大前提下选择合适的指标，并确定合适的指标数量。然后，在持续地进行二级指标选择，一级指标、二级指标与建模的不断适应和修正当中，尝试建立高等教育综合发展水平PLS结构方程模型。

具体来说，"教育机会"一级指标包括"每十万人口高等学校平均在校生数""适龄人口高考录取率""高考招生录取率"三个质量指标；教学投入一级指标的人力资源投入方面由"正高级专任教师数占专任教师总数比例"一项质量指标来表征，财力资源投入方面由"生均教育经费支出""高校公共财政预算教育经费占公共财政教育支出比例"两项质量指标来表征，物力资源投入方面由"生均图书量""生均计算机数"两项质量指标来表征；科研投入与过程一级指标由"研究与发展全时人员""科技经费"和"研究与发展项目数"三项数量指标构成，其中"研究与发展项目数"二级指标反映的是科研过程；国际交流过程一级指标由"国际学术会议出席人员""国际学术会议交流论文数""国际学术会议特邀报告数""外国留学生招生数""外国留学生在校生数"五项数量指标来表征；"教学成果"一级指标由"毕（结）业生总数（研究生、普通本专科、成人本专科）""授予学位总数（研究生、普通本专科、成人本专科）""毕业生就业人数"三项数量指标来反映；"科研成果"一级指标由"获国家及省部级奖项总数""出版科技著作数量""出版科技著作字数""发表学术论文数""国外学术刊物发表学术论文数"五项数量指标来表征；"国际交流成果"一级指标包括"外国留学生毕（结）业生数"、"外国留学生授予学位数"、"国际级项目验收数（与其他单位合作）"三项数量指标。

二、结构方程模型的建立

（一）结构方程模型的结构

结构方程模型是一种非常通用的线性统计建模技术。结构方程模型的一个重要特征是能够对抽象的构念（construct）进行估计与检定。本研究所构建的高等教育综合发展水平指标体系中的高等教育综合发展水平、教育背景、教育机会、教学投入、科研投入与过程、国际科技交流过程、教学成果、科研成果、国际科技交流成果指标全部属于这种抽象的构念。为了给予这些抽象的构念以操作化的定义，以便透过结构方程模型的计算得到具体的数据，用以反映高等教育在各个抽象构念上的强度，每个一级指标我们用3—5个具体可测量的或可以直接获得数据的二级指标之间的共同性来加以估计这些抽象构念的强度，这里的二级指标我们在结构方面模型中称之为外显变量（manifest variable），综合发展水平和各一级指标我们在结构方程模型中称之为潜在变量（latent variable），在9个潜在变量中，综合发展水平潜在变量为内生潜在变量，其余潜在变量都是外生潜在变量。模型中所有潜在变量与外显变量之间的关系设定为反映型关系，各潜在变量之间的关系也设定为反映型关系，并用单箭头表示各变量之间的因果关系，整体模型中没有回路。

（二）结构方程模型的求解

目前，结构方程模型主要用两大估计技术来进行求解。一种是基于极大似然估计的协方差结构分析方法，该方法要求变量数据要符合多变量正态性（multivariate normality）假定，以 LISREL 为代表。另一种则是基于偏最小二乘法的方差分析方法，该方法对变量数据没有严格要求，样本数量一般要求在 30—100 之间，以 PLS 方法为代表。在本研究的变量数据方面，根据我国宪法规定的中华人民共和国行政区划，除港澳台外，用华北、东北、华东、中南、西南、西北表示我国 31 个省份的地理分布。其中华北包括北京、天津、河北、山西、内蒙古；东北包括辽宁、吉林、黑龙江；华东包括上海、江苏、浙江、安徽、福建、江西、山东；中南包括河南、湖北、湖南、广东、广西、海南；西南包括重庆、四川、贵州、云南、西藏；西北包括陕西、甘肃、青海、宁夏、新疆。本研究以每个省（区、市）为一个样本，那么共有 31 个样本，样本数较少，不能满足变量数据符合正态分布的假定。同时本研究所构建的指标体系共有 30 个观测变量（X1-X30），变量数目较多。根据求解结构方程模型技术的要求，通过比较样本数量和变量数目，本研究选择采用对样本数目要求较低（30—100），可处理非正态分布数据的偏最小二乘法（partial least squares, PLS）作为研究方法。另外，由于 PLS 方法可以有效地克服观测变量间的共线性问题，能够去除对回归无益噪声的影响，可使 PLS 模型具有更好的鲁棒性[1]，而且有学者论证该方法在建立综合评价指数中的应用效果良好。[2] 所以，PLS 方法可以满足本研究的方法需求。

具体操作过程如下：首先，基于前述所构建的指标体系（见表7-1），选择使用 SPSS 24.0 软件对 8 个一级指标的二级指标分别进行单一维度检验。检验结果显示，各维度的第一主成分特征值均大于 1，其余主成分特征值均小于 1，也就是说各维度均通过了该项检验，说明各一级指标下设的二级指标数据都可以

[1] 王桂增，叶昊.主元分析与偏最小二乘法 [M].北京：清华大学出版社,2012:41.
[2] 王惠文，付凌晖.PLS 路径模型在建立综合评价指数中的应用 [J].系统工程理论与实践,2004(10):80-85.

被提取一个共性因子，即各二级指标对各一级指标的解释能力很强。其次，使用 Smart PLS 3.0 软件，将各潜在变量与外显变量的关系设定为反映型关系，用单箭头表示变量间的因果关系，且模型中没有回路，采用 PLS 算法，拟合各项指标数据，建立我国高等教育综合发展水平 PLS 结构方程模型（如图 7-1 所示）。在该模型中，除了评价项"综合发展水平"这一潜在变量外，其余 8 个潜在变量分别代表 8 个一级指标。30 个二级指标用代码 X1—X30 表示。在操作 Smart PLS 3.0 软件时，用圆圈表示潜在变量，用矩形表示外显变量，当各变量的结构关系被成功解释后，圆圈颜色由红色变为蓝色，即标志结构方程模型构建成功，然后对此模型做进一步的检验，当模型通过各项检验后，就可以采用模型输出的数据进行分析与比较。这里需要说明的是，在运行模型之前所输入的数据是来源于现实的实际数据，但在采用 PLS 算法时，Smart PLS 软件默认将原始数据先进行标准化，所以软件所输出的结果均为标准化结果。如无特别说明，以下全部采用结构方程模型所输出的标准化结果进行分析。

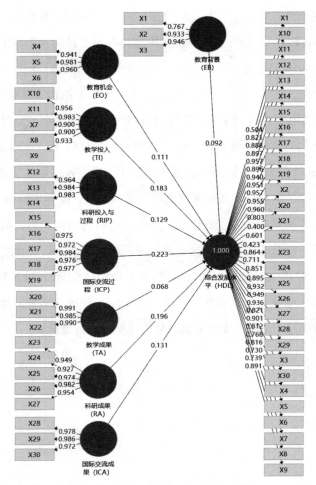

图 7-1 高等教育综合发展水平 PLS 结构方程模型

（三）结构方程模型的检验

在结构方程模型中每一个参数都被估计之后，就可以进行整体模型的检验。通过作 Smart PLS3.0 软件的计算，可以分析评估结构方程模型与实际数据的拟合度、模型整体的信效度、模型的预测能力、模型各潜在变量间的区别效度、模型稳定性等项目的检测。如果模型的拟合度、信效度、预测能力、区别效度、稳定性等方面不够理想，说明所构建的结构方程模型可能存在某些问题，例如在模型的设定、参数估计环节出现问题，或其他技术上的问题导致了结构方程模型与实际数据的拟合度不好，预测能力不强，信效度不高等问题。一旦上述检验项目表现得不够好，就要调整参数估计内容，对模型的参数进行重新估计，在此过程中要反复检验模型的上述项目，直到模型的各项检验项目数据表现足够理想，可见，对结构方程模型的检验对于后续推论的准确性是十分必要的。

　　1. 拟合度与信效度检验

表 7-2 模型信效度检验结果与拟合指标

代码	α	rho_A	CR	AVE	R^2	Q^2
HDL	0.983	0.988	0.985	0.694		
ICA	0.978	0.979	0.986	0.958		
ICP	0.988	0.988	0.990	0.954		
TA	0.989	1.049	0.992	0.977		
TI	0.964	0.970	0.972	0.874	1.000	0.585
EO	0.958	0.959	0.973	0.923		
EB	0.863	0.916	0.915	0.784		
RA	0.977	0.983	0.982	0.917		
RIP	0.976	0.978	0.984	0.955		

　　注：α 代表 Cronbach's Alpha；CR 代表组合信度；AVE 代表平均抽取变异量；R^2 代表测定系数。

　　从表 7-2 综合发展水平（HDL）的 R^2 值来看，模型中的各潜变量对综合发展水平的解释能力强，解释比例达到了 100%。同时，各潜变量的 α（Cronbach's Alpha）系数均满足大于 0.7 的要求，说明各潜变量均具有良好的信度。各潜变量的组合信度 CR 均满足大于 0.7 的要求，进一步证明了模型的信度较高。各潜变量的平均抽取变异量 AVE 及 rho_A 均接近或大于 0.7，到达了相关统计标准。总之，以上数据表明，模型整体拟合效果好，内部关系的解释功效较强，估计效果可以接受，信度佳。

　　2.Blindfolding 预测能力检验

　　通过 Blindfolding 功能，可以求得模型的 Q^2 值。Q^2 是评估外生变量对内生

115

变量影响力的统计量，Q^2 大于 0.35，说明外生变量对内生变量影响力较高，即模型的预测相关性越强。从表 7-2 中看到 Q^2 值为 0.585，说明本模型的各外生变量对综合发展水平这一内生变量的预测相关性较强。以上数据表明，高等教育综合发展水平 PLS 模型的整体预测能力强。

3. 相关系数检验

表 7-3 为各潜变量间的相关系数矩阵，对角线为各潜变量的平均抽取变异量（AVE）的开根号值，对角线值以下的数值分别为各潜变量之间的相关系数。比较这两组相关系数可以看到，各潜变量的 AVE 开根号值均大于其与其他潜变量之间的相关系数。这说明，各潜变量在理论上具有不同的内涵，在实证结论中也进一步证实了这一点，各潜变量之间具有较好的区别效度。

表 7-3 潜变量间的相关系数矩阵

	ICA	ICP	TA	TI	EO	EB	RA	RIP	HDL
ICA	0.979								
ICP	0.959	0.976							
TA	0.337	0.440	0.989						
TI	0.893	0.851	0.064	0.935					
EO	0.770	0.755	0.229	0.833	0.961				
EB	0.765	0.761	0.122	0.871	0.850	0.886			
RA	0.776	0.867	0.775	0.607	0.609	0.564	0.957		
RIP	0.855	0.914	0.680	0.695	0.675	0.683	0.936	0.977	
HDL	0.949	0.976	0.498	0.875	0.833	0.822	0.895	0.939	0.833

4. Bootstrapping 检验

利用 Bootstrapping 方法计算各路径系数的 T 统计量，检验路径系数估计的显著性水平（双尾检验）。如果 2.58>T>1.96 则路径系数估计在 0.05 水平上显著。如果 3.29>T>2.58 则路径系数估计在 0.01 水平上显著。如果 T>3.29 则路径系数在 0.001 水平上显著。表 7-4 给出了 Bootstrapping 检验中结构方程模型的 T 统计量，数据显示全部路径系数均具有较高的 T 统计量，说明各路径系数通过了相应显著性水平的检验。这也进一步说明了经过 1000 次样本重复抽样，模型结构的稳定性非常好。

表 7-4 Bootstrapping：路径系数的显著性检验结果

	O	M	STDEV	T	P
ICA-> HDL	0.131	0.130	0.007	18.195	0.000
ICP-> HDL	0.223	0.223	0.014	16.270	0.000
TA-> HDL	0.068	0.076	0.030	2.271	0.024
TI->HDL	0.183	0.167	0.034	5.376	0.000
EO->HDL	0.111	0.109	0.010	10.601	0.000
EB->HDL	0.092	0.088	0.013	7.020	0.000
RA-> HDL	0.196	0.202	0.021	9.436	0.000
RIP-> HDL	0.129	0.131	0.012	10.964	0.000

注：O 代表 Original Sample；M 代表样本均值；STDEV 代表标准差；T 代表 |O/STERR|。

从上述对结构方程模型的拟合度与信效度检验、Blindfolding 预测能力检验、相关系数检验及 Bootstrapping 检验过程中，可以看出，本研究所构建的结构方程模型与实际数据的拟合度非常好，具有足够的信效度，模型具有较强的预测能力，各潜在变量之间具有足够的区别效度，模型整体具有较好的稳定性，进一步可以说明模型输出的数据具有很强的准确性，后续对模型所输出数据的分析足以可以代表实际当中真实数据的表现。

（四）路径系数估计

本研究采用 Smart PLS 3.0 软件运行高等教育综合发展水平 PLS 结构方程模型，各潜在变量之间的路径系数的输出结果如表 7-5 所示。

表 7-5 高等教育综合发展水平结构方程模型中潜在变量路径系数的参数估计

	EB	EO	TI	RIP	ICP	TA	RA	ICA
HDL	0.092	0.111	0.183	0.129	0.223	0.068	0.196	0.131

在表 7-5 中可以看到各潜在变量路径系数的参数估计结果。其中，对综合发展水平贡献率较大的 3 个潜在变量，即路径系数较大的三个潜在变量为国际交流过程（ICP）、科研成果（RA）、教学投入（TI），其路径系数分别为 0.223、0.196、0.183；其次为国际交流成果（ICA）、科研投入与过程（RIP）、教育机会（EO），它们的路径系数分别为 0.131、0.129、0.111；对综合发展水平贡献率最小的为教育背景（EB）、教学成果（TA），路径系数分别为 0.092、0.068。同时，综合发展水平（HDL）对教育背景（EB）等 8 个潜在变量的多元回归方程测定系数的平方值为 1.000 说明综合发展水平对这 8 个潜在变量的概括程度相当高，这 8 个潜在变量对综合发展水平潜在变量的解释力足够强。[①]

通过比较上述各指标的路径系数的大小，可以看到"国际交流过程（ICP）""科研成果（RA）""教学投入（TI）"是对我国高等教育综合发展水平（HDL）影响最大的三个因素，这既有二级指标数量相对较多的原因，也体现出这三项指标是发展较具优势三个方面。其余 5 个一级指标各有 3 个二级指标，所以可以排除二级指标数量这一变量来对这 5 个一级指标进行比较，按照路径系数大小排序结果为：国际交流成果、科研投入与过程、教育机会、教育背景、教学成果。说明这些指标的发展在一定程度上具有一定弱势：一是，教学成果指标发展不足。相对于"教学投入"的显著作用，"教学成果"对综合发展水平影响程度却最低。二是，"国际交流成果"指标发展不足。"国际交流成果"的路径系数为 0.131，"国际交流过程"的路径系数为 0.223，与"国际交流成果"对综合发展水平的影响力相比，"国际交流过程"的影响程度更高。这在一定程度上说明我国高等教育正积极开展国际交流活动与合作，但交流成效较缓，国际级项目的发展速度仍相对滞后。三是，对"教育背景""教育机会"指标发展不足。"教育背景"是最难改变的指标，因为它关系到地区人口、经济、文化等多方面的发展，政策干预并不会在短时间内取得特别显著的效果。所以目前看来，我国在"教育背景"方面仍然体现出"不足"的特点。"教育机会"指标可

① 李德显，魏新岗.研究生教育综合发展水平测评及省域差异研究—基于 PLS 结构方程模型的分析 [J].辽宁师范大学学报（社会科学版），2018(3):83-91.

提升空间较大，未来各地可针对本地人口发展、劳动力受教育程度、经济发展状况等社会条件，进一步增加适龄学生接受高等教育的机会。

（五）结构方程模型运算结果和输出数据

将结构方程模型运算结果和输出数据整理列表如下：表 7-6 为各省（区、市）一级指标水平（L）及排名（R）情况。根据表 7-6 数据，按照排名的顺序将各省（区、市）进行排列，排列结果如表 7-7 所示。另按照我国的地区行政区划，我国可划分为华北、东北、华东、中南、西南、西北六个地区，将各地区所辖省（区、市）各指标得分的平均值作为该地区各指标的得分，并依据各地区各指标的得分，对各地区进行排名，具体得分和排名情况如表 7-8 所示。

表 7-6　我国各省（区、市）高等教育一级指标和综合发展水平排名统计表

	ICA		ICP		TA		TI		EO		EB		RA		RIP		HDL	
	L	R	L	R	L	R	L	R	L	R	L	R	L	R	L	R	L	R
北京	4.671	1	3.841	1	0.479	10	4.263	1	3.189	1	2.994	1	2.555	2	3.077	1	3.807	1
天津	0.029	10	-0.214	13	-0.631	23	0.795	3	2.743	2	2.064	3	-0.526	18	-0.164	16	0.428	8
河北	-0.49	21	-0.507	22	0.68	7	-0.511	21	-0.259	16	-0.594	21	-0.025	14	-0.448	19	-0.371	19
山西	-0.629	28	-0.693	27	-0.298	20	-0.785	28	-0.438	21	-0.012	13	-0.682	23	-0.694	23	-0.674	24
内蒙古	-0.561	24	-0.678	26	-0.892	26	-0.272	15	-0.584	24	0.695	6	-0.778	25	-0.901	26	-0.604	21
辽宁	0.525	5	0.437	5	0.42	11	0.266	10	0.426	7	0.23	8	0.901	6	0.416	10	0.542	6
吉林	-0.274	16	-0.474	20	-0.243	16	0.349	6	0.567	4	0.083	11	-0.131	16	-0.122	14	-0.066	13
黑龙江	-0.085	11	-0.024	10	-0.097	15	0.369	5	0.008	11	0.087	10	0.291	13	0.097	11	0.123	12
上海	1.606	2	2.446	2	-0.304	21	2.236	2	2.113	3	2.529	2	1.345	3	1.612	4	2.083	2
江苏	0.997	3	1.696	3	1.954	1	0.316	7	0.523	5	0.875	5	2.573	1	1.968	2	1.595	3
浙江	0.549	4	0.405	6	0.358	13	0.462	4	-0.202	14	0.939	4	0.366	12	0.702	5	0.497	7
安徽	-0.402	18	-0.261	14	0.406	12	-0.652	24	-0.529	23	-0.73	24	-0.118	15	0.097	12	-0.339	18
福建	-0.341	17	-0.148	12	-0.265	17	-0.112	13	0.048	10	0.146	9	-0.548	19	-0.126	15	-0.221	15
江西	-0.403	19	-0.477	21	-0.07	14	-0.59	22	-0.085	13	-0.964	28	-0.633	21	-0.616	21	-0.573	20
山东	0.203	7	0.169	9	1.771	2	-0.654	25	-0.078	12	-0.145	15	0.401	10	0.564	8	0.194	10
河南	-0.511	23	-0.416	18	1.487	3	-0.668	26	-0.459	22	-0.872	26	0.409	9	-0.541	20	-0.302	17
湖北	0.401	6	0.828	4	1.196	5	0.295	9	0.415	8	-0.165	16	1.235	4	0.595	6	0.722	4
湖南	-0.474	20	-0.338	15	0.601	9	-0.448	19	-0.23	15	-0.63	22	0.377	11	0.05	13	-0.182	14
广东	0.177	8	0.313	7	1.894	4	-0.314	16	-0.402	20	0.468	7	0.933	5	1.736	3	0.569	5
广西	-0.251	14	-0.418	19	-0.297	19	-0.859	31	-0.433	20	-0.964	29	-0.763	24	-0.407	18	-0.642	22

续表

	ICA		ICP		TA		TI		EO		EB		RA		RIP		HDL	
	L	R	L	R	L	R	L	R	L	R	L	R	L	R	L	R	L	R
海南	-0.625	27	-0.702	28	-1.369	28	-0.356	18	-0.342	17	-0.533	20	-1.197	29	-1.113	29	-0.861	27
重庆	-0.218	13	-0.382	17	-0.28	18	-0.153	14	0.177	9	-0.19	17	-0.308	17	-0.344	17	-0.263	16
四川	0.171	9	0.348	7	0.974	6	-0.486	20	-0.402	19	-0.803	25	0.585	8	0.586	7	0.149	11
贵州	-0.591	26	-0.662	24	-0.878	25	-0.829	30	-0.842	28	-1.257	31	-0.918	26	-0.782	24	-0.926	30
云南	-0.254	15	-0.374	16	-0.488	22	-0.807	29	-0.801	27	-0.975	30	-0.564	20	-0.645	22	-0.669	23
西藏	-0.658	31	-0.791	31	-1.607	31	-0.623	23	-1.046	30	-0.881	27	-1.311	31	-1.177	31	-1.091	31
陕西	-0.178	12	-0.106	11	0.612	8	0.313	8	0.489	6	-0.001	12	0.606	7	0.51	9	0.29	9
甘肃	-0.581	25	-0.625	23	-0.861	24	-0.301	16	-0.767	26	-0.728	23	-0.652	22	-0.835	25	-0.716	25
青海	-0.657	30	-0.774	30	-1.557	30	0.23	11	-1.233	31	-0.238	18	-1.267	30	-1.142	30	-0.876	29
宁夏	-0.647	29	-0.75	29	-1.46	29	0.187	12	-0.69	25	-0.074	14	-1.158	28	-1.036	28	-0.76	26
新疆	-0.499	22	-0.669	25	-1.236	27	-0.658	26	-0.876	29	-0.352	19	-0.998	27	-0.917	27	-0.862	28
均值	0.000		0.000		0.000		0.000		0.000		0.000		0.000		0.000		0.000	

注：L 代表水平 (Level)；R 代表排名 (Rank)。

表 7-7 分指标各省（区、市）排名顺序表

	HDL	ICA	ICP	TA	TI	EO	EB	RA	RIP
1	北京	北京	北京	江苏	北京	北京	北京	江苏	北京
2	上海	上海	上海	广东	上海	天津	上海	北京	江苏
3	江苏	江苏	江苏	山东	天津	上海	天津	上海	广东
4	湖北	浙江	湖北	河南	浙江	吉林	浙江	湖北	上海
5	广东	辽宁	辽宁	湖北	黑龙江	江苏	江苏	广东	浙江
6	辽宁	湖北	浙江	四川	吉林	陕西	内蒙古	辽宁	湖北
7	浙江	山东	四川	河北	江苏	辽宁	广东	陕西	四川
8	天津	广东	广东	陕西	陕西	湖北	辽宁	四川	山东
9	陕西	四川	山东	湖南	湖北	重庆	福建	河南	陕西
10	山东	天津	黑龙江	北京	辽宁	福建	黑龙江	山东	辽宁
11	四川	黑龙江	陕西	辽宁	青海	黑龙江	吉林	湖南	黑龙江
12	黑龙江	陕西	福建	安徽	宁夏	山东	陕西	浙江	安徽
13	吉林	重庆	天津	浙江	福建	江西	山西	黑龙江	湖南

	HDL	ICA	ICP	TA	TI	EO	EB	RA	RIP
14	湖南	广西	安徽	江西	重庆	浙江	宁夏	河北	吉林
15	福建	云南	湖南	黑龙江	内蒙古	湖南	山东	安徽	福建
16	重庆	吉林	云南	吉林	甘肃	河北	湖北	吉林	天津
17	河南	福建	重庆	福建	广东	海南	重庆	重庆	重庆
18	安徽	安徽	河南	重庆	海南	广东	青海	天津	广西
19	河北	江西	广西	广西	湖南	四川	新疆	福建	河北
20	江西	湖南	吉林	山西	四川	广西	海南	云南	河南
21	内蒙古	河北	江西	上海	河北	山西	河北	江西	江西
22	广西	新疆	河北	云南	江西	河南	湖南	甘肃	云南
23	云南	河南	甘肃	天津	西藏	安徽	甘肃	山西	山西
24	山西	内蒙古	贵州	甘肃	安徽	内蒙古	安徽	广西	贵州
25	甘肃	甘肃	新疆	贵州	山东	宁夏	四川	内蒙古	甘肃
26	宁夏	贵州	内蒙古	内蒙古	新疆	甘肃	河南	贵州	内蒙古
27	海南	海南	山西	新疆	河南	云南	西藏	新疆	新疆
28	新疆	山西	海南	海南	山西	贵州	江西	宁夏	宁夏
29	青海	宁夏	宁夏	宁夏	云南	新疆	广西	海南	海南
30	贵州	青海	青海	青海	贵州	西藏	云南	青海	青海
31	西藏	西藏	西藏	西藏	广西	青海	贵州	西藏	西藏

表 7-8 我国区域高等教育各指标得分及排名统计表

	HDL		ICA		ICP		TA		TI		EO		EB		RA		RIP	
	S	R	S	R	S	R	S	R	S	R	S	R	S	R	S	R	S	R
华北	0.517	1	0.604	1	0.350	2	-0.132	4	0.698	1	0.930	1	1.029	1	0.109	4	0.174	2
东北	0.200	3	0.055	3	-0.020	3	0.027	3	0.328	2	0.333	2	0.133	3	0.354	2	0.130	3
华东	0.462	2	0.316	2	0.547	1	0.550	2	0.144	3	0.256	3	0.379	2	0.484	1	0.600	1
中南	-0.116	4	-0.213	4	-0.122	4	0.585	1	-0.392	5	-0.242	4	-0.449	5	0.166	3	0.053	4
西南	-0.560	5	-0.310	5	-0.372	5	-0.456	5	-0.580	6	-0.583	5	-0.821	6	-0.503	5	-0.472	5
西北	-0.585	6	-0.512	6	-0.585	6	-0.900	6	-0.046	4	-0.615	6	-0.279	4	-0.694	6	-0.684	6

注：S 代表得分 (Score)；R 代表排名 (Rank)。

中篇：我国高等教育综合发展水平的区域差异

第八章　我国高等教育综合发展水平区域差异比较

一、我国高等教育各指标发展水平区域差异比较

基于 Smart PLS 3.0 软件对结构方程模型的运算结果和模型所输出的数据，对我国各省（区、市）高等教育各一级指标和综合发展水平进行区域差异比较与分析。

（一）综合发展水平指标发展水平区域差异比较

从综合发展水平指标（HDL）上看，北京、上海、江苏名列前三名，北京 HDL 为 3.807，远远高于排名第二的上海（2.083）和江苏（1.595），青海、贵州、西藏为最后三名，HDL 分别为 -0.876、-0.926、-1.091，远远低于全国均值（0.00）。前十名省份有：北京、上海、江苏、湖北、广东、辽宁、浙江、天津、陕西、山东。其中华东有四个省份入围，分别为上海、江苏、浙江、山东，与其他地区相比，华东入围省份数量最多。华北和中南分别各有两个省份入围，分别为北京和天津，湖北和广东。东北、西北各有一个省入围，分别为辽宁、陕西。从入围前十名省份的数量上看，华东高等教育综合发展水平最高，其次是华北和中南，东北、西北相对落后，西南最落后。而位列后十名省份有：广西、云南、山西、甘肃、宁夏、海南、新疆、青海、贵州、西藏。从后十位排名来看，华北有一省（山西），中南有两省（广西、海南）包括在内。其余 7 省全部集中在西南和西北地区。通过上述对比发现，我国高等教育综合发展水平

整体不均衡。华北、华东是高等教育综合发展水平发达地区，东北、中南处于中游，西北、西南最为落后。其中北京、上海、江苏是最发达的省份，青海、贵州、西藏是最落后的省份，"东高西低"特征十分显著。下面分别从高等教育背景、投入、过程、成果四个方面，分一级指标来具体地展开分析和比较。

（二）背景与机会指标发展水平区域差异比较

教育背景（EB）的含义为通过衡量某地区的人口年龄结构（由"人口年龄构成"指标体现）、经济发展水平（由"人均GDP"指标体现）和人力资源水平（由"就业人员受教育程度构成"指标体现）来表征高等教育发展的社会背景。从教育背景（EB）指标表现上来看，前十名省份分别为：北京、上海、天津、浙江、江苏、内蒙古、广东、辽宁、福建、黑龙江。其中，华东有四省份入列，数目最多，分别为上海、浙江、江苏、福建，其次为华北，有三省份入列：北京、天津、内蒙古。东北有两省入列：辽宁、黑龙江。中南有一省广东位列其中。这表明华东高等教育背景最为优越，以下依次为华北、东北和中南。西南、西北没有任何省份入围，说明其高等教育背景较差。后十名省份分别为湖南、甘肃、安徽、四川、河南、西藏、江西、广西、云南、贵州。其中，西南有四省份包括在内（四川、贵州、云南、西藏），数量最多，表明西南的高等教育背景最落后。中南三省包括其中，分别为河南、湖南、广西，而广东省位于前十名之列，说明该地区的高等教育背景极不均衡，除广东外，其他各省份的高等教育背景较差。华东有两省（江西、安徽）位于后十名之列，相对于其他入围前十名的四省，较为落后，说明华东的高等教育背景具有省际差异。西北只有一省（甘肃）包括其中，说明相对于西南来说，西北的高等教育背景更好一些。北京、上海、天津稳居前三名，分值分别为2.994、2.529、2.064，远远高于全国均值（0.000）。而广西、云南、贵州为最后三名，分值分别为-0.964、-0.975、-1.257，远远低于全国均值，且全部位于我国中西部（中南和西南）地区。结合以上分析和表7-8的数据，可以得出以下结论：教育背景较好的地区是华东、华北、东北，西北次之，中南较差，西南最差。且华东、中南区域内各省份在该项指标上发展很不均衡，表现为华东的上海、浙江、江苏、福建高等教育背景优越，江西、安徽、山东教育背景落后。中南的广东省高等教育背景较好，其余省份教育背景均较差。可见，我国东部省份，尤其是直辖市的人口、经济、人力资源等高等教育发展背景条件十分显著地优越于我国中西部地区省份。

教育机会（EO）由二级指标"每十万人口高等学校平均在校生数""适龄人口高考录取率"[1]（含义为用受高等教育人口比例和适龄人口受高等教育比例来衡量教育机会的大小）和"高考招生录取率"来表征。该项指标的前十名省份为北京、天津、上海、吉林、江苏、陕西、辽宁、湖北、重庆、福建。其中华东、华北、东北在前十名中占据七席，各有三或两个省份入围（上海、江苏和福建，北京和天津，辽宁和吉林）。其余地区各有一个省份入围（湖北、重庆、陕西）。这说明高等教育机会较多的地区集中在华东、华北和东北。该项指标的后十名省份为河南、安徽、内蒙古、宁夏、甘肃、云南、贵州、新疆、西藏、青海。其中西南和西北在后十名中占据七席，各有三或四个省份包含在内（贵州、云南和西藏，甘肃、青海、宁夏和新疆）。这说明，西南和西北高等教育的机会较少。结合上述分析和表 7-8 的数据可得出以下结论：从整体上看，华东、华北和东北的高等教育机会较多，西南和西北高等教育机会较少。北京、天津、上海位列前三名，水平分别为 3.189、2.743、2.113，远远高于全国均值（0.000）。新疆、西藏、青海位列最后三名，分值分别为 -0.876、-1.046、-1.233，远远低于全国均值。北京、天津、上海是我国三个直辖市，具有明显的地域优势和经济政治优势。而后三名省份全部位于我国西南、西北地区，地域偏远，经济政治文化环境发展相对落后。该项指标体现出了西部远远落后于东部的显著特征。从局部来看，各地区内部省份之间发展不均衡。指标表现较优秀的地区，如华东、华北，其所辖省份安徽、内蒙古在教育机会指标上处于下游水平；指标表现较落后的地区，如西北、西南，其所辖省份陕西、重庆在教育机会指标上处于前列，分列第六名和第九名，说明陕西省高等教育机会水平遥遥领先

---

① 曹妍，张瑞娟．我国高等教育入学机会及其地区差异:2007-2015 年 [J]．教育发展研究,2017(1):25-35.

于西北其他省份。

通过上述分析，我们可以总结发现：从整体上看，华北、华东、东北的教育背景与教育机会指标的发展速度较同步，发展水平较为协调。说明这三个地区的高等教育机会与该地区的经济、人口、人力资源发展水平等社会发展水平相适应。其中，北京、上海、天津、江苏是最有代表性的省份。但华东具有区域内省际发展不均衡的特点，如安徽省的高等教育背景和机会指标排名均处于全国后十名之列，与华东整体的社会发展步调不相协调。同样地，中南也具有省际发展不均衡的特点，表现为广东发展处于全国前列，而河南的两项指标排名均处于全国后十名之列。另外，除陕西、重庆外，西南和西北两项指标整体上发展较落后，最为落后的省份为云南、贵州、甘肃、西藏。

（三）投入与过程指标发展水平区域差异比较

由于缺乏表征"教学过程""国际交流投入"的指标数据，相关统计数据也没有对"科研投入"与"科研过程"做出明确而独立的区分，所以本研究将教学投入（TI）、科研投入与过程（RIP）、国际交流过程（ICP）合并作为对高等教育三种活动——教学、科研、国际交流活动的人力、物力、财力投入与实施过程进行表征与评价的指标。

教学投入（TI）指标意在表明某地区高等教育在教学方面的人力、财力、物力投入情况。[①] 从该指标排名（表7-7）上看，前十名省份分别为：北京、上海、天津、浙江、黑龙江、吉林、江苏、陕西、湖北、辽宁。其中，华北有两省份（北京、天津），华东有三省份（上海、江苏、浙江），中南、西北各有一省包含在内（湖北、陕西），东北三省（黑龙江、吉林、辽宁）全部包括在内，西南没有省份入围。后十名省份分别为：江西、西藏、安徽、山东、新疆、河南、山西、云南、贵州、广西。其中，华北、西北各有一省份（山西、新疆），华东有三省（江西、安徽、山东），西南有三省（贵州、云南、西藏），中南有两省（河南、广西）包含在内。基于上述分析，并结合表7-6和表7-8数据可

---

① 方芳,刘泽云.高等教育投入模式的国际比较研究 [J].南京师大学报 (社会科学版),2018(6):40-47.

得出以下结论：东北三省的教学投入最为全面，三省均处于全国前十名之列。西南整体教学投入不足，除重庆外，各省的指标排名均较靠后。华东教学投入省际差异显著，表现在上海、江苏、浙江指标排名位于前列，而江西、安徽、山东的教学投入水平较低，三省均位于后十名之列。从整体上看，华北（0.698）的教学投入水平最高，其次为东北（0.328），华东（0.144）、西北（-0.046）教学投入处于中游水平，中南（-0.392）处于中下游水平，中南处于中下游水平（得分为-0.392），西南指标表现最差，TI得分为-0.580。

科研投入与过程（RIP）指标用人力、财力和科研项目数表示某地区高等教育的科研投入与科研活动进行情况，是过程性的发展指标。从该项指标排名（表7-7）上看，位列前十名的省份为北京、江苏、广东、上海、浙江、湖北、四川、山东、陕西、辽宁。其中，华东有四省份入列（上海、江苏、浙江、山东），入围省份数目最多，这说明华东整体上对科研较为重视，科研投入水平高，科研活动开展得较为活跃。中南有两省入围，分别为湖北和广东。华北、东北、西南和西北各有一省份入围，分别为北京、辽宁、四川、陕西。位列后十名的省份有：云南、山西、贵州、甘肃、内蒙古、新疆、宁夏、海南、青海、西藏。其中，西南、西北的省份占据七席（贵州、云南和西藏，甘肃、青海、宁夏和新疆），其余三席由华北的山西、内蒙古，和中南的海南占得。基于以上分析，并结合表7-8数据可得出以下结论：华东科研投入与过程（RIP）指标得分最为出色（0.6）。华北为第二名，指标得分为0.174，但该地区省份在这项指标上表现极不均衡，即北京（3.077）的成绩特别突出，山西（-0.694）和内蒙古（-0.901）却特别落后。东北（0.130）和中南（0.053）的指标得分处于中等水平。西南（-0.472）、西北（-0.684）科研活动水平整体较弱，为最后两名。但所辖省份四川、陕西表现较为优秀。

国际交流过程（ICP）是过程性和发展性指标，用在国际交流活动过程中某区域高等教育有关人员参与情况、交流论文与报告数、留学生数等方面的发展水均衡量其国际交流水平。从该指标排名（表7-7）上看，前十名省份分别为：北京、上海、江苏、湖北、辽宁、浙江、四川、广东、山东、黑龙江。其中，华东共有四省份（上海、江苏、浙江、山东）涵盖其中，相比其他地区而言，入围省份数量最多，这说明华东在参与国际科技交流活动方面表现较为活跃。东北、中南各有两省在这项指标上表现较好，分别为辽宁和黑龙江、湖北和广东。华北、西南各有一省份位列其中，分别为北京、四川。西北没有任何省份进入前十名之列。后十名省份分别为：河北、甘肃、贵州、新疆、内蒙古、山西、海南、宁夏、青海、西藏。其中，西北有四省份位列其中，入列省份最多，分别为甘肃、青海、宁夏、新疆，说明西北在国际科技交流活动方面最为落后。华北有三省（区）（河北、山西、内蒙古），中南有一省（海南），西南有两省（贵州、西藏）包含在内。综合上述，并结合表7-8数据，可以得出以下结论：在国际交流过程（ICP）方面，华东表现最为出色，ICP得分最高（0.547）。其次为华北（0.350），但山西和内蒙古处于后十名之列，与排名第一的北京相比，差距悬殊，说明该地区各省份在该项指标上表现十分不均衡。东北（-0.020）和中南（-0.122）发展水平居中。西南指标得分为-0.372。西北表现最差，得分为-0.585，与华东（0.547）和华北（0.350）相比差异非常大，说明西北整体上参与国际科技交流活动程度较低。

（四）成果指标发展水平区域差异比较

教学成果（TA）指标由高等学校"毕（结）业生总数""授予学位总数"及"毕业生就业人数"三个数量指标构成，旨在表明高等学校毕业生数量及就业情况。从排名来看（表7-7），位列前十名的省份为江苏、广东、山东、河南、湖北、四川、河北、陕西、湖南、北京。中南有四省入围，分别为河南、湖北、湖南、广东，可见中南的高等教育所培养的人才规模居于全国前列。其次为华北和华东，各有两省份入围（北京和河北，江苏和山东），西南、西北各有一省进入前十名之列（四川、陕西）。后十名为云南、天津、甘肃、贵州、内蒙古、新疆、海南、宁夏、青海、西藏。其中西南和西北共有七个省份位列其中（贵州、云南和西藏，甘肃、青海、宁夏和新疆），这说明西南和西北所培养的人才数量相对较少。华北有两省份在后十名之列（天津、内蒙古）。基于上述分析和表7-8数据可得出以下结论：中南和华东高等教育培养的人才数量最多；东北次之；华北除北京、河北外，其余省份排名靠后，使该地区呈现出发展不均衡的特点；西南和西北人才培养数量最少。

科研成果（RA）指标涵盖"获国家及省部级奖项总数""出版科技著作数量""出版科技著作字数""发表学术论文"数量、在"国外学术刊物"上发表学术论文数量等科研情况。从该指标来看（表7-7），前十名省份为：江苏、北京、上海、湖北、广东、辽宁、陕西、四川、河南、山东。其中，中南有三省包含其中（湖北、广东、河南），华东有三省份入列（上海、江苏、山东），其余三个地区各有一省列于其中。可见，中南地区高等教育的科研成果最为丰富。后十名省份分别为：甘肃、山西、广西、内蒙古、贵州、新疆、宁夏、海南、青海、西藏。其中，西北有四省份包含在内（甘肃、青海、宁夏、新疆），与其他地区相比数量最多，这说明西北在科研成果指标发展方面表现最落后。华北、西南、中南各有两省份位列其中，分别为山西和内蒙古，贵州和西藏，广西和海南。结合上述分析和表7-8数据，可以得到以下结论：华东高等教育科研成果最为丰富，RA得分（0.484）遥遥领先于其他地区。其次为中南（0.166）和华北（0.109），西南（-0.503）和西北（-0.694）在这项指标上表现最差，与其他地区相比具有很大差距。另外，区域内各省份发展不均衡的特点体现得较为明显，如华东的江西，RA得分为-0.633，远远低于华东整体得分（0.484）。中南的海南，RA得分为-1.197，远远低于中南整体得分（0.166）。华北的山西、内蒙古RA分数均较低，分别为-0.682、-0.778，与华北整体得分（0.109）相比，差距显著。

国际交流成果（ICA）指标由"外国留学生毕（结）业生数""外国留学生授予学位数""国际级项目验收（与其他单位合作）"数量来体现。该项指标的前十名省份（表7-7）为北京、上海、江苏、浙江、辽宁、湖北、山东、广东、四川、天津。可见，华东国际交流成果最为丰富，有四省（市）入列，分别为上海、江苏、浙江、山东。其次为华北和中南，各有两省（市）位列其中，分别为北京和天津，湖北和广东。后十名省份为新疆、河南、内蒙古、甘肃、贵州、海南、山西、宁夏、青海、西藏。西北有四省（区）包含其中，分别为新疆、宁夏、甘肃、青海，落后省份数量较多，说明西北在该项指标上整体处于发展滞后状态。华北、中南和西南各有两省份位列其中（山西和内蒙古，河南和海南，贵州和西藏）。根据以上分析并参照表 7-8 数据可以得出以下结论：华北的国际交流成果最为丰富，ICA 指标得分为 0.604，远高于第二名（华东）0.316 的成绩。但华北区域内该指标发展极不均衡，表现为天津、河北处于中游位置，山西、内蒙古位于后十名之列，北京以极大优势遥遥领先于华北其他省份（参见表 7-6 数据）。华东（0.316）、东北（0.055）分别为第二、三名。中南（-0.213）为第四名。西南、西北分别为第五、六名，得分分别为 -0.310、-0.512。

（五）总结

通过以上对我国高等教育综合发展水平和一级指标水平的差异比较，可以看出我国高等教育综合发展水平整体不均衡。华北、华东是高等教育综合发展水平发达地区，东北、中南处于中游，西北、西南最为落后。除教学成果外，我国东部，尤其是华北、华东各一级指标水平相对于我国中西部，尤其是西南、西北地区是遥遥领先的，呈"东高西低"的不均衡样貌。而教学投入与教学成果指标发展不够协调，教学成果体现的是"中西部崛起"特征。下面从两个方向来总结：

1. 高等教育背景、投入、过程、成果指标发展水平区域差异

首先，从教育背景和教育机会方面来看，华北、华东、东北的高等教育机会与该地区的经济、人口、人力资源等社会发展水平相适应。其中，北京、上海、天津、江苏、辽宁、黑龙江是最有代表性的省份。但东北、华东、中南、西南、西北均在不同程度上体现出了省际发展不均衡的特点，例如华东的安徽指标排名处于全国最为落后省份行列，这与华东的上海、江苏等省份产生了强烈的对比。同样地，中南的广西排名处于全国后十名之列，这与中南排名靠前的广东省产生了巨大的差距。另外，除排名靠前的陕西、重庆外，西南和西北整体上高等教育背景和机会发展较落后，最为落后的省份为云南、贵州、甘肃、西藏。

其次，从教学投入上看，东北三省的教学投入最为全面，三省均处于全国

前十名之列。西南整体教学投入不足，除重庆外，各省的指标排名均较靠后。华东教学投入省际差异显著，表现在上海、江苏、浙江指标排名位于前列，而江西、安徽、山东的教学投入水平较低，三省均位于后十名之列。从整体上看，华北的教学投入水平最高，其次为东北，华东、西北教学投入处于中游水平，中南处于中下游水平，西南投入水平最低。

再次，从科研与国际交流投入与过程方面看，华东排名第一，整体表现最好，其相关资源投入及学术交流水平均位于全国领先行列。华北排名第二，但体现出显著的不均衡发展特征，即北京排名全国首位，而山西、内蒙古均处于全国后十名之列。东北和中南居中。西南和西北最为落后，除个别省份（四川、陕西）外，其余省份均处于落后水平。

最后，从成果方面来看，在教学成果方面，中南和华东培养人才规模最大。东北次之。华北仍然体现出不均衡发展的特点，即北京和河北是培养人才的主要省份。西南和西北培养人才数量较少。在科研成果方面，华东高等教育科研成果最为丰富，其次为中南和华北，西南和西北在这项指标上表现最差。地区省际发展不均衡的特点体现得较为突出，如华东的江西省、中南的海南省、华北的山西、内蒙古均远远低于其所属地区的整体科研成果水平。在国际交流成果方面，华北的国际交流成果最为丰富，以极显著的优势领先于第二名（华东）。但华北地区内该指标发展极不均衡，表现为北京该指标表现远高于华北其他省份。华东、东北分别为第二、三名。中南、西南、西北的国际交流成果指标与国际交流过程指标发展水平同步，分别为第四、五、六名。

2.高等教育教学、科研、国际交流职能水平区域差异

在教学方面，各省教学投入（TI）与教学成果（TA）指标发展水平并不协调。比较突出的是，北京、上海、天津、浙江等东部发达省份均具有处于全国前列的教学投入水平，但其教学成果水平却落后于教学投入9、19、20、9个名次，教学成果的落后特征异常突出。而一些中西部省份的教学成果排名却显著优于教学投入排名，如河北、山西、安徽、江西、山东、河南、湖南、广东、广西、四川，各省教学成果领先于教学投入分别为14、8、12、8、22、

23、10、15、12、14 个名次，教学成果的领先优势十分凸显。另外，由于十几年来我国实行的"西部大开发""振兴东北"战略、及近年来实行的"中西部高等教育振兴计划（2012-2020）"等政策，东北及中西部高校的教育投入得到很大改善，但在教学成果方面，我国东北、少数民族自治区及中西部部分省份却没能获得与教学投入对等的成效，如吉林、黑龙江、内蒙古、海南、西藏、青海、宁夏、甘肃等省，其教学成果落后于教学投入分别为 10、10、11、10、8、17、8 个名次。教学成果指标是由高等学校"毕（结）业生总数""授予学位总数""毕业生就业人数"三个数量指标构成的，旨在表明高等学校毕业生规模与质量。由于各省份高校普遍具有较高的毕业率，所以教学成果在更大程度上会与高校招生数量和高校数量相关，这一判断可以用表 8-1 的统计结果来证明。表 8-1 描述的是教学成果与高校数量和高考招生数的相关程度，根据 Spearman 相关系数计算方法，教学成果与高校数量的相关系数为 0.840，与高校本专科招生数的相关系数为 0.934，相关系数在 0.01 水平上显著。这进一步说明，我国亟待推出更有效的高校教学成果评价指标。同时这也暴露出了教育资源配置合理性和资源利用效率的问题。如上述中西部省份（河北、山西、河南、湖南、安徽、江西、四川、广东等）在"低投入"的情况下，承担着"高数量、高质量"的人才培养任务。所以，上述省份的教育资源配置总量及各项"生均"指标的发展水平亟待提升，北京、上海、天津、浙江等东部发达省份、东北、少数民族自治区及中西部部分省份高校的教育资源使用效率亟待提升。

表 8-1 教学成果与高校数量、高校招生数相关系数表

Correlations

			教学成果	高校数量	高校招生数（本、专科）
Spearman's rho	教学成果	Correlation Coefficient	1.000	.840**	.934**
		Sig. (2-tailed)	.	.000	.000
		N	31	31	31

**. Correlation is significant at the 0.01 level (2-tailed).

在科研方面，除个别省份外（如河南、浙江），各省科研投入与过程（RIP）与科研成果（RA）指标发展水平相对协调，排名基本同步。排名前三名省份为

北京、江苏、上海，排名后三名省份为海南、青海、西藏，可见华北、华东仍遥遥领先于我国中西部地区。

在国际交流方面，不论是交流过程（ICP）还是成果（ICA），北京、上海、江苏均位列前三名，宁夏、青海、西藏均位列最后三名，华北、华东相对于西北、西南显示出了巨大的领先差距。

二、我国区域高等教育均衡水平差异比较

（一）华北地区高等教育均衡水平

根据表 8-1 数据，北京除教学成果（TA）指标外，其他各单项指标排名几乎独占鳌头，且以极大的差距领先于全国其他省份。这说明在高等教育的背景、机会、投入、过程、成果各个环节上，北京都具有绝对优势。天津在教育背景（EB）、教育机会（EO）、教学投入（TI）上处于领先地位，但其余指标却均处于全国中下游水平，这说明天津在较优越的发展条件下，却没有充分利用所获得的优秀教育资源，高等教育办学效率较低。河北、山西、内蒙古是华北落后省份。山西和内蒙古尤为落后，两省份均具有较好的教育背景（EB）条件（指标排名分别为 13、6），为全国中上游水平，且内蒙古的教学投入（TI）处于中游水平（指标排名为 15），两省其余指标均处于全国中下游水平。可见内蒙古在教学投入水平较高的前提下，并没有同步促进教育过程的有效实施，进而也就不能带来教育成果数量与质量水平的提高。山西在教育背景较好的前提下，应该加大对其他指标的投入与建设。

根据表 7-8 数据可以看到，华北除教学成果（TA）、科研成果（RA）外，其余指标均排名第 1 或第 2（TA、RA 指标排名均为第 4）。但从上述省际比较结果来看，北京的发展优势远远超出其他省份，拉动了华北地区各指标的总成绩，在一定程度上，掩盖了该地区高等教育发展不均衡的问题。

（二）东北地区高等教育均衡水平

根据表 7-6 中东北三省各指标排名情况，可以看到除了吉林的三个指标（ICA、ICP、RA）稍靠后外（名次分别为 16、20、16），各省其余指标均处于

全国中上游水平。这说明国际交流、科研成果是吉林高等教育的短板。辽宁高等教育各指标排名均在第9名左右，体现出比较均衡的特点。黑龙江的突出优势在于教学投入（TI）。三省比较，辽宁各指标发展不温不火，稳定而均衡。黑龙江高等教育体现出平稳发展中具有突出优势的特点。吉林相比起来稍落后，体现在科研和国际化发展水平有待进一步提高。根据上述各省指标分析结果来看，东北三省高等教育发展较均衡。但吉林要重点提升科研与国际化水平，辽宁要在稳中有所突破，黑龙江要保持发展优势，并带动其他指标发展。

（三）华东地区高等教育均衡水平

从表7-6中各省份指标排名来看，华东整体上表现出了不均衡的特点，即上海、江苏、浙江各指标排名靠前且较均衡，成绩显著优于其余四省。山东除教学投入（TI）水平较差（排名为25）外，其余指标排名靠前，均较优秀。说明山东在教学投入总体不足的情况下，仍然较充分与均衡地促进了其他指标的发展，尤其是各项成果丰硕，各成果指标排名均居于全国前列。安徽各指标发展不均衡，表现在教学投入（TI）、教育机会（EO）、教育背景（EB）三项指标发展滞后，处于全国后列，而其余指标排名均处于中等偏上的位置。说明，安徽在教育背景较落后，教学投入水平不高，教育机会发展不充分的条件下，仍在很大程度上促进和提高了其余指标的发展，各项成果指标均处于中上游水平，可见安徽高等教育发展效率较高。福建各指标发展较均衡，均处于全国中等水平。江西除国际交流过程（ICA）、教学成果（TA）、教育机会（EO）指标排名处于全国中游水平外，其余指标均为下游水平，江西高等教育整体上较落后。从表7-8数据可以看到，华东各项指标排名均位于前3名之列，在全国处于领先位置。与华北类似，少数省份各项指标成绩遥遥领先于其他省份的现象，在总成绩上掩盖了其内部发展不均衡的特点。

（四）中南地区高等教育均衡水平

从表7-6中各省份排名可知，河南除教学成果（TA）、科研成果（RA）指标较优秀外，其余指标均处于中下等水平，其中教学投入（TI）、教育背景（EB）是河南高等教育十分显著的短板。湖北除教育背景（EB）指标排名处于中游外，其余指标均为上游水平。湖南各项指标均处于中游位置，教育背景（EB）指标有待进一步加强。广东除教学投入（TI）、教育机会（EO）发展水平稍低外，其余指标排名均位于前列。广西除国际交流水平相对较高外，其余指标均位于下游位置。海南各项指标均处于中下游位置。可见，湖北、湖南、广东是该地区较为发达的省份，河南次之，广西、海南最为落后。

从表 7-8 可以看到，中南的各指标兼具优秀、中等、最差三个层次。教学成果（TA）最为优秀，为第一名。科研成果（RA）、国际交流成果（ICA）、国际交流过程（ICP）、教育机会（EO）、科研投入与过程（RIP）处于中等水平，排在第三或第四名。教学投入（TI）和教育背景（EB）最差，均排在第五位。

（五）西南地区高等教育均衡水平

根据表 7-6 指标排名可以看到，重庆各项指标排名位于中游，较均衡，教育机会（EO）指标发展最为突出。四川教学投入（TI）、教育机会（EO）、教育背景（EB）三项指标排名处于中游，但与其他指标排名相比略为滞后。贵州、云南、西藏与重庆和四川相比，差距较大，表现为此三省份各项指标排名均处于后十名之列。可见，西南地区也存在一定的不均衡问题：重庆、四川发展较好，其余省份发展落后。从总体上看，西南地区各指标排名处于下游，且均处于后两名之列（见表 7-8）。

（六）西北地区高等教育均衡水平

根据表 7-6 的指标排名可以看到，陕西成绩优异（HDL 排名第 9 位），其各项指标发展较均衡，除国际交流成果（ICA）、国际交流过程（ICP）与教育背景（EB）指标为中等发展水平外，其余指标排名均处于上游位置。其余各省HDL 排名处于 20-28 名之间，较落后。甘肃、青海、宁夏的教学投入（TI）水平处于中上游水平（排名分别为 16、11、12），但其余指标发展均非常落后。新疆的国际交流成果（ICA）和教育背景（EB）处于中游水平（指标排名为 22、19），但其余指标均很落后。由此可见，西北整体上教学投入水平较高，除甘肃外，其余省（区）教育背景（EB）指标发展程度也较好。

根据表 7-8 数据可以看到，西北的教学投入（TI）、教育背景（EB）指标排名第四，处于中等发展水平。其余单项指标排名均为最后一名。从教育背景和教学投入方面来看，当地社会经济文化背景及保障教育教学活动顺利进行的先决条件均具有相对较好的发展程度，弱项在于教育机会、教学成果、科研投入与过程、科研成果、国际交流过程、国际交流成果。

（七）总结

第一，华北的"教学成果""科研成果"是弱项，其他指标排名均居首位，总体成绩非常优秀。但从省际比较结果来看，北京的发展优势远远超出其他省份，拉动了华北各指标的总成绩，在一定程度上，掩盖了该地区高等教育发展的不均衡问题。天津、河北、山西、内蒙古都应在"过程"与"成果"指标上进一步下功夫。

第二，东北各指标发展最均衡，"国际交流过程""国际交流成果""科研成果"是弱项。辽宁高等教育发展平稳，黑龙江高等教育在平稳发展中凸显教学投入方面的优势，吉林高等教育的科研与国际化水平稍落后，但东北的高等教育总体上表现出均衡和稳定的发展特征。

第三，华东各项指标排名均处于领先位置，但省际指标发展不均衡，"教育机会""教学投入"是短板。与华北类似，少数省份各项指标成绩遥遥领先于其他省份的现象，在总成绩上掩盖了其内部发展不均衡的特点。山东、安徽都存在教学投入不足的状况。安徽的教育机会发展不足，教育背景发展较落后。江西的"国际交流成果""教学成果""教育机会"是优势指标，其余指标均较落后。福建各项指标均处于中上等水平，具有很好的发展潜力。

第四，中南各指标发展不均衡，呈现优秀、中等、最差三个层次，"教学投入""教育背景"是发展短板所在。"教学成果"最为优秀；"科研成果""国际交流成果（ICA）""国际交流过程""教育机会""科研投入与过程"处于中等水平；"教学投入""教育背景"最差。湖北、湖南、广东是该地区较为发达的省份，河南次之，广西、海南最为落后，形成上中下三个档次差异。

第五，西南各项指标均处于后两名之列，发展落后，其内部发展不均衡，"教育背景"、"教学投入"是短板，且各省弱项不尽相同。重庆各项指标排名位于中游，发展较均衡，教育机会指标发展较好。四川的教学投入、教育机会、教育背景三项指标排名处于中游，其余指标排名上游。贵州、云南、西藏各项指标均处于下游，与四川、重庆差距很大。

第六，西北"教学投入"和"教育背景"发展较好，"教育机会""教学成果""科研投入与过程""科研成果""国际科技交流成果""国际科技交流过程"为全国最后一名，是短板所在。可见社会经济文化背景和保障教育教学活动顺利进行的先决条件具有相对较好的发展程度，但弱势在于教学、科研、国际科技交流领域的发展。整体上看，西北各省份"教学投入"水平较高，甘肃、青海、宁夏除"教学投入"相对水平较高外，其余指标发展均非常落后。但西北也存在内部发展不均衡的问题，表现在陕西各项指标水平遥遥领先于其他省（区），领先优势极其显著。

第九章　我国高等教育综合发展水平的层次

基于上述对我国高等教育综合发展水平区域差异和均衡水平的比较分析，可以看出我国高等教育具有巨大的区域差异，整体发展十分不平衡。为了进一步探究我国高等教育的非均衡发展现状，本研究选择采用 SPSS24.0 软件中的快速样本聚类的方法，对我国 31 个省（区、市）综合发展水平（HDL）值进行聚类分析，并依据聚类分析结果对我国高等教育综合发展水平进行层次划分。

一、聚类分析

聚类分析是通过数据建模简化数据，将数据进行分类的一种科学方法。它将观测对象置于一个多维空间中，在数学上给出一种度量，用一个量的大小来测量事物之间的相近程度，按照它们空间关系的密切程度进行分类。如果将每个事物看作数学空间中的一个点，并在这个空间中规定两点之间的距离，就可用距离大小来表示事物之间的相近程度，分类时则将距离小的点归为一类，这就是聚类分析的基本思想。聚类分析是根据事物彼此不同的属性进行区分和辨认，将具有类似属性的事物聚为一类，使得同一类的事物具有一定的相似性。

由于快速聚类法是比较适合教育学研究需要的聚类分析方法。所以，本研究采用 SPSS 24.0 软件中快速样本聚类功能，首先应指定数据聚成五类，其次，采用 SPSS 自动指定的方式，软件系统根据样本数据的具体情况，选择五个有代表性的样本数据作为初始类中心点。再次，系统计算所有样本数据的点到五个中心点的欧式距离，SPSS 按照距五个中心点距离最短的原则，把所有样本分派到各中心点所在的类别中，形成一个新的五个聚类，完成一次迭代过程。然后，SPSS 重新计算五个聚类的类中心点。计算每类中各个变量的均值，并以均值点作为新的类中心点。最后，重复上述聚类的步骤，直至达到指定的迭代次数（系统默认的迭代次数为 10 次）或达到终止迭代的判断要求（本次迭代所产生的新的类中心距上次迭代后确定的类中心点的最大距离小于 0.02）为止。

二、层次划分

在聚类分析中，由于制定数据聚成五类，所以根据聚类分析的结果，可以将我国高等教育综合发展水平划分为 5 个层次（I、II、III、IV、V），分别为发达、较发达、优秀、一般、落后。各个类别间的差异足够大（p 值为 0.000），说明各类之间具有显著的区分度。具体的聚类结果如表 9-1 所示。

表 9-1 我国高等教育综合发展水平区域划分情况

类别号	类别	省份
I	发达	北京
II	较发达	上海、江苏
III	优秀	天津、辽宁、黑龙江、浙江、山东、湖北、广东、四川、陕西
IV	一般	河北、吉林、安徽、福建、河南、湖南、重庆
V	落后	山西、内蒙古、江西、广西、海南、贵州、云南、西藏、甘肃、青海、宁夏、新疆

从表 9-1 可以看出，北京由于距离第一个初始类中心点距离最近，而且北京所在的该初始类迭代一次就完成了聚类，所以北京是第 I 类的唯一成员。北京作为我国的首都，是全国政治中心、文化中心和国际交往中心，它有着其他大城市无可比拟的发展优势。在前面对我国高等教育综合发展水平（HDL）指标的表现中可以看到，北京的高等教育综合发展水平排名全国第一，且它遥遥领先于我国其他省（区、市）。从表 7-6 可以看到，北京的各项指标中，除教育成果（TA）排名第十，科研成果（RA）排名第二以外，它的其余各一级指标和综合发展水平指标均排名第一。所以北京理所当然地被归为我国高等教育发

达地区。

上海、江苏距离第二个初始类中心点距离最近，而且该类经过两次迭代完成聚类，所以上海、江苏是第 II 类的成员。与北京类似，上海社会经济基础雄厚，高等教育发展环境优越，各一级指标名列前茅。江苏的高等教育综合发展水平排名全国第三，仅次于北京和上海，各项"成果"类指标表现突出。江苏省内高校共有 174 所，数量为全国之最，所以其培养人才数量最多，另外，江苏的科研成果（RA）最丰富、质量最高，它的国际交流成果（ICA）仅次于北京、上海，位居第三位，其他各项指标也处于全国领先地位。所以，上海、江苏是高等教育综合发展水平较发达地区。

处于第 III 类的省份有天津、辽宁、黑龙江、浙江、山东、湖北、广东、四川、陕西。这几个省份距离第三类的中心点距离最近，而且经过三次迭代而收敛。各省（市）的高等教育综合发展水平均大于全国均值（0.000），且小于 1.000，HDL 排名在 4—12 之间，基本处于全国前 1/3 的位置。华北、东北、华东、中南、西南、西北各有一或二省入围。另外通过观察教育背景（EB）指标水平可以发现，除四川外，各省教育背景（EB）指标排名在 3—16 名之间，说明各省（市）的高等教育基本都具有良好的人口、经济、人力资源基础。四川的教育背景（EB）指标发展程度较低，它在西部欠发达省份的基本省情背景下，高等教育综合发展水平（HDL）分值为 0.149，排名全国第 11 位，名次较优秀。综合来看，上述省（市）可被认定为高等教育综合发展水平优秀地区。

处于第 IV 类的省份有河北、吉林、安徽、福建、河南、湖南、重庆。这 7 个省份距离第四类的中心点距离最近，而且该类经过三次迭代而收敛。各省（市）的高等教育综合发展水平（HDL）均小于全国均值（0.000）大于 -0.500，HDL 排名在 13-19 之间，位于我国 31 个省（区、市）排名的中间位置，所以它们可被划归到高等教育综合发展水平一般地区之列。

其余 12 个省区被归于第 V 类，包括山西、内蒙古、江西、广西、海南、贵州、云南、西藏、甘肃、青海、宁夏、新疆。各省距离第五类的中心点距离最近，而且该类经过三次迭代而收敛。各省（区）的 HDL 均小于 -0.500，排名在 20—31 之间，处于全国 31 个省（区、市）排名的后 1/3 位置，所以将其划归为高等教育综合发展水平落后地区。其中，华北有两省区（山西、内蒙古），华东有一省（江西），中南有两省（广西、海南），西南有三省区（贵州、云南、西藏），西北有四省区（甘肃、青海、宁夏、新疆）包含其中。

　　可见，高等教育综合发展水平发达和较发达的三个省市（北京、上海、江苏）均为我国东部省份。在高等教育综合发展水平优秀的 9 个省市中，7 个省市为中东部省份，而西部省份只有 2 个，分别为四川和陕西。在高等教育综合发展水平一般的 7 个省份中，6 个省份都来自中东部。高等教育综合发展水平落后的 12 个省份中，大多数位于我国西南和西北地区，即共有 7 个西部省份位列其中，占比近 60%。总之，我国高等教育综合发展水平可划分为发达、较发达、优秀、一般和落后五个层次，各层次间的差别足够大，而且我国东部绝大多数省份高等教育处于一般以上水平，西部绝大多数省份高等教育综合发展水平较为落后。

第十章　我国省域高等教育非均衡发展现状

均衡总是与公平相联系。公平作为一种价值判断，是对善、恶的判定，均衡是公平的一种表现形式，是对是对数量有无、多少、比例的事实判断，两者是相辅相成，互为条件的关系。在社会资源配置中，依据公平原则，资源配置一般会得出两种事实结果，要么是平等的、均衡的，要么是不平等的、不均衡的。公平是衡量社会文明进步的标尺，教育公平是社会公平的重要构成，教育均衡发展是教育公平的实然体现。教育公平是应然意义上的，属于价值判断范畴，而教育均衡则是实然层面的，是基于真实状况的事实判断，两者互为支持，不可分割。教育均衡是实现教育公平的前提和手段。长期以来的高等教育区域差异造成了发展不均衡格局，在一定程度上有失教育公平。很多学者从高等教育的各个有关环节，如高等教育入学机会、教育经费和支出、教育资源配置、中西部及少数民族地区高等教育等方面展开了讨论，并提出了很多具有借鉴价值的均衡策略。在这些理论研究基础上，本研究通过提出我国省域高等教育均衡水平的划分标准，并依据此均衡标准，对我国省域高等教育均衡水平进行划分，进而勾勒我国省域高等教育发展的均衡现状全貌。

一、我国省域高等教育均衡标准的提出

为较为深入客观地分析各省区直辖市在教育背景、教育机会、教学投入、科研投入与过程、国际交流过程、教学成果、科研成果、国际交流成果八个指标方面的均衡状况，提出我国省域高等教育均衡水平的划分标准。

均衡最初是从物理学中引进的概念。物理学中的均衡（equilibrium）概念表示当一个物体同时受到几个方向不同的外力作用，当它们合力为零时，该物体处于静止或匀速运动的状态。也就是说，均衡实际上是体现某种稳定的、规律性的系统运行状态。哲学中将均衡解释为体现为矛盾双方的同一性和一种暂时稳态结构。本研究采用哲学中对"均衡"的释义，表示客观事物在变化发展过程中所达到的一种相对稳定的状态，代表矛盾双方力量的一种暂时平衡。我们可以以各省（区、市）高等教育综合发展水平指标（HDL）的名次作为参照点，将各一级指标的名次与综合发展水平指标的名次进行比较，当两者相同时，两者之差为零，两者相等，表示该一级指标相对于综合发展水平指标（HDL）的发展水平是静止的，体现的是绝对的均衡。但是，在现实生活当中，当将不同的事物进行比较时，不可能有绝对均衡状态的存在，所以，本研究将各一级指标的名次与综合发展水平指标的名次做差的结果划定不同的取值范围，当差值处于零点左右的一定区间时，表示各一级指标的发展水平相对于高等教育综合发展水平是均衡的；当差值位于均衡区间以外稍远处时，表示各一级指标的发展水平相对于高等教育综合发展水平是次均衡的；当差值位于次均衡区间以外稍远处时，表示各一级指标的发展水平相对于高等教育综合发展水平是欠均衡的；当差值位于欠均衡区间以外的区间时，表示各一级指标的发展水平相对于高等教育综合发展水平是不均衡的。

基于上述逻辑，对比各省（区、市）的各一级指标名次与 HDL 名次的差值绝对值，求出最大值，即一级指标发展水平相对于高等教育综合发展水平的最大偏离程度。然后将最大绝对值小于等于 3 以内的省份划为高等教育综合发展水平均衡省份，最大绝对值为 4、5 的划为次均衡省份，最大绝对值大于等于 6 小于等于 10 的归为欠均衡省份，最大绝对值大于等于 11 的归为不均衡省份，在本研究中，除均衡省份外的其他省份均称为非均衡省份。各省（区、市）高等教育各一级指标名次与 HDL 名次的差值情况见表 10-1。我国省域高等教育均衡水平的划分标准如图 10-1 所示。

表 10-1 各省（区、市）高等教育各一级指标名次与 HDL 名次的差值

省份	ΔICA	ΔICP	ΔTA	ΔTI	ΔEO	ΔEB	ΔRA	ΔRIP
北京	0	0	9	0	0	0	1	0
天津	2	5	15	-5	-6	-5	10	8
河北	2	3	-12	2	-3	2	-5	0
山西	4	3	-4	4	-3	-11	-1	-1
内蒙古	3	5	5	-6	3	-15	4	5
辽宁	-1	-1	5	4	1	2	0	4
吉林	3	7	3	-7	-9	-2	3	1
黑龙江	-1	-2	3	-7	-1	-2	1	-1
上海	0	0	19	0	1	0	1	2
江苏	0	0	-2	4	2	2	-2	-1
浙江	-3	-1	6	-3	7	-3	5	-2
安徽	0	-4	-6	6	5	6	-3	-6
福建	2	-3	2	-2	-5	-6	4	0
江西	-1	1	-6	2	-7	8	1	1
山东	-3	-1	-7	15	2	5	0	-2
河南	6	1	-13	10	5	9	-8	3
湖北	2	0	1	5	4	12	0	2
湖南	6	1	-5	5	1	8	-3	-1
广东	3	3	-3	12	13	2	0	-2
广西	-8	-3	-3	9	-2	7	2	-4
海南	0	1	1	-9	-10	-7	2	2
重庆	-3	1	2	-2	-7	1	1	1
四川	-2	-4	-5	9	8	14	-3	-4
贵州	-4	-6	-5	0	-2	1	-4	-6
云南	-8	-7	-1	6	4	7	-3	-1
西藏	0	0	0	-8	-1	-4	0	0
陕西	3	2	-1	-1	-3	3	-2	0
甘肃	0	-2	-1	-9	1	-2	-3	0

续表

省份	ΔICA	ΔICP	ΔTA	ΔTI	ΔEO	ΔEB	ΔRA	ΔRIP
青海	1	1	1	-18	2	-11	1	1
宁夏	3	3	3	-14	-1	-12	2	2
新疆	-6	-3	-1	-2	1	-9	-1	-1

注:"Δ"代表各省(区、市)高等教育各一级指标名次与综合发展水平(HDL)名次的差值。例如:ΔICA代表各省(区、市)高等教育的ICA一级指标名次与综合发展水平(HDL)名次的差值。

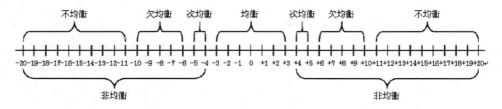

图10-1 我国省域高等教育均衡水平的划分标准示意图

二、我国省域高等教育均衡类型划分

从表10-1可以看出,我国各省(区、市)的高等教育的各项一级指标水平与综合发展水平指标水平具有不同程度的偏离。有的省份是各别一级指标发展落后,其余各项一级指标发展均衡,例如北京除教学成果(TA)以外,其余各项一级指标与综合发展水平指标的差值均在0左右,说明北京除教学成果发展落后以外,其余各项一级指标发展水平较高。有的省份是各别一级指标发展水平较高,其余各项一级指标发展落后,例如内蒙古除教学投入(TI)和教育背景(EB)指标发展较好,即与综合发展水平指标(HDL)差值为-6、-15外,其余各项一级指标水平均落后于综合发展水平,表现在数值上为其余各项一级指标名次与综合发展水平名次的差值都为正,且多数差值大于3,即内蒙古各项一级指标发展水平与综合发展水平的差距显著。

根据上述我国各省(区、市)高等教育各一级指标名次与HDL名次的差值和本研究所提出的我国省域高等教育均衡水平的划分标准，同时结合对我国高等教育综合发展水平区域划分的结果，对我国省域高等教育均衡类型进行判定，判定结果如表 10-2 所示。

表 10-2 我国高等教育均衡水平划分表

类别	数量	层次	省份
均衡	1	III 类优秀	陕西
次均衡	2	II 类较发达	江苏
		III 类优秀	辽宁
欠均衡	16	I 类发达	北京
		III 类优秀	黑龙江、浙江
		IV 类一般	吉林、安徽、福建、湖南、重庆
		V 类落后	江西、广西、海南、贵州、云南、西藏、甘肃、新疆
不均衡	12	II 类较发达	上海
		III 类优秀	天津、山东、湖北、广东、四川
		IV 类一般	河北、河南
		V 类落后	山西、内蒙古、青海、宁夏

从表 10-2 不难看出，首先，陕西的高等教育综合发展水平优秀，且其各一级指标发展均衡，均衡水平居全国首位，属于高等教育发展均衡省份。其次，次均衡省份包括属于 II 类高等教育综合发展水平较发达层次的江苏和 III 类高等教育综合发展水平优秀的辽宁。江苏不仅高等教育综合发展水平名列前茅，其各一级指标发展的均衡水平也足够优秀，虽然属于次均衡地区，但仍是实至名归的高等教育强省。辽宁的高等教育综合发展水平和均衡度可谓较优秀，虽然也是次均衡省份，但相对于其他省份其均衡水平还是相对较高的。最后，属于 I 类高等教育综合发展水平发达层次的北京，II 类高等教育综合发展水平较发达的上海，部分 III 类高等教育综合发展水平优秀省份，以及所有 IV 类高等教育综合发展水平一般和 V 类高等教育综合发展水平落后的省份，它们都在不同程度上呈现了欠均衡以及不均衡发展的状态。可见，我国高等教育整体上是

发展非均衡的。我国省域高等教育的均衡水平可被划分均衡、次均衡、欠均衡、不均衡四种类型。兼具高等教育综合发展水平优秀和较发达特征的陕西、辽宁、江苏三省的高等教育均衡水平是处于全国前列的，除陕西外，我国各省（区、市）的高等教育均具有非均衡发展特征。

三、我国省域高等教育非均衡发展现状原因分析

为了进一步探究除陕西以外的其余各省（区、市）高等教育的非均衡发展现状，将各省（区、市）的高等教育综合发展水平指标体系的各一级指标排名与综合发展水平指标（HDL）排名进行比较，两者的差值计算结果如表 10-1 所示。这里要特别强调的是，非均衡包括两种状态：一是，某一或几项一级指标发展水平落后于高等教育综合发展水平，那么落后的一级指标即为该省（区、市）高等教育发展过程中的薄弱项目或短板；二是，某一或几项一级指标发展水平领先优势特别突出，以致其余一级指标的名次等于或接近于综合发展水平（其余一级指标的名次与 HDL 指标名次差值小于 3 大于等于 0），则其余一级指标为该省（区、市）高等教育发展过程中的待提升项目。

利用我国各省（区、市）高等教育综合发展水平指标体系中的各一级指标的名次与综合发展水平指标的名次的差值归纳总结各省（区、市）高等教育发展中的优势项目、待提升项目和薄弱项目，归纳结果如表 10-3 所示。

表 10-3 我国各省（区、市）高等教育非均衡现状列表

层次	省份	优势项目	待提升项目	薄弱项目
I 类发达	北京	/	/	TA
II 类较发达	上海	/	/	TA
	江苏	/	/	TI

续表

层次	省份	优势项目	待提升项目	薄弱项目
Ⅲ类优秀	陕西	/	/	/
	浙江	/	/	TA、EO、RA
	辽宁	/	/	TA、TI、RIP
	湖北	/	/	TI、EO、EB
	广东	/	/	TI、EO
	黑龙江	TI	其余	/
	山东	TA	其余	TI、EB
	四川	ICP、TA、RIP	ICA、RA	TI、EO、EB
	天津	TI、EO、EB	ICA	ICP、TA、RA、RIP
Ⅳ类一般	河北	TA、RA	其余	/
	重庆	EO	其余	/
	吉林	TI、EO	其余	ICP
	福建	EO、EB	其余	RA
	湖南	TA	其余	TI、EB、ICA
	安徽	ICP、TA、RIP	ICA、RA	TI、EO、EB
	河南	TA、RA	ICP、RIP	TI、EO、EB、ICA
Ⅴ类落后	贵州	ICA、ICP、TA、RA、RIP	TI、EO、EB	/
	海南	TI、EO、EB	其余	/
	江西	TA、EO	其余	EB
	山西	TA、EB	其余	ICA、TI
	广西	ICA、RIP	其余	TI、EB
	云南	ICA、ICP	TA、RA、RIP	TI、EO、EB
	内蒙古	TI、EB	ICA、EO	ICP、TA、RA、RIP
	西藏	TI、EB	其余	/
	甘肃	TI	其余	/
	青海	TI、EB	其余	/
	宁夏	TI、EB	其余	/
	新疆	ICA、EB	其余	/

注："/"代表"无";"其余"代表除表中已列出的一级指标以外的其他一级指标。

聚焦高等教育综合发展水平非均衡的 30 个省（区、市），根据表 10-3 中所列出的各省（区、市）高等教育的优势项目、待提升项目、薄弱项目，可以推断出导致 30 个省（区、市）省域高等教育不均衡发展现状的原因，即由于各省（区、市）的各个项目发展水平不均衡，所以形成了我国省域高等教育的非均衡发展的局面。以下根据我国高等教育综合发展水平的层次划分，详细分析在我国高等教育综合发展水平整体存在区域差异的背景下，导致每个省份高等教育非均衡发展现状的影响因素。

（一）高等教育综合发展水平发达地区省份非均衡发展原因

北京是我国可称得上高等教育综合发展水平发达的唯一省份。不论是从高等教育综合发展水平上看，还是从各单项一级指标上看，放眼全国，北京的高等教育发展水平都是最具有优势的。北京作为我国的首都，是全国政治中心、文化中心和国际交往中心，有着其他大城市无可比拟的发展条件优势。其高等教育综合发展水平全国第一，但北京高等教育的教学成果（TA）指标是十分显著的短板或薄弱项目，从该指标的名次上看，其落后于江苏、广东、山东、河南、湖北、四川、陕西这些处于高等教育综合发展水平优秀层次的省份。可见，在全国最优越的教育背景、最高水平的教学投入之下，北京高等教育的人才培养数量却没能获得同步发展。所以，北京的"教学成果"指标发展水平低，人才培养数量相对较少，是导致北京高等教育非均衡发展的主要或唯一原因。

（二）高等教育综合发展水平较发达地区省份非均衡发展原因

上海和江苏仅次于北京，是处于我国高等教育综合发展水平较发达层次的省份。两省（市）与北京高等教育的发展特点较为相似，即其综合发展水平指标和一级指标基本处于全国领先地位，但是却由于有一项薄弱项目的存在，导致了其产生了非均衡的发展特征。另外，上海是高等教育不均衡省份，江苏是高等教育次均衡省份，上海的非均衡程度大于江苏的非均衡程度，上海薄弱项目的滞后程度比江苏更高。从表 10-3 可以看到，上海的薄弱项目是"教学成果（TA）"，江苏的薄弱项目是"教学投入（TI）"，对于上海来说，其人才培养数量相对较少，是导致其高等教育非均衡发展的原因。对于江苏来说，其教学投入不足，是阻碍其高等教育均衡发展的主要原因。

（三）高等教育综合发展水平优秀地区省份非均衡发展原因

浙江、辽宁、湖北、广东、黑龙江、山东、四川、天津8省（市）是我国高等教育综合发展水平优秀的省份。它们基本上分布在我国东、中、西部。其中，浙江、辽宁、湖北、广东四省高等教育发展的共同特点是它们都存在比较明显的多处薄弱之处。但是，从薄弱项目的滞后程度来看，辽宁是高等教育次均衡发展的省份，浙江是高等教育欠均衡发展的省份，湖北和广东是高等教育不均衡发展的省份，虽然上述四省高等教育具有相同的发展特点，但是它们的非均衡发展程度各不一样，辽宁的均衡发展程度优于浙江，两者同时又优于湖北和广东，湖北和广东高等教育的均衡程度相仿。黑龙江省是高等教育欠均衡发展省份，其高等教育非均衡发展特点在于它具有比较显著的优势项目，但是其余项目发展水平相差不多，没有明显的薄弱项目。山东、四川、天津是高等教育不均衡发展省份，三省（市）高等教育非均衡发展的特征在于它们具有非常显著的优势项目，同时也具有十分显著的薄弱项目，两极分化特征比较显著。

浙江高等教育发展非均衡的原因在于教学成果（TA）、教育机会（EO）、科研成果（RA）发展滞后；辽宁高等教育发展非均衡的原因在于其教学成果（TA）、教学投入（TI）、科研投入与过程（RIP）指标发展显著滞后；湖北高等教育发展非均衡的原因在于其教学投入（TI）、教育机会（EO）、教育背景（EB）指标发展滞后；广东高等教育发展非均衡的原因在于其教学投入（TI）和教育机会（EO）指标发展滞后；黑龙江高等教育发展非均衡的原因在于其教学投入（TI）具有显著优势，所以使其余项目都成为待提升项目；山东高等教育发展非均衡的原因在于其教学成果（TA）指标具有显著发展优势，而且它还具有显著的薄弱之处，即教学投入（TI）和教育背景（EB）；四川高等教育发展非均衡的原因在于它的优势项目较多，但薄弱项目数量也较多，呈哑铃型发展特点，即具有国际交流过程（ICP）、教学成果（TA）、科研投入与过程（RIP）、国际交流成果（ICA）、科研成果（RA）五项优势项目，具有教学投入（TI）、教育机会（EO）、教育背景（EB）三项薄弱项目；天津高等教育发展非均衡的原因与四川相仿，也具有哑铃型的发展特点，即具有教学投入（TI）、教育机会（EO）、教育背景（EB）、国际交流成果（ICA）、国际交流过程（ICP）五项优势项目，具有教学成果（TA）、科研成果（RA）、科研投入与过程（RIP）三项薄弱项目。

（四）高等教育综合发展水平一般地区省份非均衡发展原因

河北、重庆、吉林、福建、湖南、安徽、河南七省（市）属于我国高等教育综合发展水平一般地区。其中，重庆、吉林、福建、湖南、安徽是我国高等教育发展欠均衡省份，河北、河南是我国高等教育发展不均衡省份。重庆、吉林、福建、湖南、安徽的高等教育欠均衡现状的共同点体现在它们都具有显著的优势项目。重庆高等教育除了教育机会（EO）发展具有显著优势外，其余项目发展比较平衡，没有明显的薄弱之处。吉林与福建高等教育非均衡发展特点相仿，它们都具有两项显著的优势项目，但都具有一项明显的薄弱项目。湖南和安徽高等教育非均衡发展现状的共同点在于，它们都具有三项薄弱项目，与Ⅳ类我国高等教育综合发展水平一般地区的其他省份相比，薄弱项目是比较多的。河北和河南的高等教育非均衡发展特点不同，河北高等教育不均衡发展特点体现在它具有显著的优势项目，却没有明显的薄弱项目，但是河南具有一定优势项目，但是它还有很显著的薄弱项目，且数量较多。

具体来说，河北高等教育发展非均衡的原因在于教学成果（TA）、科研成果（RA）发展优势特别显著，其余项目发展滞后；吉林高等教育发展非均衡的原因在于教学投入（TI）、教育机会（EO）发展优势突出，国际交流过程（ICP）发展滞后；福建高等教育发展非均衡的原因在于教育机会（EO）、教育背景（EB）发展优势显著，而科研成果（RA）发展落后；湖南高等教育发展非均衡的原因在于教学成果（TA）发展优势明显，但是具有较多的薄弱项目，即教学投入（TI）、教育背景（EB）、国际交流成果（ICA）发展滞后；安徽高等教育发展非均衡的原因在于其国际交流过程（ICP）、教学成果（TA）、科研投入与过程（RIP）发展优势突出，但是教学投入（TI）、教育机会（EO）、教育背景（EB）发展不充分，滞后效应显著；河南高等教育发展非均衡的原因在于其薄弱项目数量多，发展滞后效应显著，其教学投入（TI）不足，教育机会（EO）发展不充分，教育背景（EB）水平不高，国际交流成果（ICA）太少，而其优势项目相对少，只有教学成果（TA）、科研成果（RA）两项优势鲜明，而且优势项目的牵引力量相对薄弱。

（五）高等教育综合发展水平落后地区省份非均衡发展原因

贵州、海南、江西、山西、广西、云南、内蒙古、西藏、甘肃、青海、宁夏、新疆12个省（区）属于我国高等教育综合发展水平落后地区。其中，贵州、海南、江西、广西、云南、西藏、甘肃、新疆8个省（区）高等教育发展欠均衡，山西、内蒙古、青海、宁夏4省（区）高等教育发展不均衡。由于贵州、海南、江西、广西、云南、西藏、甘肃、新疆属于高等教育综合发展水平落后省份，所以它们的欠均衡水平，是在较低层次上的欠均衡，与黑龙江、浙江在较高层次上的欠均衡是截然不同的。山西、内蒙古、青海、宁夏在均衡水平上相对于贵州、海南、江西、广西、云南、西藏、甘肃、新疆8个省（区）又逊一等，发展形势更加严峻。

贵州、海南、西藏、甘肃、新疆高等教育非均衡发展特点相似，它们高等教育非均衡发展的原因在于其拥有一定数量的优势项目，但优势项目水平相对于综合发展水平差距不是很大，也没有明显的薄弱项目，所以可通过促进待提升项目的发展，进而促进高等教育整体均衡水平的提高。江西、广西、云南高等教育非均衡发展特点相似，它们高等教育非均衡发展的原因在于其优势项目的引领作用和薄弱项目的滞后作用之间产生的差距，所以可通过促进薄弱项目和待提升项目的发展，促进高等教育均衡水平的提高。山西、内蒙古、青海、宁夏高等教育非均衡发展的原因在于其高等教育综合发展水平较低，优势项目的提升作用很突出，其余项目普遍发展滞后，所以造成了高等教育不均衡发展的现状。

具体来说，贵州高等教育非均衡发展的原因在于国际交流成果（ICA）、国际交流过程（ICP）、教学成果（TA）、科研成果（RA）、科研投入与过程（RIP）五项优势项目发展水平相对于综合发展水平产生了一定差距，但是差距不是很大，也没有明显的薄弱项目，所以可着力促进待提升项目——教学投入（TI）、教育机会（EO）、教育背景（EB）的发展，来促进高等教育整体均衡水平的提高。与贵州类似，海南高等教育非均衡发展的原因在于教学投入（TI）、教育机会（EO）、教育背景（EB）三项优势项目与综合发展水平产生的差距，其余都是待提升项目，所以要致力于其余项目的整体发展水平的提升。西藏高等教育非均衡发展的原因在于优势项目——教学投入（TI）和教育背景（EB）与综合发展水平产生了一定差距，由于西藏高等教育综合发展水平整体落后，所以可以通过提升除优势项目以外的其他项目的发展水平，来促进西藏高等教育综合发展水平和均衡水平的全面提高。甘肃高等教育非均衡发展的原因在于其教学投入（TI）水平相对较高，但是其他指标普遍发展较差，所以要致力于其他指标整体水平的提升。新疆高等教育非均衡发展的原因在于其国际交流成果（ICA）、教育背景（EB）相对于综合发展水平指标（HDL）具有一定优势，与上述省份相同地，其余指标的发展水平都需要获得普遍较大幅度的提高，才能进而提升高等教育综合发展水平和均衡水平。江西高等教育非均衡发展的原因在于其优势项目——教学成果（TA）、教育机会（EO）和薄弱项目——教育背景（EB）之间产生了较大的差距，所以江西可在促教育背景发展的前提和基础上，促进其余指标的广泛提高。广西高等教育非均衡发展的原因在于其优势项目——国际交流成果（ICA）、科研投入与过程（RIP）和薄弱项目——教学投入（TI）、教育背景（EB）之间产生了较大差距。云南高等教育非均衡发展的原因在于薄弱项目较多，包括教学投入（TI）、教育机会（EO）、教育背景（EB）。山西和内蒙古高等教育非均衡发展的原因在于各指标的发展水平两极分化显著，山西高等教育的优势项目在于教学成果（TA）、教育背景（EB），薄弱项目在于国际交流成果（ICA）、教育投入（TI），内蒙古高等教育的优势项目在于教学投入（TI）、教育背景（EB），薄弱项目数量较多，分别为国际交流过程（ICP）、教学成果（TA）、科研成果（RA）、科研投入与过程（RIP），发展落后。青海和宁夏高等教育非均衡发展的原因相同，即都在于教学投入（TI）、教育背景（EB）两项指标发展水平相对较高，但是其余指标发展整体十分落后。

第十一章　我国高等教育综合发展水平区域差异实证研究结论

　　在世界高等教育普及化发展大趋势下，高等教育综合发展水平决定了一个国家在世界高等教育发展格局中的地位和作用。然而，在我国由高等教育大众化阶段迈入高等教育普及化的历史阶段，高等教育也存在发展不均衡与不充分的特点。我国东部沿海地区与中西部经济欠发达地区高等教育发展水平之间具有显著的差异。在我国高等教育发展不均衡的背景下，建立一个兼顾评价高等教育规模和内涵式发展的指标体系，通过评估各项指标发展现状来衡量我国高等教育的综合发展水平，进而把握我国高等教育发展的不均衡水平，具有很重要的理论和实践指导意义。本研究在相关理论研究的基础之上，在理论推导和构建原则的指导下，选择表征教育背景、输入、过程、成果潜在变量的外显变量，构建了一个兼顾评价高等教育规模和内涵式发展的指标体系，运用 Smart PLS 3.0 软件构建高等教育综合发展水平 PLS 结构方程模型。然后对所建模型的拟合度、信效度、结构稳定性与预测能力等统计指标进行了统计检验，并视检验结果而不断修正指标体系和结构方程模型。根据模型输出数据结果，分析我国高等教育一级指标和综合发展水平的发展程度。从我国高等教育综合发展水平层次划分、区域均衡水平、省域高等教育不均衡发展现状三方面进一步进行了分析。根据分析结果评价我国高等教育综合发展水平发展特征及均衡水平，并通过揭示各省（区、市）高等教育的发展优势项目、待提升项目和薄弱项目，寻找我国省域高等教育非均衡发展的原因。综合前几章对我国高等教育综合发

154

展水平测评结构方程模型各指标的路径系数的分析、我国高等教育各一级指标和综合发展水平的测评、我国高等教育综合发展水平层次划分及省域高等教育非均衡现状的分析，可以得到以下结论：

一、我国高等教育的教学成果对综合发展水平影响程度最低，国际交流成果、教育背景和教育机会发展不足

第一，教学成果对综合发展水平影响程度最低。原因有二：一是各省份普遍较高的高校学生毕业率使毕（结）业生总数、授予学位数、就业人数指标不能完全解释高等学校教学成果质量，缺乏从更深层次对人才培养质量监测和把控，这说明我国高校对人才培养质量的把关与监测程度不够。这一现象在监测指标上表现为缺乏关于教学成果的全国统一统计口径的数据和对高等教育教学成果的有效评价指标，比如缺乏对毕业生的道德品质、实践技能操作水平、人力资源与劳动力市场的认可程度等方面的监测和考察指标。所以，要从根本上提升人才培养质量，使高校人才培养职能获得更加全面而彻底发挥，确保"教学成果"的评价指标更加丰富与细化，那么探究"教学投入水平怎么样""应该投入什么"和"怎样投入"更有意义。二是由于高校的教学、科研、社会服务、国际交流职能是相互影响相互渗透的，并没有很明显的职能界限。所以，"教学投入"与"教学成果"之间并非总是一对一的因果关系，"教学投入"的作用在高等教育体系的运行过程中，会被分散、共享、兼容，它并不完全服务于"教学成果"这一项功能，它还可能会对科研、国际交流和社会服务职能产生重要的影响，也就是说，"教学投入"不仅仅服务于"教学成果"一种功能与目的，所以在高等教育综合发展水平结构方程模型中，"教学成果"的路径系数是低于"教学投入"的。综合上述可见，我国高校对人才培养质量的把关与监测程度不够，同时教学投入并不完全服务于教学成果，正是这两点原因造成了教学成果对我国高等教育综合发展水平影响程度最低的现状。

第二，国际交流成果发展不足。在建设"世界一流大学和一流学科"的国家战略背景下，各省份高校对引进活跃在国际学术前沿、满足国家重大战略需

求的一流科学家、学科领军人物和创新团队、高层次青年人才和急需紧缺青年专门人才产生了较大需求。我国各高校正积极开展国际交流活动与合作，不断促进国际级项目的交流与合作，以创新驱动发展，不断提升自己的国际影响力。在国家大力推进"一带一路"倡议的政策环境下，处于丝路沿线的西部省份高校利用其地缘优势，通过与丝路沿线国家开展合作办学、人才培养合作、科学研究交流等，积极推进国际化进程。但目前来看，我国高等教育国际交流成效较缓，国际级项目的发展速度仍相对滞后。

第三，教育背景、教育机会发展不足。教育背景指标是对高等教育的人口背景、经济基础、人力资源背景的表征，它的内涵十分丰富，包括地区人口、经济、文化等社会多方面的发展状况。在经济基础方面，由于我国经济发展水平具有很大的地区差异，为了缩小经济差异，李克强总理作出关于经济运行发展的有关指示："要正确把握宏观政策取向，继续实施积极的财政政策和稳健的货币政策，实施就业优先政策，加强政策协调配合，确保经济运行在合理区间，促进经济社会持续健康发展。"[1] 近年来，我国西部省份在相关政策和规划的引导下，不断促进当地社会经济文化发展，尤其是"一带一路"沿线省份，根据《推动共建丝绸之路经济带和 21 世纪海上丝绸之路的愿景与行动》[2] 中对城市的定位，发展特色产业，积极为本省创造了经济发展机遇，经济状况不断改善。在人力资源方面，人力资源匮乏省（区、市）（"大专以上学历人员占当地人口比例"指标落后省份）相继出台了人才引进政策，吸引高学历人才到本地就业，优化就业人员的学历结构，扩增当地人力资源储备。但是，由于教育背景包括人口、经济、人力资源三项社会宏观因素，这些因素具有自身特殊的发展规律，政策干预并不会在短时间内取得特别显著的效果，所以教育背景是短期内改变难度最大的指标，目前看来我国在教育背景方面仍然体现出"不足"的特点。

---

① 中华人民共和国中央人民政府 . 李克强谈 2019 年经济社会发展政策取向 [EB/OL].http://www.gov.cn/guowuyuan/2019-03/05/content_5370654.htm.2019-04-26.

② 新华网 . 授权发布：推动共建丝绸之路经济带和 21 世纪海上丝绸之路的愿景与行动 [EB/OL]. http://www.xinhuanet.com//world/2015-03/28/c_1114793986.htm.2019-04-26.

近年来国家加大了对中西部高校的经费投入，全面改善基础办学条件、提升师资队伍质量、提高学生资助力度，但是教育机会的问题仍然突出，表现在西南、西北高校招生数远小于适龄人口数。教育机会不足的原因有二，一是很多适龄学生选择到经济发达的外地高校就读，二是本地的教育观念落后，教育普及率较低。所以西部经济和教育落后省份要努力为高等教育创设较良好的经济、人力资源背景条件，做好教育普及工作，通过经济与教育投入双重发力，吸引适龄人口在本地高校就读，尽可能地为扩大教育机会提供发展空间。

二、我国高等教育各一级指标水平呈"东高西低"的区域不均衡样貌，教学投入与教学成果指标发展不够协调，教学成果具有"中西部崛起"特征

总体上看，我国东部省份各一级指标发展水平相对于中西部省份具有绝对优势。部分省份的教学投入水平远领先于其教学成果水平，而一些中西部省份虽然教学投入水平较低，但教学成果发展程度却较高。这里有两个问题值得我们关注：一是，由于教学成果与高校数量、高校本专科招生数的相关程度很高，所以我国亟待推出全国统一统计口径的、更有效的评价高校教学成果质量的评价指标。二是，中西部省份（如河北、山西、安徽、江西、山东、河南、湖南、广东、广西、四川等）在"低投入"的情况下，承担着"高数量、高质量"的人才培养任务，这应使我们更加注重教育资源配置合理性和资源利用效率的问题。在"教学投入"与"教学成果"发展失衡、不够协调的发展状况下，"教学低投入"省份的有关政府及部门要在现有水平的基础上继续适当增拨教育经费，提高中西部省份的教育资源配置总量和各项"生均"指标的发展水平，各省要在一定的教育背景及有限的教育资源状况下，尽可能地提高教育资源配置效率，力争办出更有效益的高等教育。对于"教学高投入"省份，北京、上海、天津、浙江等东部发达省份、东北、少数民族自治区及部分中西部省份的高等教育办学理念需要转变，高等教育的教学、科研、国际交流等各项职能要平衡发展，人才培养始终要放在高等教育职能的首位，教育资源应更加切实地配置在教学

过程及成果方面，要扎实做好提升高校教育资源利用效率的工作。总之，为了缩小我国东西部在各项一级指标上的差异，东部高校要提高教育资源配置效率，做到"高投入"下"高产出"，发挥引领作用。西部高校要抓住我国"西部大开发"战略、"一带一路"倡议等历史发展机遇，结合自身实际，发挥自身优势，努力攻坚，提升教育背景和各项投入水平，加强各一级指标全程质量监管，提高教育资源配置效率，争取做到中低投入水平下获得中高程度的过程质量和成果产出。

三、我国高等教育综合发展水平不均衡，"东高西低"特征显著，可划分为发达、较发达、优秀、一般、落后五个层次

华北、华东是高等教育综合发展水平较高的地区，东北、中南处于中游，西北、西南落后。进一步地，将全国 31 个省（区、市）高等教育综合发展水平划分为五个层次：发达地区、较发达地区、优秀地区、一般地区和落后地区。北京是发达地区的唯一成员；上海、江苏是较发达地区仅有的两名成员；天津、辽宁、黑龙江、浙江、山东、湖北、广东、四川、陕西 9 省（市）综合发展水平基本处于全国前 1/3 的位置，被划归为优秀地区；河北、吉林、安徽、福建、河南、湖南、重庆 7 省（市）综合发展水平排名位于中间位置，被划归为一般地区；其余 12 个省区包括山西、内蒙古、江西、广西、海南、贵州、云南、西藏、甘肃、青海、宁夏、新疆排名在全国后 1/3 的位置，被划归为落后地区。总之，我国东部绝大多数省份高等教育处于一般以上水平，西部绝大多数省份高等教育综合发展水平较为落后。而造成我国高等教育综合发展水平不均衡的原因是几乎全部一级指标都具有"东高西低"特征。鉴于我国高等教育发展不平衡的背景，为了全面提高我国高等教育的均衡水平，我国颁布实施了《中西部高等教育振兴计划（2012—2020）》《中西部高等教育振兴计划升级版》《关于加快中西部教育发展的指导意见》[①] 等政策文件，在有关部门及中西部高校持续

---

① 中华人民共和国中央人民政府.国务院办公厅关于加快中西部教育发展的指导意见 [EB/OL].（2016-06-15）[2019-04-01]http://www.gov.cn/zhengce/content/2016/06/15/content_5082382.htm.

贯彻落实有关政策的同时，要保证高校教育投入稳定发展趋势，通过开展对口支援西部高校工作，实施中西部高校综合实力提升工程，结合上述第二条结论及举措建议，均衡地促进我国高等教育的发展。

四、我国省域高等教育均衡水平可划分为均衡、次均衡、欠均衡、不均衡四种类型，除陕西外，各省（区、市）的高等教育均具有非均衡发展特征

由于我国绝大多数省（区、市）高等教育的各个测评项目发展水平不够均衡，所以形成了我国省域高等教育的非均衡发展的局面。根据前述所推断的导致我国30个省（区、市）省域高等教育不均衡发展现状原因，可以得出以下结论：

第一，我国省域高等教育均衡水平可划分为均衡、次均衡、欠均衡、不均衡四种类型。陕西高等教育的均衡水平居全国首位，是唯一一个高等教育发展均衡的省份；次均衡类型的省份包括江苏和辽宁，江苏高等教育综合发展水平发达，均衡水平也较高，辽宁是高等教育综合发展水平优秀的省份，均衡水平名列前茅；欠均衡类型的省份包括北京、黑龙江、浙江、吉林、安徽、福建、湖南、重庆、江西、广西、海南、贵州、云南、西藏、甘肃、新疆，其中北京是高等教育综合发展水平发达省份，黑龙江和浙江是高等教育综合发展水平优秀的省份，吉林、安徽、福建、湖南、重庆是高等教育综合发展水平一般的省份，江西、广西、海南、贵州、云南、西藏、甘肃、新疆是高等教育综合发展水平落后的省份；不均衡类型的省份包括上海、天津、山东、湖北、广东、四川、河北、河南、山西、内蒙古、青海、宁夏，其中上海是高等教育综合发展水平发达的省份，天津、山东、湖北、广东、四川是高等教育综合发展水平优秀的省份，河北和河南是高等教育综合发展水平一般的省份，山西、内蒙古、青海、宁夏是高等教育综合发展水平落后的省份。可见，兼具高等教育综合发展水平优秀和较发达特征的陕西、辽宁、江苏三省的高等教育均衡水平是处于全国前列的，除陕西以外的其他高等教育综合发展水平优秀的省份，以及全部高等教育综合发展水平一般和落后的省份，都在不同程度上呈现了欠均衡以及不均衡发展的状态。可见，我国高等教育整体上体现的是非均衡发展特征。

第二，除陕西外，各省（区、市）的高等教育均具有非均衡发展特征。北京高等教育的"教学成果"指标发展水平低，人才培养数量相对较少，是导致北京高等教育非均衡发展的主要或唯一原因。上海和江苏与北京高等教育的发展特点较为相似，即其综合发展水平指标和一级指标基本处于全国领先地位，但是却由于有一项薄弱项目的存在，导致了其产生了非均衡的发展特征。上海的非均衡程度大于江苏的非均衡程度，上海薄弱项目的滞后程度比江苏更高，上海的薄弱项目是"教学成果（TA）"，江苏的薄弱项目是"教学投入"。浙江、辽宁、湖北、广东四省高等教育发展的共同特点是它们都有比较明显的多处薄弱之处，但是辽宁高等教育的均衡程度优于浙江，两者同时又优于湖北和广东，湖北和广东高等教育的均衡程度相仿。黑龙江省是高等教育欠均衡发展省份，其高等教育非均衡发展特点在于它具有比较显著的优势项目，但是其余项目发展水平相差不多，没有明显的薄弱项目。山东、四川、天津是高等教育不均衡发展省份，三省（市）高等教育非均衡发展的特征在于它们具有非常显著的优势项目，同时也具有十分显著的薄弱项目，两极分化特征比较显著。重庆、吉林、福建、湖南、安徽是我国高等教育发展欠均衡省份，河北、河南是我国高等教育发展不均衡省份。重庆、吉林、福建、湖南、安徽的高等教育欠均衡现状的共同点体现在它们都具有显著的优势项目。重庆高等教育除了教育机会（EO）发展具有显著优势外，其余项目发展比较平衡，没有明显的薄弱之处。吉林与福建高等教育非均衡发展特点相仿，它们都具有两项显著的优势项目，但都具有一项明显的薄弱项目。湖南和安徽高等教育非均衡发展现状的共同点在于，它们都具有三项薄弱项目，与我国高等教育综合发展水平一般地区的其他省份相比，薄弱项目是比较多的。河北和河南的高等教育非均衡发展特点不同，河北高等教育不均衡发展特点体现在它具有显著的优势项目，却没有明显的薄弱项目，但是河南具有一定优势项目，但是它还有很显著的薄弱项目，且数量较多。贵州、海南、江西、广西、云南、西藏、甘肃、新疆8个省（区）

高等教育发展欠均衡，山西、内蒙古、青海、宁夏4省（区）高等教育发展不均衡。由于贵州、海南、江西、广西、云南、西藏、甘肃、新疆属于高等教育综合发展水平落后省份，所以它们的欠均衡水平，是在较低层次上的欠均衡，与黑龙江、浙江在较高层次上的欠均衡是截然不同的。山西、内蒙古、青海、宁夏在均衡水平上相对于贵州、海南、江西、广西、云南、西藏、甘肃、新疆8个省（区）又逊一筹，发展形势更加严峻。贵州、海南、西藏、甘肃、新疆高等教育非均衡发展特点相似，它们高等教育非均衡发展的原因在于其拥有一定数量的优势项目，但优势项目水平相对于综合发展水平差距不是很大，也没有明显的薄弱项目。江西、广西、云南高等教育非均衡发展特点相似，它们高等教育非均衡发展的原因在于其优势项目的引领作用和薄弱项目的滞后作用之间产生的差距。山西、内蒙古、青海、宁夏高等教育非均衡发展的原因在于其高等教育综合发展水平较低，优势项目的提升作用很突出，其余项目普遍发展滞后，所以造成了高等教育不均衡发展的现状。

五、我国各省（区、市）高等教育非均衡发展的原因

浙江高等教育发展非均衡的原因在于教学成果（TA）、教育机会（EO）、科研成果（RA）发展滞后。辽宁高等教育发展非均衡的原因在于其教学成果（TA）、教学投入（TI）、科研投入与过程（RIP）指标发展显著滞后。湖北高等教育发展非均衡的原因在于其教学投入（TI）、教育机会（EO）、教育背景（EB）指标发展滞后。广东高等教育发展非均衡的原因在于其教学投入（TI）和教育机会（EO）指标发展滞后。黑龙江高等教育发展非均衡的原因在于其教学投入（TI）具有特别显著的相对优势，跟其余项目发展水平产生了很大差距。山东高等教育发展非均衡的原因在于其教学成果（TA）指标具有显著发展优势，它还具有显著的薄弱之处，即教学投入（TI）和教育背景（EB）。四川高等教育发展非均衡的原因在于它的优势项目较多，但薄弱项目数量也较多，呈哑铃型发展特点，即具有国际交流过程（ICP）、教学成果（TA）、科研投入与过程（RIP）、国际交流成果（ICA）、科研成果（RA）五项优势项目，具有教学投入

（TI）、教育机会（EO）、教育背景（EB）三项薄弱项目。天津高等教育发展非均衡的原因与四川相仿，也具有哑铃型的发展特点，即具有教学投入（TI）、教育机会（EO）、教育背景（EB）、国际交流成果（ICA）、国际交流过程（ICP）五项优势项目，具有教学成果（TA）、科研成果（RA）、科研投入与过程（RIP）三项薄弱项目。河北高等教育发展非均衡的原因在于教学成果（TA）、科研成果（RA）发展优势特别显著，其余项目发展滞后。吉林高等教育发展非均衡的原因在于教学投入（TI）、教育机会（EO）发展优势突出，国际交流过程（ICP）发展滞后。福建高等教育发展非均衡的原因在于教育机会（EO）、教育背景（EB）发展优势显著，而科研成果（RA）发展落后。湖南高等教育发展非均衡的原因在于教学成果（TA）发展优势明显，但是具有较多的薄弱项目，即教学投入（TI）、教育背景（EB）、国际交流成果（ICA）发展滞后。安徽高等教育发展非均衡的原因在于其国际交流过程（ICP）、教学成果（TA）、科研投入与过程（RIP）发展优势突出，但是教学投入（TI）、教育机会（EO）、教育背景（EB）发展不充分，滞后效应显著。河南高等教育发展非均衡的原因在于其薄弱项目数量多，发展滞后效应显著，其教学投入（TI）不足，教育机会（EO）发展不充分，教育背景（EB）水平不高，国际交流成果（ICA）太少，而其优势项目相对少，只有教学成果（TA）、科研成果（RA）两项优势鲜明，而且优势项目的牵引力量相对薄弱。贵州高等教育非均衡发展的原因在于国际交流成果（ICA）、国际交流过程（ICP）、教学成果（TA）、科研成果（RA）、科研投入与过程（RIP）五项优势项目发展水平相对于综合发展水平产生了一定差距，但是差距不是很大，也没有明显的薄弱项目，所以可着力促进待提升项目——教学投入（TI）、教育机会（EO）、教育背景（EB）的发展，来促进高等教育整体均衡水平的提高。与贵州类似，海南高等教育非均衡发展的原因在于教学投入（TI）、教育机会（EO）、教育背景（EB）三项优势项目与综合发展水平产生了很大差距。西藏高等教育非均衡发展的原因在于优势项目——教学投入（TI）和教育背景（EB）与综合发展水平产生了一定差距。甘肃高等教育非均衡发展的原因在于其教学投入（TI）水平相对较高，但是其他指标普遍发展较差。新疆高等教育非均衡发展的原因在于其国际交流成果（ICA）、教育背景（EB）相对于综合发展水平指标（HDL）具有一定优势，与上述省份相同地，其余指标的发展水平都需要获得普遍较大幅度的提高，才能进而提升高等教育综合发展水平和均衡水平。江西高等教育非均衡发展的原因在于其优势项目——教学成果（TA）、教育机会（EO）和薄弱项目——教育背景（EB）之间产生了较大的差距。广西高等教育非均衡发展的原因在于其优势项目——国际交流成果（ICA）、科研投入与过程（RIP）和薄弱项目——教学投入（TI）、教育背景（EB）之间产生了较大差距。云南高等教育非均衡发展的原因在于薄弱项目较多，包括教学投入（TI）、教育机会（EO）、教育背景（EB）。山西和内蒙古高等教育非均衡发展的原因在于各指标的发展水平两极分化显著，山西高等教育的优势项目在于教学成果（TA）、教育背景（EB），薄弱项目在于国际交流成果（ICA）、教育投入（TI），内蒙古高等教育的优势项目在于教学投入（TI）、教育背景（EB），薄弱项目数量较多，分别为国际交流过程（ICP）、教学成果（TA）、科研成果（RA）、科研投入与过程（RIP），发展落后。青海和宁夏高等教育非均衡发展的原因相同，即都在于教学投入（TI）、教育背景（EB）两项指标发展水平相对较高，但是其余指标发展整体十分落后。

第十二章　我国高等教育均衡发展策略

一、国家层面——持续贯彻落实《中西部高等教育振兴计划（2012—2020）》《中西部高等教育振兴计划升级版》，促进我国高等教育均衡发展

第一，从我国高等教育综合发展水平来看，华东和华北属于发达地区，而西北和西南发展相对落后。针对于此，要认真实施《中西部高等教育振兴计划（2012—2020）》[①]，贯彻落实《关于加快中西部教育发展的指导意见》[②]等政策文件，有力保证高校教育投入稳定发展趋势，通过开展对口支援西部高校工作，实施中西部高校综合实力提升工程。华北的高等教育省际发展不均衡问题突出，山西和内蒙古是发展薄弱省份，要着力促进开展对口支援工作，补齐两省短板。教育部高等教育司司长吴岩表示，2019年"要深入实施中西部高等教育振兴计划升级版"，"研究制定'中西部高等教育振兴计划升级版实施意见'，召开中西部高等教育振兴计划升级版推进会"。[③]我国中西部落后省份要抓住发展契机，持续稳定落实有关政策，全面提高高等教育综合发展水平。

[①] 中华人民共和国教育部.《中西部高等教育振兴计划 (2012 – 2020 年)》发布 [EB/OL].（2013-05-22）[2019-04-15].http://www.moe.gov.cn/s78/A08/A08_ztzl/s7394/201306/t20130605_152857.html.

[②] 中华人民共和国中央人民政府.国务院办公厅关于加快中西部教育发展的指导意见 [EB/OL].（2016-06-15）[2019-04-15].http://www.gov.cn/zhengce/content/2016-06/15/content_5082382.htm.

[③] 中华人民共和国教育部.高教司司长吴岩:2019 年，打好全面振兴本科教育攻坚战 [EB/OL].（2019-01-28）[2019-04-24].http://www.moe.gov.cn/s78/A08/moe_745/201901/t20190128_368232.html.

第二，从我国高等教育各指标发展不均衡现状来看，教育背景、教育机会、教学与科研投入、教学成果、国际科技交流成果指标水平发展滞后，还须进一步提高。具体而言：

（一）教育背景

经济方面，北京、上海、天津人均 GDP 超过 11 万元。其他省份人均 GDP 基本处在 3—7 万元之间。其中，山西、安徽、广西、贵州、云南、西藏、甘肃人均 GDP 都不足 4 万元。所以经济落后省份要贯彻落实李克强总理关于经济运行发展的有关指示："要正确把握宏观政策取向，继续实施积极的财政政策和稳健的货币政策，实施就业优先政策，加强政策协调配合，确保经济运行在合理区间，促进经济社会持续健康发展。"[①] 人口结构方面，从整体上看，各省份的15—64 周岁劳动力人口比例表现均衡，基本处于 70%—78% 之间。人力资源方面，北京、上海、天津的人力资源储备遥遥领先，大专以上学历人员占当地人口比例分别为 54.1%、44.6%、34.3%，其他省份的该项指标基本处于 10%—20% 之间。贵州、云南该项指标分别为 10.2%、9.4%，是最后两名。建议各省（区、市），尤其是贵州和云南，出台人才引进政策，吸引高学历人才到本地就业，优化就业人员的学历结构，扩增当地人力资源储备。

（二）教育机会

从"每十万人口高等学校平均在校生数"上看，北京、天津每十万人口平均在校生数为 5028、4058 人，其他省份则大都处于 2000—3000 人区间内，所以除北京与天津外，其他省份可进一步扩大在校生规模。从"适龄人口高考录取率"上看，北京、天津、上海都有较高的溢出水平（大于 1），说明该地区高考招生数大于适龄人口数，这进一步说明北京、天津、上海的适龄人口进入当地高校就读的机会非常大。其他省份该项指标基本处于 20%—65% 之间。指标低于 30% 的省份分别为贵州、云南、西藏、甘肃、青海、宁夏、新疆，普遍集中于西南和西北。说明，西南、西北招生数远小于适龄人口数，即适龄人口中

---

① 中华人民共和国中央人民政府.李克强谈 2019 年经济社会发展政策取向 [EB/OL].（2019-03-05）[2019-04-26].http://www.gov.cn/guowuyuan/2019-03/05/content_5370654.htm.

有很大一部分人没有进入当地高校就读。产生这一现象的原因有两个：一是少数民族地区、贫困地区多位于中西部省份，自然地理条件恶劣、基础设施建设滞后，群众科学文化素质偏低，社会发展动力不足，高等教育升学压力较大。二是"中西部高等教育振兴计划（2012—2020）"中关于扩大入学机会的举措，使适龄人口中部分学生选择去东部省份、"211"及中央部属院校就读。适龄人口的迁出会导致每十万人口平均在校生数的减少。从根本上说，建议上述省份努力促进当地社会经济文化发展，为高等教育创设较好的教育背景条件，吸引适龄人口在本地高校就读。具体而言，由于落后省份多为"一带一路"沿线城市，所以根据《推动共建丝绸之路经济带和21世纪海上丝绸之路的愿景与行动》①中对城市的定位，陕西、甘肃、宁夏、青海要形成面向中亚、南亚、西亚国家的通道、商贸物流枢纽、重要产业和人文交流基地，云南要成为面向南亚、东南亚的辐射中心，贵州、西藏、新疆要配合"一带一路"倡议，发展特色产业，积极为本省创造经济发展机遇。另外，建议继续加大对中西部高校的经费投入，全面改善基础办学条件、提升师资队伍质量、提高学生资助力度。通过经济与教育投入双重发力，尽可能地为教育机会扩大发展空间。

（三）教学与科研投入

教学与科研的投入水平是从人力、财力、物力三大方面来体现的。人力上，北京的教学与科研人力水平是全国最高的。教学人力方面，北京正高级专任教师占专任教师比例为28%，其他省份该比例普遍处于10%—15%之间，其中山西、安徽、江西、山东、河南、贵州、新疆在该项指标上表现较落后。《关于全面深化新时代教师队伍建设改革的意见》②（以下简称《意见》）中指出："教师是教育发展的第一资源"，"人才培养一直以来都是高校的首要职责，国家对高校的基本财政投入也主要依据高校人才培养的成效。但在高校发展建设的实践

---

① 新华网.授权发布：推动共建丝绸之路经济带和21世纪海上丝绸之路的愿景与行动 [EB/OL].（2015-03-28）[2019-04-26].http://www.xinhuanet.com/world/2015/03/28/c_1114793986.htm.

② 中华人民共和国中央人民政府.中共中央国务院关于全面深化新时代教师队伍建设改革的意见 [EB/OL].（2018-01-31）[2019-04-26].http://www.gov.cn/xinwen/2018-01/31/content_5262659.htm.

中，与人才培养成效密切相关的教师教学工作没有得到与其价值地位相当的重视"。所以在教师资源的投入方面，除北京外，其余各省（区、市）要增加高学历、高职称、高素质教师聘任比例，加大对教师教学能力培训和绩效考核力度。山西、安徽、江西、山东、河南、贵州、新疆等问题突出省份要结合自身条件，立足学科、院系、学校实际教学工作的发展，参考《意见》中提出的行动举措，提高师资队伍的教学水平。山东在教学与科研人力投入方面存在明显的重"科研"轻"教学"的倾向，所以要贯彻落实《意见》中有关精神指示。科研人力方面，北京研究与发展全时人员数为22189人年，东北三省、上海、江苏、山东、广东、四川该指标位于前列且各省份发展较为均衡，处于10000—18000人时区间内，海南、西藏、青海与其他省份相比落后差距很大，该指标不足1000人时，科研人才队伍的优化建设迫在眉睫。可见，不论在教学还是科研方面，各省（区、市）还应持续不断引进人才，尤其要"精准引进"海外高层次人才，发挥他们的领军作用，贯彻落实《关于深化人才发展体制机制改革的意见》[①]中关于人才管理、培养、评价、激励、流动等方面的指示。财力上，河南、广西、贵州、云南生均教育经费支出水平较低，江西生均教育经费支出全国最少。海南、贵州、云南、西藏高校教育经费投入水平偏低，为全国各省份平均高校教育经费投入水平的40%左右。贵州、内蒙古、海南、西藏的科技经费投入水平较落后，是其他省份该项投入的十几或几百分之一。除江西、内蒙古外，上述落后省份全部集中在中南、西南等中西部地区，可见不论教学还是科研投入，中西部地区都呈现出明显不足的状况。东部的江西、内蒙古也体现出经费缺乏的状况。综合比较后可以发现，上述省份一般位于交通闭塞地区、少数民族地区、边境区域，这些地方劳动力人口缺乏，产业结构不够合理，经济发展滞后。要结合"西部大开发""中部崛起"等国家战略和发展实际，制定符合当地发展特色的宏观、微观经济政策，调整产业结构，提高劳动力人口比例，促进经济发展。要继续发挥政府主导作用，加强高等教育经费投入力度，努力提高生均

---

① 中华人民共和国教育部. 中共中央印发意见深化人才发展体制机制改革 [EB/OL].（2016-03-22）[2019-04-27].http://www.moe.gov.cn/jyb_xwfb/s5147/201603/t20160322_234597.html.

教育经费支出水平，同时完善社会投入机制，促进社会团体、组织或企业对落后省份高等教育的资助。同时，增强高校教育经费管理水平，提高经费的利用效率，为保障高等教育教学与科研工作的良好发展创造较好的资金条件。物力上，即图书、计算机等物资配套方面，除北京和上海领先优势非常显著外，全国其他地区之间差距不是很大，西北、西南教育物资投入水平较高。建议各省份在保持现有物力投入水平上尽力缩小与京沪的差距。

（四）教育成果

在教学成果方面，各省份的毕业率（毕业生数与招生数之比）差别不大，基本都在 90% 以上，学位授予率（普通本、专科学位授予数与招生数之比）基本都在 50% 以上，各地区在这项指标上发展比较均衡。但为了更加真实准确地反映教学效果，各地应跟踪调查毕业生就业去向、劳动力市场与社会认同度、自我评价等，获得与教学质量有关的重要反馈，以便更有效率地调节高校的教学工作。在科研成果方面，虽然我国高校普遍重视科研成果，但部分省份该指标发展滞后。例如内蒙古、广西、海南、贵州、西藏、青海、宁夏、新疆在国务院各部门科技进步奖（项）这一指标上表现为 0，即这几个省份没有获得该奖项。山西、吉林、福建、江西、云南、甘肃在该奖项上获得数小于 10，其他省份则多处于 10—60 之间。同样地，在专利申请数、专利授权数、其他知识产权数等方面，上述落后省份的表现亦是不佳。科研成果是"果"，科研经费、科研人力投入及科研实施过程是"因"。所以落后省份要从"因"上下功夫，找出自身在科研方面的短板、弱项及症结，并想办法努力弥补短板、发展弱项、解决问题。我国在国际科技交流成果方面，省际差距表现非常显著。例如北京国际级项目验收总数为 1528 项，这一成绩遥遥领先与其他省份，黑龙江处于第二位，项目验收总数仅为 731 项，其他省份该指标在 14—563 之间。高等教育国际化是我国要重点拓展的领域，在建设"世界一流大学和一流学科"的国家战略背景下，各省份高校要重点引进活跃在国际学术前沿、满足国家重大战略需求的一流科学家、学科领军人物和创新团队、高层次青年人才和急需紧缺青年专门人才，促进国际级项目的交流与合作，以创新驱动发展，不断提升自己的国际影响力。广西、海南、贵州、西藏、甘肃、青海、宁夏、新疆国际级项目验收总数为不足10，且上述省份全部集中在西南、西北地区。可见，在我国高等教育国际化发展整体不佳的境况下，西部高校国际化发展落后问题尤其显著。在国家大力推进"一带一路"倡议的政策环境下，处于丝路沿线的西部省份高校应充分利用其地缘优势，通过与丝路沿线国家开展合作办学、人才培养合作、科学研究交流等，积极推进国际化进程。

二、区域层面——各省份要贯彻落实有关政策文件，补齐各自高等教育发展短板

（一）华北：对接"一带一路"倡议与"双一流"政策，加强区域协同发展，补齐"教学成果""科研成果"及各省其他短板

北京作为我国的首都，是全国政治中心、文化中心和国际交往中心，有着其它大城市无可比拟的发展条件优势。其高等教育综合发展水平全国第一，但"教学成果"是较显著的短板，该指标落后于江苏、广东、山东、河南、湖北、四川、河北、陕西、湖南。可见，在全国最优越的教育背景、最高水平的教学投入之下，其人才培养数量却没能获得同步发展。由于，其"教育机会"指标有较高的溢出水平，所以建议北京进一步增加非北京生源招生计划，并向适龄人口高考录取率低，即"教育机会"较少的省份如贵州、云南、西藏、甘肃、青海、宁夏、新疆等实行扩招政策。

天津是我国直辖市之一，是环渤海地区的经济中心。天津在社会经济文化背景较好，人力财力物力投入水平较高，高等教育机会较多的各项有利条件下，要特别重视提高教育资源的利用效率，充分发挥优势资源的保障与促进作用，加速推动"教学成果""科研成果"和"国际科技交流成果"的产出。具体措施如下：天津是中蒙俄经济走廊的主要节点和"一带一路"交汇点，在"一带一路"与"双一流"建设中，结合教育部实施的专业建设"双万计划"，动态调整与优化学科与专业结构，增列符合经济社会发展需要、新兴领域、符合学位授予单位学科发展规划要求的学位授权点，适当增加招生计划，发挥高等教育在

"一带一路"建设中的基础性和先导性作用，与中蒙俄经济走廊的主要沿线国家开展深度教育合作，在更大范围、更高水平、更深层次上开展人才培养与交流活动，开展合作育人，合作办学，培养国际化专业人才，合作共建科研项目，增强天津高等教育的国际影响力。

河北高等教育虽然没有很明显的不足之处，但是河北高等教育的"教育背景""教学投入"和"国际科技交流"（过程、成果）相对于其他一级指标水平是落后的。其人口结构背景在华北地区是最差的（15—64周岁劳动力人口比例最低），劳动力人口数量最少，所以在当前人口结构背景下，要充分挖掘内部潜力，扩大高等教育对象范围，通过知识积累与技术进步，提高高等教育学历人口比例，提升劳动力供给质量。在京津冀协同发展战略背景下，随着北京非首都功能的疏解、人口和产业的转移，河北在承接疏解项目的同时，要缩小与京津间教育发展差距，最终实现区域教育优质均衡发展。高等学校公共财政预算教育经费占公共财政教育支出比例在华北地区处于最低水平，这体现出河北高校教育经费投入不足的状况，所以要全面深化河北经济社会改革，实现经济转型升级和提质增效，为河北教育事业发展创设良好的经济条件。要贯彻落实《河北省教育厅关于印发河北省教育事业第十三个五年规划的通知》[①]中关于加大教育经费投入的要求，建立教育投入稳定增长机制，积极促进企业、社会团体等社会组织对教育事业的资助。在经费支出方面，可进一步增加高校图书量、计算机数、仪器设备等硬件资源的配给。国际科技交流方面，要贯彻落实《河北省推进共建"一带一路"教育行动计划》[②]有关指示，鼓励高校与"一带一路"沿线国家开展学术交流和科研合作，加强与国（境）外校际交流合作、人才联合培养和中外合作办学，加强学术交流合作机制建设，促进师生交流，提升教

---

① 河北省教育厅. 河北省教育厅关于印发河北省教育事业第十三个五年规划的通知 [EB/OL].（2016-11-16）[2019-04-28].http://jyt.hebei.gov.cn/col/1410097726928/2018/06/14/1528945867459.html.

② 河北省教育厅. 河北省教育厅关于印发《河北省推进共建"一带一路"教育行动计划》的通知 [EB/OL].（2016-09-12）[2019-04-28].http://jyt.hebei.gov.cn/col/1410097726928/2016/09/12/1473669905255.html.

学、人才联合培养、学术交流和科研合作水平。

山西高等教育综合发展水平排名靠后（全国排名第 24 位），"教学投入"显著不足（全国排名 28 位），"科研投入与过程""科研成果""国际交流过程""国际交流成果"指标水平较低（全国排名第 23 或 24 位），是待提升的项目。在"教学投入"方面，山西高等教育的人力投入显著不足，其正高级专任教师数占专任教师比例（6.81%）为华北最低水平，所以高校教师队伍结构和专业素质亟待提高。2018 年 9 月，山西省高校教师发展中心联盟成立，各高校要抓住契机，深入贯彻落实山西省委、省政府关于高校教师队伍建设的有关要求，"积极推进教学发展中心建设，加强领导、健全机构、创新机制、强化管理，做到'四个落实'，即场地要落实、人员要落实、经费要落实、任务要落实"，切实提升省内高校教师的综合素质和专业水平。由于山西缺乏领军型高水平大学，重点学科发展不足，高等教育对全省经济社会发展的支撑带动作用不足，所以要紧密对接国家"双一流"建设方案，贯彻落实山西省委、省政府提出的"1331 工程"[①] 指示要求，加强高水平基础研究工作，在国内国际发表高水平科研成果，并更好地服务于地方经济转型发展和社会全面进步。

内蒙古"教育机会""教学成果""科研过程""科研成果""国际交流过程"为其短板所在，全国排名处于 24—26 之间。内蒙古是我国少数民族自治区，其"每十万人口高等学校平均在校生数"指标为华北最低水平，所以可适当增加高校招生计划，扩大少数民族高级人才规模。在"双一流"建设背景下，内蒙古高校要结合本地发展特点，优化专业结构，加强具有民族特色的重点学科和专业建设，调整设置适应当地经济社会发展的学科专业，持续壮大蒙汉兼通的师资队伍，培养研究型、创新型、应用型少数民族优秀人才和蒙汉兼通的高素质人才。作为祖国北大门的内蒙古，与蒙古国、俄罗斯接壤。要正确认识内蒙古在构建"中蒙俄合作走廊"中的重要战略地位，促进中蒙俄在科技、文化、经

① 山西省人民政府.山西省政府召开实施"1331工程"统筹推进"双一流"建设动员部署会[EB/OL].（2017-03-02）[2019-04-28].http://www.shanxi.gov.cn/yw/zwlb/bmkx/201703/t20170302_285163.shtml.

贸等领域的交流与合作，搭建师生互换平台，支持内蒙古高校与沿线国家合作办学，联合开展科学研究。

（二）东北：各省贯彻落实有关政策，吉林要结合"一带一路"和"双一流"建设，补齐"国际交流过程"短板

辽宁和黑龙江是我国高等教育综合发展水平优秀省份，吉林的高等教育综合发展水平稍逊一筹，属于高等教育综合发展水平一般的省份。放眼全国，东北三省高等教育的均衡水平是较高的，辽宁和黑龙江是高等教育次均衡发展的省份，吉林是我国高等教育发展欠均衡省份。

辽宁要继续围绕新时代辽宁全面振兴、全方位振兴重点任务，大力推进教育供给侧结构性改革，在现有发展水平的基础上，继续增加教学和科研投入水平，提升高校科技创新能力，加大科技成果转移转化力度，进一步提升全省教育科研发展水平。贯彻实施辽宁省教育厅出台的《关于加快建设高水平本科教育 全面提高人才培养能力的实施意见》[①]，着力推进一流专业建设，完善学生学习过程监测、评估与反馈机制，健全能力与知识考核并重的多元化学业考核评价体系，促进人才培养数量和质量的提升。

黑龙江高等教育非均衡发展特点在于它具有比较显著的优势项目，但是其余项目发展水平相差不多，没有明显的薄弱项目。所以，为了进一步提升均衡水平，黑龙江要进一步贯彻落实有关政策，在现有教育投入水平的基础上，不断提升其余项目的发展水平。

吉林具有两项显著的优势项目，即吉林的教学投入水平较高，教育机会指标发展较好，适龄人员高等学校入学比例较高，但是具有一项明显的薄弱项目，即吉林的国际交流过程指标发展欠佳。所以，建议吉林要根据《吉林省教育事业发展"十三五"规划》[②]要求，在"双一流"建设中，分类支持高水平大学建

---

① 辽宁省教育厅. 辽宁省教育厅关于加快建设高水平本科教育 全面提高人才培养能力的实施意见 [EB/OL].（2019-02-27）[2019-04-29]. http://www.lnen.cn/jyzx/zdgz/zcyjd/292060.shtml.

② 吉林省人民政府.《吉林省教育事业发展"十三五"规划》政策解读 [EB/OL].（2017-03-10）[2019-04-29].http://www.jl.gov.cn/zw/jd/zyzcjd/201703/t20170310_4539271.html.

设,搭建创新平台,紧密对接国家大科学工程建设、重大科研项目,并在"一带一路"建设中,鼓励高校与其他国家进行产学研合作,合作建设国际级科研项目,建设创新和成果转化平台,从国际交流过程到国际级项目成果产出,系统全面提升国际科技交流水平。

(三)华东:各省贯彻落实有关政策,补齐"教育机会""教学投入""国际科技交流成果"及各省其他短板

与北京类似,上海高等教育得天独厚,各项指标名列前茅,但在"教育机会"方面,上海高校毕业生的数量相对规模较小,其每十万人口高等学校平均在校生数为3327人,而北京、天津该指标分别为5028、4058人,上海有进一步拓展的空间。所以要贯彻落实《上海市高等教育改革和发展"十三五"规划》(以下简称《规划》)①中高等教育规模及人才培养层次量化指标的有关指示,增加招生计划,进而提高人才培养数量,改善社会劳动力及其素质结构。落实《规划》中提出的高校在基础研究、应用研究、协同创新、文化传承等方面的重要任务,积极促进科研项目建设和科研成果的转化。

江苏高等教育是名副其实的高质量发展,处于全国领先地位。其高校数量最多,共174所,培养人才数量最多,科研成果最丰富、质量最高,国际交流成果仅次于北京,位居第二。但"教育背景""教育机会"与"教学投入"是要继续完善提高的项目。在教育背景方面,江苏15-64周岁劳动力人口比例为72.76%,高等教育学历人口比例为24.6%,均低于长三角两项指标的平均值(74.14%、27.05%),所以要进一步落实江苏省委印发的《关于聚力创新深化改革 打造具有国际竞争力人才发展环境的意见》("人才新政26条")②,引进"乡土人才"和"天下英才",提高人力资源水平,促进社会进步和发展。在教育机会方面,可根据社会发展需要,增设新兴领域有关专业,增加招生计划。在教

---

① 上海市人民政府.《上海市教育改革和发展"十三五"规划》解读说明[EB/OL].(2016-09-18)[2019-04-29].http://www.shanghai.gov.cn/nw2/nw2314/nw39309/nw39385/nw39394/u21aw1161506.html.

② 中国组织人事报新闻网.江苏出台"人才新政26条"[EB/OL].(2017-02-24)[2019-04-29].http://www.zuzhirenshi.com/showinfo/099f45d3-9fb3-4edc-ae6c-7c86e6eeb842.

学投入方面，江苏生均教育经费支出为 34488 元，低于长三角该指标的平均值（38300 元），建议进一步提高生均教育经费预算。

浙江与安徽在"教育机会"方面存在相似的问题，即"每十万人口高等学校平均在校生数"和"适龄人口高考录取率"在长三角地区处于较低水平。所以，要通过优化专业结构，增设满足社会发展需求的传统与新兴专业，扩大招生规模。安徽增加招生计划的前提是要保障持续、稳定、合理地增加高等教育经费投入，切勿盲目扩招，避免导致生均教育经费不足的状况。在人才培养方面，浙江要贯彻落实《浙江省普通本科高校分类评价管理改革办法（试行）》[①]的有关通知，按照高校类型（包括研究为主型、教学研究型、教学为主型三类）分类评价高校指标体系的发展概况，促进人才培养质量的全面提升。在国际交流方面，在"一带一路"和"大湾区"建设中，浙江作为沿海开放大省，要整合国内外资源，通过举办学术会议、发展留学生教育、合作办学、合作建设科研项目等全面开展教育合作，加快推进浙江高校国际化发展。

山东高等教育综合发展水平全国排名第 10 位，而"教学投入"排名第 25 位，可见，该指标是山东高等教育发展的短板。要贯彻落实山东省人民政府关于《全面深化新时代全省教师队伍建设改革的实施意见》[②]中"深化高等院校教师人事制度改革"和"强化经费保障"的有关要求："按照'生员比'计算岗位总量，提高专业技术高级岗位设置数量"，"学校在人员控制总量内，自主安排、执行用人计划"，"各级党委和政府要加大教育投入力度，将教师队伍建设作为教育投入重点予以优先保障，确保财政一般预算教育支出逐年只增不减，确保按在校生人数平均的一般预算教育支出逐年只增不减"。贯彻落

---

① 浙江省教育厅.浙江省教育厅关于印发《浙江省普通本科高校分类评价管理改革办法（试行）》的通知[EB/OL].（2016-08-09）[2019-04-29].http://jyt.zj.gov.cn/art/2016/8/9/art_1543960_28519742.html.

② 中华人民共和国教育部.中共山东省委山东省人民政府关于全面深化新时代全省教师队伍建设改革的实施意见[EB/OL].（2018-11-19）[2019-04-29].http://www.moe.gov.cn/jyb_xwfb/xw_zt/moe_357/jyzt_2018n/2018_zt03/zt1803_ls/201811/t20181130_362023.html.

实《关于推进新时代山东高等教育高质量发展的若干意见》^①中提出的"完善经费保障机制"的有关措施："加大竞争性项目财政经费投入力度，逐步使高等教育生均拨款达到全国平均水平。完善生均定额拨款制度改革，依据专业评价结果，实施浮动拨款。拓展学校办学经费来源，支持高校通过社会捐赠、社会服务、科学研究等多种方式筹集办学经费，学校自筹经费要逐步达到办学经费总额的 30% 左右。开展收费改革试点，由高校根据培养成本、财政拨款及居民经济承受能力等因素，合理确定学费标准。鼓励各市与高校主管部门至少共建一所高水平高校，给予高校相关政策和资金支持。"确保山东高等教学投入稳步提高。

福建高等教育综合发展水平全国排名第 15 位，属于欠均衡省份，其弱项主要体现在"成果"方面，即在教学、科研、国际科技交流领域的成果数量稍显不足。所以要贯彻落实《福建省"十三五"教育发展专项规划》^②中关于高等教育内涵发展的有关要求，稳步推进"双一流"建设。在教学成果方面，要根据国家和福建社会发展需要，以及人口变化趋势、产业发展和人才需求预测，稳定保持普通本专科教育规模，扩大研究生教育，特别是博士生、专业学位研究生教育规模，适当增设硕士专业学位授权单位和博士、硕士专业学位授权点，扩大紧缺急需专业招生规模，调整本科高校服务产业人才培养结构，促进产学研结合，合理有序、稳步提高高校毕业生数量和人才培养质量。在科研成果方面，要贯彻落实福建深化高等教育领域"放管服"改革，"改进高校科研项目资金和平台建设管理。开辟高校申请政府投资的科技研发创新平台等基本建设项目'绿色通道'，允许高校自主规范管理横向经费，健全高校技术转移工作体系，在高校设立负责技术转移和转化服务的科技成果管理与运营服务机

① 山东省人民政府.山东省人民政府办公厅关于推进新时代山东高等教育高质量发展的若干意见 [EB/OL].（2019-04-25）[2019-04-29].http://www.shandong.gov.cn/art/2019/4/25/art_2259_31520.html.

② 福建省人民政府.福建省人民政府办公厅关于印发福建省"十三五"教育发展专项规划的通知 [EB/OL].（2016-05-12）[2019-04-30].http://www.fujian.gov.cn/zc/zfxxgkl/gkml/jgzz/kjwwzcwj/201605/t20160513_1183828.html.

构，探索建立高校科技经纪人制度，实施科技成果转化风险免责政策。"①为科研成果产出及转化提供推动力量。在国际化发展方面，身处"海上丝绸之路核心区"的福建，不仅要以华侨华人及其社团的影响力为桥梁，向海外尤其是在"一带一路"沿线国家大力传播中华文化，开展多形式、多层次中外合作办学项目，加强人才交流，还要重视与"一带一路"沿线国家合作建设国际级科研项目。

安徽除"教学投入"不足的问题外，"教育背景""教育机会"也是弱项。从"教育背景"看，经济方面，2016 年安徽人均 GDP 为 39561 元，全国排名第 25 位。人口结构方面，15—64 周岁劳动力人口比例为 70.99%，低于全国平均水平（73.02%）。人力资源方面，高等教育学历人口比例为 13.8%，低于全国平均水平（19.6%）5.8 个百分点。地处内陆的农业省份安徽，要积极对接国家长江三角洲区域一体化发展国家战略，全面落实《长三角地区一体化发展三年行动计划（2018—2020 年）》②，聚焦推动长三角空间布局、科技创新、产业发展、区域市场、生态环保、基础设施和公共服务等六个"一体化"。在人才引进方面，要聚焦"高精尖缺"，围绕合肥综合性国家科学中心、滨湖科学城、合芜蚌人才特区等平台，吸引国际高端人才来皖创新创业，同时加大高新区、开发区的建设力度，支持重点企业、"专精特新"型企业引进急需紧缺人才。③"教学投入"方面，要加强高校高端人才队伍建设，贯彻落实《安徽省人民政府关于加强教师队伍建设的意见》④。从"教育机会"看，安徽"每十万人口高等学校平均在校生数"（2259 人）和"适龄人口高考录取率"（35.2%）均低于全国平均

---

① 中华人民共和国教育部 . 福建省深化高等教育领域"放管服"改革 [EB/OL].（2019-02-01）[2019-04-29].http://www.moe.gov.cn/jyb_xwfb/s6192/s222/moe_1745/201902/t20190201_368767.html.

② 新华网 . 长三角主要领导座谈会审议同意《长三角地区一体化发展三年行动计划 (2018-2020 年)》[EB/OL].（2018-06-02）[2019-04-30].http://sh.xinhuanet.com/2018-06/02/c_137225005.html.

③ 安徽省人民政府 . 安徽聚焦"高精尖缺"人才贡献突出的可获 100 万元奖励 [EB/OL].（2018-03-25）[2019-04-30].http://www.ah.gov.cn/UserData/DocHtml/1/2018/3/25/3181302779842.html.

④ 安徽省人民政府（办公厅）. 安徽省人民政府关于加强教师队伍建设的意见 [EB/OL].（2013-11-12）[2019-04-30].http://xxgk.ah.gov.cn/UserData/DocHtml/700/2013/12/5/137241561285.html.

水平（2555 人、51.3%），所以可进一步增加本地和外省（区、市）高校招生计划。

江西高等教育综合发展水平排名第 20 位。其弱势项目为"教育背景""教学投入""科研成果"。关于"教育背景"，经济方面，2016 年江西人均 GDP 为 40400 元，全国排名第 24 位。人口结构方面，15—64 周岁劳动力人口比例为 69.18%，低于全国平均水平（73.02%）近 4 个百分点。人力资源方面，高等教育学历人口比例为 11.9%，低于全国平均水平（19.6%）7.7 个百分点。江西地形多山，丘陵起伏，地形导致的交通不便致使江西工业发展落后。江西处在珠三角和长三角之间，两大经济区域的虹吸作用，使江西成为劳动力输出省份和原料矿产产地，自身经济发展滞后。所以要贯彻落实江西省人民政府下达的《江西省 2019 年国民经济和社会发展计划》[①]，发展优势特色产业及高新技术产业，全面振兴江西经济。要遵照《江西省教育事业发展"十三五"规划》[②]（以下简称《规划》）的有关指示，落实完成"受过高等教育的人口比例"为 22% 的目标。贯彻落实江西省委出台的《关于深化人才发展体制机制改革的实施意见》中关于人才引进培养、评价激励、服务保障等方面提出的 46 条改革措施[③]。贯彻落实《关于全面深化新时代教师队伍建设改革的实施意见》[④] 中引进、培养创新创业高层次人才的"双千计划"等重大人才工程，以人才推动发展，全面改善江西社会经济文化发展环境。关于"教学投入"，江西"教学投入"的各二级指标得分均小于全国平均值，说明其人力、财力、物力都投入不足。建议贯彻落实《规划》中"适应新形势，打造高素质教育人才队伍"的有关指示，服务

---

① 江西省人民政府公报.江西省人民政府关于下达江西省 2019 年国民经济和社会发展计划的通知 [EB/OL].（2019-02-20）[2019-04-30].http://zfgb.jiangxi.ex_14.ipv6.jiangxi.gov.cn/art/2019/4/9/art_20347_680563.html.

② 江西教育网.江西省教育事业发展"十三五"规划 [EB/OL].（2016-08-29）[2019-04-30].http://www.jxedu.gov.cn/info/1030/31923.htm.

③ 江西省人民政府.46 条超高含金量政策措施引才入赣 [EB/OL].（2017-03-31）[2019-04-30].http://www.jiangxi.gov.cn/art/2017/3/31/art_393_123819.html.

④ 江西省人民政府.江西发布《关于全面深化新时代教师队伍建设改革的实施意见》[EB/OL].（2018-11-16）[2019-04-30].http://www.jiangxi.gov.cn/art/2018/11/16/art_5022_404974.html.

于"双一流"建设、高校创新创业教育改革和科技成果转化，培养和引进高素质教育人才。落实《规划》中"完善教育投入保障机制"有关要求，稳步增加公共财政预算教育经费（高等学校）占公共财政教育支出比例，完善教育经费保障机制，加强教育经费使用效益，并提高硬件设施建设投入。关于"科研成果"，要贯彻落实《规划》中"提升高校科技创新能力"的有关指示精神，促进科技成果的产出和转化。

（四）中南：各省贯彻落实有关政策，补齐"教育背景""教学投入""国际科技交流成果"及各省其他短板

湖北的短板是"教育背景""教学投入"和"教育机会"。湖北与广东高等教育综合发展水平不相上下（排名分列为第4、5名），但在"教育背景"指标上，湖北显著落后于广东。在人口方面，湖北15—64周岁劳动力人口比例为72.94%，广东该比例为75.57%。经济方面，湖北人均GDP为55665元，广东人均GDP为74016元。人力资源方面，湖北高等教育学历人口比例为16.5%，广东该比例为18.6%。2018年，湖北出台各项经济新政策、新措施达50余条，要贯彻落实这些政策措施，助力湖北经济"稳中有进"发展。在人力资源方面，要贯彻落实《关于深化人才发展体制机制改革促进人才创新创业的实施意见》[①]和《关于深化人才引进人才评价机制改革推动创新驱动发展的若干意见》[②]，"扩大人才引进培育规模、创新人才引进方式、拓宽人才引进通道、建设引才育才载体、改进人才评价方式、健全人才激励保障制度"，实施"三大计划"："我选湖北"计划、技能人才振兴计划、外国优秀人才引进倍增计划。在教学与科研投入方面，要贯彻落实《省人民政府办公厅关于印发推进一流大学和一流学科

---

① 湖北省科学技术厅.省委办公厅省政府办公厅关于深化人才发展体制机制改革促进人才创新创业的实施意见[EB/OL].（2016-09-28）[2019-04-30].http://www.hbstd.gov.cn/cszz/fgc/ywgz/zcfg/58438.htm.

② 湖北省人民政府.湖北省出台"人才20条"[EB/OL].（2017-03-23）[2019-04-30].https://www.sogou.com/link?url=DSOYnZeCC_p9pPiB6CupGWQJ6AJMtu1MCUjMiixEQZohFjDcMZ9l9lQd-vcQBKNOvUHOn3IClo8koKdrR5nFeQSQNB-FFt_Uri2jTBr9OJ8.

建设实施办法的通知》①中关于经费支持的有关规定，"建立省市共建机制，统筹各方资源，对建设高校进行重点支持。建设高校要积极争取社会资源，形成多元支持的长效机制"，并重点支持经费优先用于增加科研与发展全时人员数量。在教学与科研投入水平不断提高的过程中，适当扩大招生规模，进一步促进增加适龄人口的高等学校入学机会。另外，湖北国际交流成果指标发展水平稍低，要发挥国际化示范院校的引领带头作用，贯彻落实《湖北省教育事业发展"十三五"规划》②中积极建设"一带一路"有关指示，通过合作办学、设立分校、培训基地、人才交流等途径，提高国际级项目合作数量。

广东的短板体现在"教学投入""教育机会"。广东"教学投入"指标全国排名第17，湖北该项指标排名第9。湖北在经济显著落后于广东的背景下，在"教学投入"方面却领先广东很多。因此，建议广东省贯彻落实好《广东省教育发展"十三五"规划（2016—2020年）》③有关政策，坚持"省市共建、对口帮扶"，省财政加大投入力度，贯彻落实高等教育"冲一流、补短板、强特色"提升计划，重点解决全省高等教育发展不均衡不充分问题。在"教育机会"方面，根据《广东教育改革发展研究报告（2019）》公布的数据，2018年广东高等教育毛入学率达到了42.43%，比2017年提升了约4个百分点，比2016年提升了约7个百分点，可见广东在扩大高等教育机会方面有了显著进步，要继续保持当前发展势头，促进适龄人口高考录取率的增加。另外，广东高等教育在国际交流方面也略显落后，所以在高等教育国际化方面，广东与湖北类似，合作研究、人才交流、举办学术会议等交流活动开展得较广泛，但国际级项目建设仍略为滞后，要按照《粤港澳大湾区发展规划纲要》④有关要求，积极推进

① 湖北省教育厅.解读《省人民政府办公厅关于印发推进一流大学和一流学科建设实施办法的通知》[EB/OL].（2018-09-13）[2019-04-30].http://jyt.hubei.gov.cn/content.php?id=20537.

② 湖北省人民政府.省人民政府关于印发湖北省教育事业发展"十三五"规划的通知[EB/OL].（2016-12-26）[2019-04-30].http://www.hubei.gov.cn/govfile/ezf/201701/t20170106_1032891.shtml.

③ 广东省教育厅.广东省教育发展"十三五"规划(2016-2020年)正式发布[EB/OL].（2017-01-09）[2019-04-30].http://edu.gd.gov.cn/gkmlpt/content/2/2095/post_2095960.html.

④ 新华网.中共中央国务院印发《粤港澳大湾区发展规划纲要》[EB/OL].（2019-02-18）[2019-04-30].http://www.xinhuanet.com/politics/2019-02/18/c_1124131474.htm.

粤港澳高校合作办学，拓宽教育国际交流合作渠道，打造粤港澳科研合作发展平台。

　　湖南、河南高等教育综合发展水平在中南各省中排名中游。湖南高等教育综合发展水平与其经济实力基本适配，但"教育背景"仍是其短板。从人口结构上看，15-64周岁劳动力人口比例为69.91%，低于全国平均水平（73.02%）约3个百分点。从人力资源水平上看，高等教育学历人口比例为15.6%，低于全国平均水平（19.6%）4个百分点。湖南省统计局发布的数据显示，湖南"人口红利"接近末期，劳动力资源趋紧。[①]2017年及今后一段时期将是湖南人口红利消减期，劳动力供给总量下降，可能直接导致"招工难"、"用工荒"等问题加剧。[②]建议湖南深化供给侧结构性改革，加快产业升级，挖掘内部潜力，转变人口红利为人才红利，推行贯彻"芙蓉人才行动计划"，推进创新引领开放崛起战略。在"教学投入"方面，要认真实施《湖南省进一步调整优化结构提高教育经费使用效益实施方案》[③]，确保高校公共财政预算教育经费、生均教育支出逐年稳定增加。在国际化发展方面，要抓住"一带一路"机遇，引进优秀国际教育资源，建设与"一带一路"中欧班列沿线国家校际交流、人才互换、合作办学、科研项目建设机制，促进国际级科研成果的产出。

　　河南地处我国中心地带，交通发达、文化底蕴深厚，但经济发展落后，近十年人均GDP水平低于全国平均水平。所以要贯彻落实国家发改委印发的《促进中部地区崛起"十三五"规划》[④]及河南省人民政府印发的《河南省2019年国

　　① 湖南省统计局.湖南"人口红利"接近末期劳动力资源趋紧需引起高度重视[EB/OL].（2012-02-09）[2019-04-30].http://tjj.hunan.gov.cn/tjfx/jczx/2012jczxbg/201507/t20150717_3788646.html.
　　② 华声在线.湖南劳动人口面临转折性巨变　2017年将首次出现逐年下降[EB/OL].（2016-12-07）[2019-04-30].http://hunan.voc.com.cn/article/201612/201612070644529240.html.
　　③ 湖南省人民政府.湖南省人民政府办公厅关于印发《湖南省进一步调整优化结构提高教育经费使用效益实施方案》的通知[EB/OL].（2019-04-16）[2019-04-30].http://www.hunan.gov.cn.http.80.36212d777.fproxy.6dl.w06.cn/xxgk/wjk/szfbgt/201904/t20190418_5317533.html.
　　④ 中华人民共和国国家发展和改革委员会.国家发展改革委关于印发促进中部地区崛起"十三五"规划的通知[EB/OL].（2016-12-20）[2019-04-30].http://zfxxgk.ndrc.gov.cn/web/iteminfo.jsp?id=399.

民经济和社会发展计划》^①有关指示要求，统筹协调、优化产业结构、深化供给侧结构性改革、推动高质量发展的体制机制、积极融入"一带一路"建设，全面促进河南社会经济发展，吸引劳动力在本地就业，实施有效开放的人才引进策略，贯彻落实《关于加强河南省高层次专业技术人才队伍建设的实施方案》^②，吸引海内外高层次专业技术人才来豫就业，营造高层次专业技术人才创新创业良好环境。"教学投入"方面，要贯彻落实《河南省教育事业发展"十三五"规划》^③中关于提升教育经费保障能力有关规定，提高教育经费使用效益，鼓励支持社会资本加大对教育的投资力度，扩大学校教育经费使用自主权，逐步提高高校公共财政预算教育经费占公共财政教育支出比例，提高生均教育经费支出。国际化方面，在"一带一路"建设背景下，要积极推进中外合作办学，加大科技项目合作力度，积极争取承担各类国际性科研项目。围绕河南省高校的优势、强势学科、重点发展的新兴学科等学科领域，加强与世界高水平大学和"一带一路"沿线国家研究机构开展实质性合作研究平台建设，争取产出具有国际影响力的科研成果。

广西壮族自治区在中南地区乃至全国属较落后省份。由于地理、历史的原因，"广西农业基础较弱，现代工业项目较少，教育发展相对落后。2016 年广西 15—64 周岁劳动力人口占比为 68.95%，处于全国倒数第 2 位。人均 GDP 为 38027 元，处于全国倒数第 6 位。高等学历人口占比 13.2%，处于全国倒数第 5 位，高等教育的社会背景条件较差。建议广西要抓住国家《西部大开发"十三五"规划》^④历史性机遇，贯彻落实《广西壮族自治区国民经济和社会发展第十

① 河南省人民政府.河南省人民政府关于印发河南省 2019 年国民经济和社会发展计划的通知 [EB/OL].（2019-03-20）[2019-04-30].https://www.henan.gov.cn/2019/03-20/739213.html.
② 河南省人民政府.河南出台人才新政 2020 年高层次人才要达 45 万人 [EB/OL].（2017-10-26）[2019-04-30].https://www.henan.gov.cn/2017/10-26/275149.html.
③ 河南省教育厅.关于印发《河南省教育事业发展"十三五"规划》的通知 [EB/OL].（2017-04-21）[2019-04-30].http://www.haedu.gov.cn/2017/04/21/1492752645787.html.
④ 中华人民共和国国家发展和改革委员会.国家发展改革委关于印发西部大开发"十三五"规划的通知 [EB/OL].（2017-01-11）[2019-04-30]. https://www.ndrc.gov.cn/fzggw/jgsj/ kfs/sjdt/201701/t20170123_1086187.html.

三个五年规划纲要》①，全面深化改革，发展特色优势产业和现代服务业，主动融入国家"一带一路"建设，激发经济增长新活力，支持贫困地区加快脱贫致富奔小康。全面融入粤港澳大湾区建设，以产业承接为重点，依托大湾区雄厚的科技创新资源，聚焦重点产业领域，解决关键技术问题。② 由于广西高等学历人口占比较低，且有研究表明：影响 2018—2020 年广西经济增长的关键是劳动力因素。③ 所以要继续贯彻落实广西"6 项最新人才政策"④，吸引和培养高层次人才，加快人才开发和人力资源队伍建设，深入实施人才强桂战略和创新驱动发展战略。在国际交流方面，要贯彻实施"东盟杰出青年科学家来华入桂工作计划"⑤，精准引才，促进广西高校、科研院所、企业与东盟杰出青年科学家进行国际科技交流，共同开展科研合作。在"教学投入"方面，广西的教学投入水平全国排名第 31 位，为最后一名。教师队伍结构（正高级专任教师数占专任教师比例）、生均教育经费支出、高等学校公共财政预算教育经费占公共财政教育支出比例三项指标均低于全国平均水平。所以要根据《广西壮族自治区人民政府关于印发广西教育提升三年行动计划（2018—2020 年）的通知》⑥ 中教师队伍提质增量工程、加大教育投入的有关指示，落实"高校千名中青年骨干教师培育计划"，继续实施高校引进海外高层次人才"百人计划"、高水平创新团队及卓越学者计划，培养和引进一批学科领军人才。要根据《高等学校教育培

---

① 广西壮族自治区人民政府门户网站.广西壮族自治区人民政府关于印发广西壮族自治区国民经济和社会发展第十三个五年规划纲要的通知 [EB/OL].（2016-03-16）[2019-04-30].http://http.d.gxzf.gov.cn.80.2521747778.proxy.xbsm.w06.cn/file/old/P020160603509010133894.pdf.

② 广西壮族自治区人民政府门户网站.东融大湾区科创要先行——自治区科技厅赴粤港澳大湾区开展科技创新合作掠影 [EB/OL].（2019-04-12）[2019-05-01].http://www.gxzf.gov.cn/mlgx/gxjj/fzsjqyhz/20190412-743479.shtml.

③ 周久贺,陆鹏.改革开放四十年广西经济增长动力研究——基于灰色系统理论的分析 [J].改革与战略,2019(35):18-25.

④ 广西壮族自治区人民政府门户网站.广西壮族自治区高层次人才认定办法（试行）[EB/OL].（2018-02-11）[2019-05-01].http://www.gxzf.gov.cn/sytt/20180211-680219.shtml.

⑤ 广西壮族自治区人民政府门户网站.广西实施"东盟杰青计划"精准引才 [EB/OL].（2018-07-05）[2019-05-01].http://www.gxzf.gov.cn/gxydm/20180705-702214.shtml.

⑥ 广西壮族自治区人民政府门户网站.广西壮族自治区人民政府关于印发广西教育提升三年行动计划 (2018—2020 年）的通知 [EB/OL].（2018-01-11）[2019-05-01]. http://www.gxzf.gov.cn/zwgk/zfwj/ t949768.Shtml.

养成本监审办法》①配比经费投入，建立健全高校办学经费稳定增长机制及教育经费统计监测公告制度，提高教育经费使用效益。

海南全省位于我国南海海域，包括海南岛、西沙、中沙、南沙三大群岛等 300 多个岛屿，交通不便，对经济发展、科技文化交流形成制约。海南高等教育非常落后，综合发展水平全国排名第 27 位。相对于教学、科研、国际交流的"过程"与"成果"（平均排名第 28 位）而言，其"教育背景""教学投入""教育机会"指标发展相对较好，可见其高等教育发展进程缓慢。所以，在教学领域，要加强师资队伍建设，贯彻执行《中共海南省委海南省人民政府关于全面深化新时代教师队伍建设改革的实施意见》②中关于高素质创新型高等教育教师队伍建设、培养和引进国际教育人才、深化人事制度改革等方面的有关指示。推动"双一流"建设，做好"部省合建"海南大学工作。加强一流学科和省级特色重点学科建设，贯彻执行海南省教育厅、海南省财政厅关于印发《海南省普通高等学校省级特色重点学科建设管理办法（修订稿）》③的通知。在科研领域，海南省发展和改革委员会在《关于海南省 2018 年国民经济和社会发展计划执行情况与 2019 年国民经济和社会发展计划草案的报告》中指出，海南 2018 年"研发费用占 GDP 的比重提升较慢，科技创新投入亟待提高"④，所以要进一步增加科研经费投入。继续实施《百万人才进海南行动计划（2018—2025年）》⑤，加强国内外人才引进工作，强化创新驱动发展能力。贯彻落实《中共海

---

① 中华人民共和国国家发展和改革委员会.国家发展改革委关于印发《高等学校教育培养成本监审办法（试行）》的通知 [EB/OL].（2005-06-08）[2019-05-02].http://www.ndrc.gov.cn/fzgggz/jggl/zhdt/200507/t20050712_46312.html.

② 海南省人民政府.中共海南省委海南省人民政府关于全面深化新时代教师队伍建设改革的实施意见 [EB/OL].（2018-11-30）[2019-05-02].http://www.hainan.gov.cn/hainan/swygwj/201811a3f867410b284ce3b255e0e362c1ac6b.shtml.

③ 海南省教育厅.海南省教育厅海南省财政厅关于印发《海南省普通高等学校省级特色重点学科建设管理办法（修订稿）》的通知 [EB/OL].（2018-12-25）[2019-05-02].http://edu.hainan.gov.cn/edu/0503/201812/8cd5f0bb65534dfd9dea4011e3581f6e.shtml.

④ 海南省发展和改革委员会.关于海南省 2018 年国民经济和社会发展计划执行情况与 2019 年国民经济和社会发展计划草案的报告 [EB/OL].（2019-02-12）[2019-05-02].http://www.hainan.gov.cn/sfgw/24888/201902/b3c573fdf40140c49a2e36fb80558851.shtml.

⑤ 海南省人民政府.百万人才进海南行动计划 (2018—2025 年)[EB/OL].（2018-05-22）[2019-05-02].http://www.hainan.gov.cn/hainan/swygwj/b3223684e678410182fa712d2a802e9c.shtml.

南省委海南省人民政府关于加快科技创新的实施意见》中关于加强科技创新平台建设、加快科技创新成果转化、鼓励科技人才创新创业、强化科技创新保障等指示。[①] 在国际科技交流领域，要深度参与"一带一路"建设，搭建面向"一带一路"国家乃至全球的科教文化交流平台。充分利用博鳌亚洲论坛平台，加强与泛北部湾的交流合作。加快建设粤港琼海洋经济合作区，建立与港澳台地区教育、科技机构交流互访机制，开展国际科研项目合作，力争收获更多具有国际影响力的科研成果。

（五）西南：贯彻落实"西部大开发"、"一带一路"、对口帮扶政策，补齐"教育背景"、"教学投入"及各省其他短板，重庆、四川要引领带动贵州、云南、西藏联合发展

重庆的高等教育综合发展水平排名第 17 位，四川排名第 10 位，两省（市）高等教育在西南地区的各省份中发展水平较高，贵州、云南、西藏是落后省份，全国排名分别为第 30、23、31 位。西南各项指标水平普遍落后，其中"教育背景""教学投入"是表现突出的短板，集中体现在四川、贵州和云南身上。除此之外，各省还有各自的短板需要补齐。所以，要通过"西部大开发"、"一带一路"、对口帮扶等政策，发挥重庆、四川的引领带头作用，促进与贵州、云南、西藏的联合发展，缩小地区内省际高等教育发展水平差距。

重庆高等教育在全国属中等发展水平，是我国高等教育发展欠均衡省份。除"教育机会"指标优势突出外（排名第 9 位），其余指标处于 14—19 之间，没有体现出明显的"短板"。建议在全面促进高等教育发展进程中，侧重提高"教学成果"和国际化水平。要继续落实《关于深化高等学校创新创业教育改革的通知》，将创新创业作为高校人才培养的重要评价指标，强化创新创业实践教育，建立教师全员参与、专兼结合的教师队伍建设制度，提高学生创新创业能

---

① 海南省人民政府. 中共海南省委海南省人民政府关于加快科技创新的实施意见 [EB/OL].（2017-06-12）[2019-05-02].http://www.hainan.gov.cn/hainan/swygwj//5bd2bafb145e4249b238252c76158e96.shtml.

力。[①] 全面贯彻执行《重庆市高等教育发展行动计划（2018—2022 年）》的通知，加强国际化师资队伍建设，加大教学科研人员参与国际重大科技计划、科学工程和学术交流力度，推动促进中外合作办学，深化"一带一路"教育行动，促进中外学生双向留学。[②] 贯彻执行《重庆市引进海内外英才"鸿雁计划"实施办法》（2017），引进海内外紧缺高端人才到高校、科研院所兼职，推动高校创新发展。[③]

四川除"教育背景""教学投入"短板外，"教育机会"也是薄弱之处。四川省内市州发展极度不均衡，成都作为四川省省会，辖区面积仅为全省的 3%，但却是四川唯一的经济中心国际枢纽城市，经济生产总值占全省的 35%。除成都外，四川其余 20 个地级市及 3 个民族自治州辖区面积占全省面积的 97.05%，年末常住人口数量占全省的 80.73%，经济生产总值为全省的 64.98%。尽管成都的引擎作用十分显著，但经济发展十分不均衡的格局，决定了四川是西部欠发达省份的基本省情。具体而言，在"教育背景"方面，15—64 周岁劳动力人口比例为 70.34%，低于该指标全国平均水平（73.02%）约 3 个百分点；人均 GDP 为 40003 元，低于该指标全国平均水平（56766 元），且差距较大；高等学历人口比例为 13.3%，低于该指标全国平均水平（19.56%）约 6 个百分点，人口结构、经济、人力资源环境均不够理想。所以要根据《成渝城市群发展规划》[④]，积极推进成渝经济区建设，加强与重庆大开放、大合作，继续发挥成都的区域发展增长极作用。贯彻落实四川省发展和改革委员会办公室印发

---

① 重庆市教育委员会公众信息网.重庆市深化高等学校创新创业教育改革政策解读 [EB/OL].（2015-09-21）[2019-05-02].http://www.cqedu.cn/Item/16632.aspx.

② 重庆市人民政府.重庆市人民政府办公厅关于印发重庆市高等教育发展行动计划（2018—2022 年）的通知 [EB/OL].（2019-01-25）[2019-05-02].http://www.cq.gov.cn/publicity_zqsrmzfbgt/kjjy/jy/576843.

③ 重庆市人民政府.重庆市人民政府关于印发重庆市引进海内外英才"鸿雁计划"实施办法的通知 [EB/OL].（2017-04-18）[2019-05-02].http://www.cq.gov.cn/publicinfo/web/views/Show!detail.action?sid=4195359.

④ 中华人民共和国国家发展和改革委员会.国家发展改革委住房城乡建设部关于印发成渝城市群发展规划的通知发改规划〔2016〕910 号 [EB/OL].（2016-04-27）[2019-05-02].http://zfxxgk.ndrc.gov.cn/web/iteminfo.jsp?id=354.

的《贯彻落实〈中共四川省委四川省人民政府关于加快构建"5+1"现代产业体系推动工业高质量发展的意见〉的具体措施》的通知，发展壮大五大支柱产业和数字经济，优化产业布局，提升创新能力，绿色低碳发展，推动产业高水平开放合作，营造高水平产业发展环境。[①] 继续融入"一带一路"、粤港澳大湾区建设，持续推动促进四川立体全面对外开放。继续贯彻落实四川省人民政府办公厅《关于印发 2018 年县域经济改革发展重点工作推进方案的通知》，大力实施乡村振兴战略，增强县域发展动力活力，发展特色经济，推动绿色发展，推进脱贫攻坚和改善民生。[②] 贯彻落实省委、省政府印发的《关于大力引进海外人才、加快建设高端人才汇聚高地的实施意见》和省委组织部等 13 个部门联合印发的《四川省"天府万人计划"实施办法》，引进"高精尖缺"人才，加快人才国际化进程，为社会转型、创新、跨越发展积聚人才力量。[③] 在"教学投入"方面，继续落实《四川省深化高等教育综合改革方案》[④] 中关于生均拨款动态调整机制和绩效拨款机制，并建议高校统筹社会资源，吸引社会资本，探索构建多元支持的经费投入长效机制，注重资金使用结构和效率。在"教育机会"方面，建议增加对贫困地区、少数民族地区的政策支持力度，大力改善民生，实施教育精准扶贫，促进教育均衡发展，进而提高适龄人口高考录取率。

贵州地处西南内陆，交通落后，少数民族众多，贫困问题突出，经济基础薄弱。其"教育背景""教学投入"非常落后，排名都处于全国倒数第 2 的位

---

① 四川省发展和改革委员会 . 四川省发展和改革委员会办公室印发《贯彻落实〈中共四川省委四川省人民政府关于加快构建"5+1"现代产业体系推动工业高质量发展的意见〉的具体措施》的通知（川发改办产业 [2019]3 号）[EB/OL].（2019-01-28）[2019-05-05].http://fgw.sc.gov.cn/sfgw/nyfz/2019-01/28/content_36dc774982744f5c91e069f44e790105.shtml.

② 四川省人民政府 . 四川省人民政府办公厅关于印发 2018 年县域经济改革发展重点工作推进方案的通知（川办发〔2018〕38 号）[EB/OL].（2018-06-04）[2019-05-05].http://www.sc.gov.cn/zcwj/xxgk/NewT.aspx?i=20180605203252-412021-00-000.

③ 四川省人民政府 . 四川发布两大重磅人才新政 [EB/OL].（2018-05-25）[2019-05-05].http://www.sc.gov.cn/10462/10464/10797/2018/5/25/10451685.shtml.

④ 四川省人民政府 .《四川省深化高等教育综合改革方案》政策解读方案 [EB/OL].（2017-01-03）[2019-05-05].http://www.sc.gov.cn/10462/10464/13298/13303/2017/1/3/10409681.shtml.

置。贵州 15—64 周岁劳动力人口比例为全国最低值（68.1%），劳动力人口大量外流。人均 GDP（31093 元）仅高于云南、甘肃。专科以上高等教育学历人口比例为 10.2%，仅略高于云南（9.4%）。2012 年以来，贵州连续 8 年名义经济增长速度全国领先。尽管经济增速快，但贵州经济基础薄弱，西部欠发达省份的基本省情没有改变。在贵州产业转型加快，经济高速发展，大扶贫、大数据、大生态三大战略行动强力推进，民生改善的良好趋势背景下，要持续贯彻实施"雁归兴贵"计划，引导农民工返乡创业就业。[1]贯彻实施《关于深化人才发展体制机制改革推进守底线走新路奔小康的实施意见》，为深化人才发展体制机制改革，为全省经济社会发展提供人才支撑。[2]贯彻落实"贵州省高技能人才振兴计划实施方案"，为更好地实施人才强省战略，适应工业强省战略对技能人才的需求，加快产业结构优化升级，培养造就一批具有精湛技艺的高技能人才。[3]贯彻落实《贵州省"百人领军人才""千人创新创业人才"评审认定与跟踪考核实施细则（试行）》，吸引高端领军人才，促进创新创业发展。[4]在"教学投入"方面，要增加高校公共财政预算教育经费占公共财政教育支出比例，增加生均教育经费支出、生均图书量与计算机数等硬件资源数量。加强省内高校对接省外高水平大学支援与合作[5]，贯彻落实《中共贵州省委贵州省人民政府关于全面

①　贵州省人力资源和社会保障厅.省人民政府办公厅关于印发"雁归兴贵"促进农民工返乡创业就业行动计划的通知 [EB/OL].（2015-09-25）[2019-05-06].http://rst.guizhou.gov.cn/zwgk/xxgkml/zcfg_69313/zcwj/jycy/201711/t20171118_3023861.html.

②　贵州省人力资源和社会保障厅.省委出台关于深化人才发展体制机制改革的实施意见 [EB/OL].（2017-03-24）[2019-05-06].http://rst.guizhou.gov.cn/gzdt/xwdt/201711/t20171117_3006283.html.

③　贵州省人力资源和社会保障厅.贵州省高技能人才振兴计划实施方案 [EB/OL].（2012-03-07）[2019-05-06].http://rst.guizhou.gov.cn/zwgk/xxgkml/zcfg_69313/zcwj/201711/t20171118_3023719.html.

④　贵州省人力资源和社会保障厅.贵州省人才工作领导小组关于印发《贵州省"百人领军人才""千人创新创业人才"评审认定与跟踪考核实施细则（试行）》的通知 [EB/OL].（2018-10-29）[2019-05-06].http://rst.guizhou.gov.cn/webpic/W201811/W020181106/W020181106359043742676.pdf.

⑤　贵州省教育厅.省教育厅关于印发《关于进一步加强我省高校对接省外高水平大学支援与合作的指导意见》的通知 [EB/OL].（2019-01-29）[2019-05-06].http://www.gzsjyt.gov.cn/ywgz/gdjy/201901/t20190129_3392800.html.

深化新时代教师队伍建设改革的实施意见》^①完善教师招聘、考核、薪酬制度改革工作，深入贯彻实施脱贫攻坚"春风行动"，持续推进"校农结合"工作，加大统筹协调力度，完善长效机制。

云南高等教育综合发展水平全国排名第 23 位，名次优于贵州、西藏，次于四川和重庆。"教育背景""教学投入""教育机会"是弱项。"教育背景"方面，云南地处我国西南边陲，少数民族聚居，是全国贫困人口和贫困县最多、贫困面最广、贫困程度最深的省份之一。2012 年国务院批准并出台了《国务院关于支持云南省加快建设面向西南开放重要桥头堡的意见》，确立了云南 2015 年及 2020 年的发展目标，并加大了政策支持力度。^②2017 年云南省 15 个贫困县（市）经国家专项评估检查，均达到贫困县退出条件^③，贫困状况有较大改观。另据国家统计局数据，在 2018 年全国 31 个省份经济增速排名中，云南排名第 3，可见其经济发展动力十足。^④ 所以，建议云南继续贯彻实施《云南省国民经济和社会发展第十三个五年规划纲要》、^⑤《云南省实施"补短板、增动力"省级重点前期项目行动计划（2019—2023 年）》^⑥，积极融入国家发展战略，加快推进乡村振兴战略实施，推动特色产业发展，建设数字经济，扩大对外经济与贸易，深化国际经济交流与合作。人力资源方面，由于云南专科以上高等教育

---

① 中华人民共和国教育部.中共贵州省委贵州省人民政府关于全面深化新时代教师队伍建设改革的实施意见 [EB/OL].（2018-12-12）[2019-05-07].http://www.moe.gov.cn/jyb_xwfb/xw_zt/moe_357/jyzt_2018n/2018_zt03/zt1803_ls/201901/t20190107_366285.html.

② 中国网.国务院关于支持云南省加快建设面向西南开放重要桥头堡的意见 [EB/OL].（2011-12-07）[2019-05-07].http://www.china.com.cn/guoqing/zwxx/2011-12/07/content_24095663.htm.

③ 云南省网上新闻发布厅.云南省 2017 年 15 个贫困县（市）退出新闻发布会 [EB/OL].（2018-09-30）[2019-05-07].https://www.sogou.com/link?url=TdXYaTdl0k6Bn1Tu4UN7lGQJ6AJM-tu1djshpwq4m-S0CbLIMliz8Q_0KSohPw0yO2bgVMzzoW22wKelUak-kA.

④ 中国经济网.31 省份 2018 年 GDP 正式出炉 18 省份 GDP 增速超全国 [EB/OL].（2019-03-02）[2019-05-07].http://www.ce.cn/xwzx/gnsz/gdxw/201903/02/t20190302_31597741.shtml.

⑤ 云南省人民政府.云南省人民政府关于印发云南省国民经济和社会发展第十三个五年规划纲要的通知 [EB/OL].（2016-05-05）[2019-05-07].http://www.yn.gov.cn/jd_1/xzcjd/201605/t20160505_25013.html.

⑥ 云南省人民政府.云南省人民政府办公厅关于印发云南省实施"补短板、增动力"省级重点前期项目行动计划(2019—2023 年)的通知 [EB/OL].（2019-04-18）[2019-05-07].http://www.yn.gov.cn/yn_zwlanmu/qy/wj/yzbf/201904/t20190412_152634.html.

学历人口比例为 9.4%，是全国最低水平，所以要深入实施科教兴国战略、创新驱动发展战略，推动实施云南省"千人计划"和"万人计划"等政策措施，培养和引进人才，为实现创新型云南建设和高质量跨越式发展提供有力的人才支撑。继续加强云南与长三角地区人才合作，吸引更多的优秀高校毕业生到云南创业创新。[①]"教学投入"方面，要贯彻落实《云南省人民政府办公厅关于进一步调整优化结构提高教育经费使用效益的实施意见》[②]，优先落实教育投入，持续增加财政教育投入，积极扩大社会投入，科学规划教育经费支出，将教师队伍建设作为教育投入重点予以优先保障，完善高校预算拨款制度，建立基于专业综合评价结果为导向的"生均成本 + 综合质量绩效经费"拨款机制。"教育机会"方面，要贯彻落实《云南省教育事业发展"十三五"规划》的有关指示精神，完成"扩大高等教育规模，高等教育毛入学率达 45% 以上"[③]的目标要求。

　　西藏的高等教育综合发展水平全国排名最后一位。除"教学投入"排名第23，"教育背景"排名第 27 外，其余指标全部排名第 30 或 31。由于西藏共有6 所普通高校，高校数量全国最少，这在一定程度上决定了其各项"成果"水平必然较低。但西藏并非注定就是最后一名，事实上其各项指标仍具有一定的上升空间。从"教育背景"来看，由于西藏近几年脱贫速度快，"一带一路"建设成果显著，与尼泊尔、法国、比利时和老挝广泛开展外贸合作，2018 年 GDP 增速全国第一（与贵州并列）[④]，经济发展动力强劲，但 GDP 总量还相对较少，经济状况有很大的改善空间。另外，西藏 15—64 周岁劳动力人口比例较

---

① 中国经济网. 云南与长三角地区深化人才合作促进地区优势互补 [EB/OL].（2016-04-29）[2019-05-07].http://district.ce.cn/newarea/roll/201604/29/t20160429_11080920.shtml.

② 云南省人民政府. 云南省人民政府办公厅关于进一步调整优化结构提高教育经费使用效益的实施意见 [EB/OL].（2019-04-10）[2019-05-07].http://www.yn.gov.cn/yn_zwlanmu/qy/wj/yzbf/201904/t20190409_152452.html.

③ 云南省发展和改革委员会. 云南出台教育事业发展"十三五"规划 [EB/OL].（2017-06-02）[2019-05-07].http://www.yndpc.yn.gov.cn/content.aspx?id=353737710629.

④ 中国经济网.31 省份 2018 年 GDP 正式出炉 18 省份 GDP 增速超全国 [EB/OL].（2019-03-02）[2019-05-07].http://www.ce.cn/xwzx/gnsz/gdxw/201903/02/t20190302_31597741.shtml.

低（70.99%），低于全国平均水平（73.02%），可进一步通过搭建培训与就业服务平台，加强农牧民技能培训工作，积极促进高校毕业生就业创业工作等途径促进劳动力人口的增加。在"教育机会"方面，根据《西藏自治区教育事业发展"十三五"规划》（以下称《规划》）[①]有关数据，在"十二五"期间，西藏高等教育毛入学率达到了 29.45%，这与高等教育普及化目标（毛入学率为 50%）还有不小的差距，所以可进一步做好教育受援工作，实施"双一流"计划，推进高等教育内涵建设，优化学科专业结构，适当增设学士、硕士、博士学位授予点，增加招生计划，扩大招生规模，达到《规划》中"在学总规模达到 9.2万人，其中区内高校研究生 4000 人，普通本专科生 3.6 万人，高等教育毛入学率达到 40%"的目标要求。在人才培养方面，要汇聚优质资源，建设一流师资队伍，培养拔尖创新人才。在科研方面，要提升科学研究水平，产出一流成果，着力推进成果转化。在国际化方面，要深化西藏与尼泊尔等其他"一带一路"沿线国家的高等教育交流与合作，扩大教育对外开放，推动共建国际级科研项目。

（六）西北：贯彻落实"西部大开发"、"一带一路"、对口帮扶政策，补齐"教育机会"、"教学成果"、"科研投入与过程"、"科研成果"、"国际科技交流过程"短板，推广"宁夏模式"，陕西要引领带动甘肃、青海、宁夏新疆联合发展

陕西高等教育综合发展水平全国排名第 9 位，各项指标排名均较靠前，是西北地区高等教育发展最好的省份，也是我国唯一一个高等教育发展均衡的省份。但其"教育背景""国际交流过程""国际交流成果"虽然分别排名第12、11、12 位，与综合发展水平名次相差不大，但它们却是所有一级指标中发展水平最低的指标，还有待于进一步提高。与西北其他省份相比，陕西的经济状况最好，人均 GDP 水平最高（51015 元），人口结构（15—64 周岁劳动力人口比例较高）也较合理，但就业人员大专以上学历人口比例不足 20%，人力资源数量有待进一步增加。建议继续实施"人才强省"战略，引进全球英

---

① 西藏自治区人民政府.西藏自治区教育事业发展"十三五"规划 [EB/OL].（2018-11-20）[2019-05-07].http://www.xizang.gov.cn/zwgk/ghjh/201811/t20181121_171607.html.

才，实施人才创新创业激励，打造人才平台，保障人才服务。在"国际科技交流过程"方面，要贯彻落实《陕西省"一带一路"建设2019年行动计划》中关于"构建科技教育中心"的有关指示，积极参与实施政府间科技合作交流项目，增加国际合作研究派遣与接受人次，组织实施各类科技、文化合作交流活动等。①

其余省份的短板具体而言：首先，各省份的"教育机会"水平都有待于提高，青海与新疆这一问题尤其突出，每十万人口高校平均在校生数不足2000人（青海为1319人、新疆为1780人），所以青海与新疆要抓住国家"双一流"建设和开展高水平大学建设的历史机遇，优化学科、专业结构、增列学士、硕士、博士学位授权点，推进高校改扩建工程，在做好贫困地区、少数民族地区普及九年义务教育和扩大高中阶段办学规模的前期工作下，促进该地区考生数量保持较快增长，逐步扩大高等教育招生规模。

其次，各省份"教学成果"指标成绩普遍较低。西北各省（除陕西外）高校数量少，人才培养数量自然较少，这具有一定的客观必然性。但将甘肃、青海、宁夏、新疆四省（区）与陕西进行比较后发现，四省（区）高校数量总和为125所，毕（结）业生数（研究生、普通本专科、成人本专科）合计为333683人、授予学位数为141841人；陕西共有高校93所，毕（结）业生数（研究生、普通本专科、成人本专科）合计为406098人，授予学位数为212745人，可见四省（区）与陕西还有很大的发展差距。所以建议四省（区）积极推进"双一流"建设，优化人才培养模式，促进人才数量和质量的同步提升。

再次，科学研究投入、过程与成果也是各省份要努力提高的地方。其中宁夏、青海名次处于28—30之间。宁夏的"科研投入与过程""科研成果"指标名次分别为28、28。但宁夏近两年大幅增加科研投入，财政科研投入连续两年翻翻，2017年研究与发展投入强度增幅居全国首位，在实施创新驱动战略中形

① 陕西省人民政府网.陕西省人民政府办公厅关于印发"一带一路"建设2019年行动计划的通[EB/OL].（2019-03-13）[2019-05-08].http://www.shaanxi.gov.cn/zfxxgk/zfgb/2017_3991/d11q_4002/201706/t20170615_1638804.html.

成了欠发达地区创新发展的新路径，被科技部提炼为可复制、可推广的"宁夏模式"。建议宁夏继续依照有关政策，全面推进科技改革，不断释放科技创新活力。[①] 青海科研落后态势尤为显著，科学研究与发展全时人员投入数量是西北其他省份的 1/4—1/8，研究与发展项目数量是西北其他省份的 1/4—1/10，科研成果也是相似的发展状况，虽然青海高校数量仅有 12 所，但与拥有高校数量相仿的宁夏（共有高校 18 所）相比，其"科研"的各个环节的指标表现相去甚远。在科研投入方面，青海要贯彻落实《青海省科技创新引导基金管理办法》的通知，"加快构建产业技术体系，推进创新突破与产业发展深度融合，培育壮大创新主体，实施重大创新工程，优化区域创新布局，推动科技成果转化。"[②] 在科研过程与结果方面，要贯彻落实《青海省关于实施以增加知识价值为导向分配政策的实施意见》的有关措施，引导和激励科研人员。[③] 要遵照《青海省重大科技专项管理办法》，提升科研创新及成果转化能力。[④]

最后，在国际化方面，西北各省份都表现出国际交流过程和成果发展水平较低的情况，但陕西在"国际交流过程"和"国际交流成果"方面表现突出（指标排名分别为第 11、12 位）。甘肃和青海是该地区高等教育国际化程度最落后的省份。所以，各省要根据《推动共建丝绸之路经济带和 21 世纪海上丝绸之路的愿景与行动》中西北五省的建设布局，发挥各自独特的区位、经济、文化、人文优势，积极开展国际商贸、文化、教育交流与合作。要贯彻落实教育部印

① 宁夏回族自治区人民政府.科技部调研"宁夏现象"总结欠发达地区创新发展的"宁夏模式"[EB/OL].（2019-04-28）[2019-05-08].http://www.nx.gov.cn/zwxx_11337/zwdt/201904/t20190428_1445438.html.

② 青海省科学技术厅.青海省科学技术厅青海省财政厅关于印发《青海省科技创新引导基金管理办法》的通知 [EB/OL].（2017-11-27）[2019-05-08].http://www.qhkj.gov.cn/content/show/id/3095.

③ 青海省科学技术厅.中共青海省委办公厅青海省人民政府办公厅印发《青海省关于实施以增加知识价值为导向分配政策的实施意见》的通知 [EB/OL].（2018-05-22）[2019-05-08].http://www.qhkj.gov.cn/content/show/id/3098.

④ 青海省科学技术厅.关于印发青海省重大科技专项等管理办法的通知 [EB/OL].（2017-05-08）[2019-05-08].http://kjt.qinghai.gov.cn/content/show/id/2514.

《推进共建"一带一路"教育行动》①的有关举措,搭建与"一带一路"沿线国家的教育文化交流平台,加强交流互访、合作办学、师资培训、共建科研项目等,不断促进国际科技交流成果的产出。

　　总之,西北要通过"西部大开发"、"一带一路"、"双一流"、对口帮扶等政策契机,积极调动中东部优质教育资源对西北落后省份的支持力量,补齐各自短板。陕西要发挥引领带头作用,与甘肃、青海、新疆进行交流与合作,通过积极推广促进科技创新发展的"宁夏模式",促进各省联合发展。

---

　　① 中华人民共和国教育部.教育部关于印发《推进共建"一带一路"教育行动》的通知[EB/OL].(2016-07-15)[2019-05-08].http://www.moe.gov.cn/srcsite/A20/s7068/201608/t20160811_274679.html.

第十三章　研究贡献、局限及展望

一、研究贡献

综合上述研究过程及对我国高等教育综合发展水平 PLS 结构方程模型输出数据结果的分析情况，本研究的主要研究贡献包括以下几个方面：

第一，构建了我国高等教育综合发展水平三大维度 30 个项目的指标体系，更具全面性特征。本研究在 CIPP 模式的理论基础上构建了一个涵盖测评和表征高等教育教学、科研、国际交流三大职能的指标体系。在指标数量和质量的选择上，该指标体系充分考虑三大职能的均衡性、全面性和系统性，从教学、科研、国际交流三个维度，选择采用了 30 个二级指标，相对于以往研究，指标范围更加科学、全面和系统。

第二，所构建的我国高等教育综合发展水平指标体系具有过程性和动态性特征。本研究不同于我国其他相关研究，力求着眼并立足于高等教育的动态发展过程，从教育背景、教育输入（即各项投入）、教育过程、教育成果四个过程对高等教育发展进行了过程性和动态性的考察，指标体系除具有全面性特征外，还具有过程性和动态性特征。

第三，采用了我国最新的宏观统计数据，研究结论和策略建议具有现实性和针对性。本研究采用的是目前最新的国家权威统计数据。通过分析这些数据来探索我国高等教育目前的发展现状，寻找当前我国高等教育各发展环节的不足或缺憾之处，这有助于中央和地方政府各有关部门针对当前我国高等教育发展的薄弱环节和待进一步提高发展之处，提出更有现实意义和针对性的政策举措，为我国有关部门下一步的教育战略调整提供有力参考。

第四，从国家、区域、省域三个层面揭示了我国高等教育综合发展水平现状及原因。本研究对我国高等教育综合发展水平的研究分为三个层面：一是国家层面；二是区域层面；三是省域层面。本研究不仅从国家层面揭示了我国高等教育各指标的发展现状，还进一步根据各指标发展水平从华北、东北、华东、中南、西南、西北地理区划层面探究了我国高等教育综合发展水平的差异和均衡水平现状，最后剖析了省域高等教育均衡水平及其产生的原因。不仅分析和比较了我国不同层面的高等教育综合发展水平现状和不均衡水平，还在此基础上，为不同层级的教育及有关部门在制定教育决策时，提出了更具有针对性的理论依据。

第五，所提出的我国高等教育均衡发展策略具有实践指导意义。由于本研究从国家、区域、省域三个层面揭示了我国高等教育综合发展水平现状及原因，对国家层面、区域层面和省域层面的高等教育的综合发展水平现状特点都进行了科学分析和总结，所以基于研究结论，尤其是各层面高等教育的均衡水平的研究结论，提出了有针对性的、有特色的、符合国家和地方发展实际的均衡策略，可以在有关部门进行教育决策时，为相关主体提供更符合本地发展特点的，可操作的教育均衡策略，具有很大的实践指导意义。

二、研究局限

鉴于研究能力、研究时间和研究基础的限制，本研究存在一些研究局限性，主要包括以下两个方面。

第一，由于数据来源渠道具有局限性，所以二级指标的适切性选择方面还存在不足。在构建指标体系时，二级指标（显性变量）是一级指标（潜在变量）的反映型指标。它是一系列在教育实践当中可采集的、具体的、可量化的、足以表征一级指标（潜在变量）的测量指标。二级指标的适切性选择是指要有充足的理由可以证明所选择的二级指标能代表教育背景、输入、过程和成果4个过程，且要满足体现高等教育的价值判断的内在要求。本研究从教育部、各省政府及教育厅等有关部门的官方网站、权威数据平台等渠道，广泛收集统计数据与资料。并在对数据资料的筛选中，参考相关理论依据和已有的研究成果，充分听取专家的意见，选择较为恰当的，可表征一级指标的二级指标。由于所选择的指标全部来自我国官方的统计数据，具有权威性和准确性，但是也具有不够全面、针对性稍差的缺点。比如，囿于数据来源渠道的局限性，在"教学成果"二级指标的选择上，虽然本研究选择我国研究生、普通本专科、成人本专科毕（结）业生总人数、授予学位总数、毕业生的就业人数作为表征指标，但是这三项指标仍然不能准确评价我国高等教育的人才培养的质量的现状，可见，我国尚缺乏对人才培养质量更加具体且权威的宏观评价指标。另外，在我国高等教育教学、科研、国际交流过程性的表征指标方面，还缺乏更加适切的宏观统计数据。

第二，对我国省域高等教育均衡水平标准的确定还存在不足。由于均衡是从物理学引进的概念，不同学科对均衡内涵的诠释各不相同，本研究认为"均衡"代表客观事物在变化发展过程中，矛盾双方力量的一种暂时平衡，是一种可以用数量表示的公平状态。并将各省（区、市）各一级指标与综合发展水平指标发展水平进行比较，当两者相同时，意味着两者是绝对均衡的。又由于在现实生活当中，将不同的事物进行比较时，不可能有绝对均衡状态的存在，所以，本研究将各一级指标与综合发展水平指标水平的比较结果划定不同的取值范围，再将不同区间划定为不同的均衡类型或均衡水平。但是，在给取值范围划分区间时，还没有充足的既往研究作为划分依据或理论支撑。

三、研究展望

本研究在我国高等教育面临深刻变革的社会背景下，基于目前我国的高等教育发展不均衡与不充分的现状，针对我国高等教育分类评价体系尚未健全，评价标准比较单一，教育教学、人才培养等相关指标权重偏低，难以有效引导高校合理定位、特色发展等问题，建立了一个兼顾评价高等教育规模和内涵式发展的指标体系，通过评估各项指标发展现状来衡量我国高等教育的综合发展水平，进而把握我国高等教育发展的不均衡水平，根据对我国高等教育综合发展水平区域差异和均衡水平的研究结论，提出促进地区之间高等教育的均衡发展的有效策略和建议。但整个研究，不论是在理论思辨、逻辑推演，还是在实证测度、结果分析上，都还有很多不足和进一步完善的空间。后续研究可以选择某个或几个省级行政单位作为个案，并收集其高等教育教学过程、教学成果、科研投入、科研过程等高等教育环节的数据资料，弥补由于缺乏对人才培养质量、教学和科研过程等方面更加具体且权威的宏观统计数据所造成的本研究对教学过程、教学成果、科研投入、科研过程各环节还不够深入的缺憾。但本研究仍然寄希望于通过对我国高等教育综合发展水平指标体系的构建，对结构方程模型输出数据的分析，对我国高等教育综合发展水平层次的划分，对我国高等教育均衡水平的区域差异比较，对我国省域高等教育均衡水平的原因分析，和所提出的高等教育均衡发展策略等，为有的放矢地全面提升我国高等教育综合发展水平，进而提升我国高等教育在世界高等教育发展序列中的地位提供有力的依据。

下篇：我国研究生教育综合发展水平研究

第十四章　我国研究生教育综合发展水平测评及省域差异研究

引言

研究生教育在整个教育体系中占据着最高层次的位置，是教育发展水平的重要标志，也是国家人才强国和科技创新的战略支撑。对研究生教育整体发展水平现状和特征的分析是一个必要的起点。如有的研究使用聚类分析的方法对其与区域社会发展的相关性进行了分析[①]，有的研究通过因子分析、相关分析等方法对我国八大区域研究生教育水平与经济发展水平之间的均衡性进行了定量测度[②]；还有的研究从规模、结构、质量和效益等维度构建评价指标体系，使用等级差法衡量我国研究生教育与经济发展水平之间的协调性[③]。但是，总的来说，上述研究仍存在着评价指标体系不健全、研究方法相对简单等问题。研究生教育扩招政策实施后，我国研究生教育发展综合水平发生了怎样的变化，如何采用更为健全的指标体系和合理的评价模型来分析扩招后我国研究生教育综合发展水平的状况及省域差异特征，这是本研究的重点。

[①] 赵琳,刘慧琴,袁本涛.我国研究生教育省际发展状况及其特征研究[J].学位与研究生教育,2009(5):26-31.

[②] 高耀,李婷.中国八大区域研究生教育水平与经济发展水平均衡性定量测度研究[J].南京财经大学学报,2013(11):1-7+108.

[③] 黄海军,李立国.中国省域研究生教育与经济发展水平的协调性研究[J].江苏高教,2015(3):91-94.

一、研究生教育综合发展水平评价指标体系的初步构建

当前，有学者将研究生教育综合发展水平的评价指标体系设计为 6 个一级指标和 19 个二级指标：①研究生教育规模（硕博招生数、硕博在校生数、硕博学位授予数）；②研究生教育结构（一级学科硕博授予点数、二级学科硕博授予点数、专业硕博学位授予点数）；③研究生教育质量（硕博研究生生师比、国家重点实验室数、人文社会科学研究重点基地数）；④研究生教育效益（年度发表学术论文数、年度出版学术专著数、年度科技成果奖励数、年度技术转让、专利出售及知识产权授权数）；⑤研究生教育机会（研究生招生数在 15～64 岁人口中所占比例、研究人员中研究生及以上人员所占比例、就业人员中研究生及以上人员所占比例）；⑥研究生教育投入（年度科研拨入经费总额、年度科研支出经费总额）。[①] 还有学者建立了一个由 5 个一级指标和 23 个二级指标构成的体系：①规模（在校博士研究生数、在校硕士研究生数、博士研究生招生数、硕士研究生招生数、博士学位授予数、硕士学位授予数）；②结构（博士一级学科授予点、硕士一级学科授予点、专业博士学位授权点、专业硕士学位授权点）；③质量（博士研究生生师比、硕士研究生生师比、中高级职称教师数、国家重点实验室数）；④效益（人文社会科学学术论文数、人文社会科学被采纳研究与咨询报告数、自然科学学术论文数、专利授权数、专利出售数）；⑤投入（人文社会科学经费投入额、人文社会科学经费支出额、自然科学科技经费投入额、自然科学科技经费支出额）。[②] 这些指标的构建为本研究打下了重要基础，但其中的一些指标如年度出版学术专著数、年度科技成果奖励数等对研究生教育发展水平反映的相关性较差。

因此，本研究在借鉴上述指标体系与公共支出视角下的普通高中义务教育

---

① 高耀, 刘婷. 中国八大区域研究生教育水平与经济发展水平均衡性定量测度研究 [J]. 南京财经大学学报 ,2013(11): 1-7+108.

② 黄海军, 李立国. 中国省域研究生教育与经济发展水平的协调性研究 [J]. 江苏高教 ,2015(3):91-94.

可行性分析^①的同时，结合研究生教育的实际情况，构建了一个由 6 个一级指标和 20 个二级指标组成的体系，分别为：①整体规模（博士学位授予数、博士研究生在校生数、博士研究生招生数、硕士学位授予数、硕士研究生在校生数、硕士研究生招生数），主要反映研究生教育的承载能力；②结构层次（一级学科博士学位授予点数、二级学科博士学位授予点数、一级学科硕士学位授权点数、二级学科硕士学位授予点数），主要反映研究生教育发展的层次水平；③师资水平（研究生导师数、博士研究生生师比、硕士研究生生师比、合计生师比），主要反映研究生教师队伍的"量"和"质"；④经费投入（研究与试验发展经费支出额、研究与试验投入强度），主要反映研究经费投入水平；⑤社会服务（就业人员受教育程度构成、研究与开发中硕博人员数），主要反映研究生教育对社会发展的效益；⑥国际化水平（学历来华留学博士研究生数、学历来华留学硕士研究生数），主要反映研究生教育发展的国际化合作交流水平。

二、研究方法与工具选择

目前，在统计学、社会学等领域综合评价研究应用最为广泛的方法之一是多指标综合评价，主要分为两类：一类是不含潜变量（不可直接观测而取得相关数据的指标变量）的综合评价方法；另一类是含潜变量的综合评价方法。^②鉴于本研究主要为省域之间的横向比较，样本量仅为 31 个，不符合协方差结构方程模型样本量最小不能低于 200 个的要求，所以采用 Word 等人提出的偏最小二乘通径模型方法。"该方法采用一系列一元或多元线性回归的迭代求解"^③，这种 PLS（partial least squares）结构方程模型在评价我国高等教育综合发展水平的研究中已经取得了良好的效果^④。研究生教育综合发展水平评价指标的科学性

---

① 李德显，赵迪，徐雁，等.公共支出视角下普通高中义务教育可行性分析 [J].辽宁师范大学学报（社会科学版），2015,38(1):70-81.
② 李国峰，孟亚男.我国部属高校科技活动综合评价 [J].研究与发展管理,2013(2):95-106.
③ 王惠文，吴载斌，孟洁.偏最小二乘回归的线性与非线性方法 [M].北京：国防工业出版社,2006:149.
④ 张男星，王纾，孙继红.我国高等教育综合发展水平评价及区域差异研究 [J].教育研究,2014,35(5):28-36.

与实用性如何，指标的信、效度怎样，需要对建构的指标体系进行验证。PLS结构方程模型主要采用 Bootstrap 方法进行参数估计和显著性检验。本研究使用 Ringle 等人开发的 SmartPLS3.0 软件进行数据处理与分析。

三、研究模型的构建与检验

PLS 结构模型将不能直接测量的变量作为潜变量，本研究指标体系中共有整体规模、结构层次、师资水平、经费投入、社会服务和国际化水平 6 个一级指标的潜变量和 1 个综合水平潜变量。初步选取 20 项显变量（二级指标）来测量 7 个潜变量，所选显变量是否能反映所属潜变量，可以通过指标与潜变量之间的相关负荷及显著性进行验证。检验结果显示，本研究所构建的 20 项指标的相关负荷均高于 0.5，且 t 检验结果显著，据此可判断这些指标能够较好地评价研究生教育综合发展的水平。由此，我们构建了研究生教育综合发展水平的结构方程模型，见图 15-1。

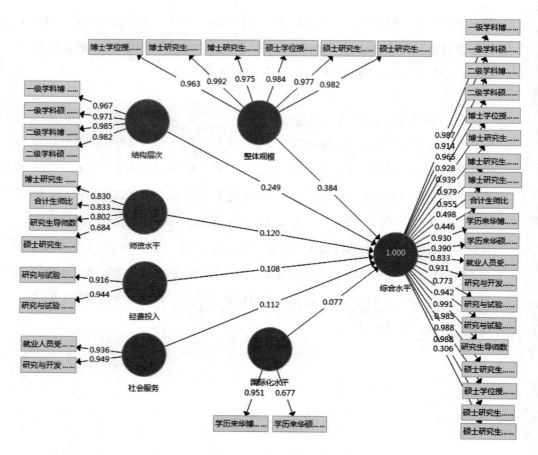

图 15-1 研究生教育发展综合水平的 PLS 结构方程模型

注：为便于排版，图中将"一级学科博士学位授权点数"简称为"一级学科博…"，依此类似。

依据图 15-1 模型变量间的关系，建立如下假设：①综合水平潜变量由整体规模、结构层次、师资水平、经费投入、社会服务和国际化水平 6 个观测变量反映，并与之成正相关关系；②整体规模潜变量由博士研究生招生数、硕士研究生招生数、博士研究生在校生数、硕士研究生在校生数、博士学位授予数、硕士学位授予数 6 个显变量反映，并与之成正相关关系；③结构层次潜变量由一级学科博士学位授权点数、一级学科硕士学位授权点数、二级学科博士学位授权点数、二级学科硕士授权点数4个显变量反映，并与之成正相关关系；④师资水平潜变量由研究生导师数、博士研究生生师比、硕士研究生生师比、合计生师比4个显变量反映，并与之成正相关关系；⑤经费投入潜变量由研究与试验发展经费支出额、研究与试验投入强度两个显变量反映，并与之成正相关关系；⑥社会服务潜变量由就业人员受教育程度构成、研究与开发中硕博人员数两个显变量反映，并与之成正相关关系；⑦国际化水平潜变量由学历来华留学博士研究生数、学历来华留学硕士研究生数两个显变量反映，并与之成正相关关系。

首先对模型潜变量进行单一维度检验。结果显示，每个潜变量的第一主成分特征值均大于1，第二主成分特征值均小于1，因此所构建的PLS结构方程模型通过检验。PLS结构方程模型的效度指标要求聚合效度（平均抽取变异量AVE）值>0.5，信度指标要求合成信度值>0.7，本研究所构建模型的信度和效度各项指标均符合要求（见表15-1、表15-2）。此外，Tenenhaus等人[1]还提出一个整体模型适配度指标，即公因子方差和测定系数平均数的几何平均数。由表15-1的测定系数和公因子方差计算出模型整体的适配度为0.917，表明模型的整体适配度较好，可以使用该模型分析各省域的研究生教育发展状况。

表 15-1 PLS 结构方程模型信度、效度检验指标

潜变量	平均抽取变异量	合成信度	公因子方差	测定系数
综合水平	0.743	0.982	0.743	1.000
整体规模	0.959	0.993	0.956	
结构层次	0.954	0.988	0.954	
师资水平	0.623	0.868	0.623	
经费投入	0.865	0.928	0.865	
社会服务	0.889	0.941	0.889	
国际化水平	0.681	0.806	0.681	

---

① Tenenhaus M, Vinzi V E, Chatelin Y M,et al. PLS path modeling[J].Computational statistics & data analysis,2005,48(2):159-205.

表 15-2 PLS 结构方程模型区别效度指标

潜变量	整体规模	结构层次	师资水平	经费投入	社会服务	国际化水平	综合水平
整体规模	0.979						
结构层次	0.962	0.977					
师资水平	0.721	0.727	0.790				
经费投入	0.898	0.893	0.756	0.930			
社会服务	0.938	0.864	0.684	0.917	0.943		
国际化水平	0.817	0.793	0.661	0.792	0.805	0.825	
综合水平	0.794	0.852	0.751	0.830	0.839	0.816	0.862

注：对角线是 AVE 的开根号值，非对角线为各潜变量间的相关系数；AVE 开根号值若大于水平列和垂直列的相关系数值，则代表具有区别效度。

由图 15-1 得到整体规模等 6 个潜变量对综合水平这一潜变量的标准化路径系数。其中对综合水平贡献率较大的两个潜变量是整体规模（0.384）和结构层次（0.249），其次是师资水平（0.120）、社会服务（0.112）和经费投入（0.108），贡献率最小的是国际化水平（0.077）。可见整体规模和结构层次是影响研究生教育发展水平最大的两个方面。此外，由表 15-3 可知，PLS 路径模型相关系数较高，且外部权重均为正数，说明潜变量很好地概括了显变量所包含的信息，与理论分析预期相符。同时，综合水平对整体规模等 6 个潜变量的多元回归方程测定系数 R 的平方值为 1.000，说明综合水平对这 6 个潜变量概括程度相当高。

表 15-3 PLS 结构方程模型的外部权重及与其潜变量的相关系数

潜变量	指标	外部权重	相关系数
整体规模	博士研究生招生数	0.167	0.975
	硕士研究生招生数	0.173	0.982
	博士研究生在校生数	0.171	0.992
	硕士研究生在校生数	0.120	0.977
	博士学位授予数	0.164	0.963
	硕士学位授予数	0.173	0.984
结构层次	一级学科博士学位授权点数	0.266	0.967
	一级学科硕士学位授权点数	0.247	0.971
	二级学科博士学位授权点数	0.260	0.985
	二级学科硕士学位授权点数	0.251	0.982
师资水平	研究生导师数	0.554	0.802
	博士研究生生师比	0.279	0.830
	硕士研究生生师比	0.171	0.684
	合计生师比	0.249	0.833
经费投入	研究与试验发展经费支出额	0.484	0.916
	研究与试验经费投入强度	0.590	0.944
社会服务	就业人员受教育程度构成	0.501	0.936
	研究与开发中硕博人员数	0.560	0.949
国际化水平	学历来华博士研究生数	0.810	0.951
	学历来华硕士研究生数	0.339	0.677

五、各省份研究生教育综合发展水平比较与分析

表 15-4 是由 PLS 结构方程模型估计得出的我国各省份研究生教育发展的综合水平得分、排名以及排名的等级差。判断研究生教育综合发展水平排名等级差主要借鉴评价研究生教育发展外部协调程度的 5 种类型，分别是"观察思辨判断型、二维图示直观型、描述性统计观测型、回归分析拟合型和系统建模仿

真型"[1]。其中"系统建模仿真型的科学性相对较高，但仍较有改进空间，而二维图示直观型由于简洁直观，具有较大的吸引力"[2]。本研究将各省份在整体规模等 6 个维度的排名与研究生教育发展综合水平的排名之间作等级差，标准为 4 的倍数。等级差为 1 倍时（用 +/- ）表示，为 2 倍时用（++/-- ）表示，以此类推。其中"+"代表在维度上的排名高于它的综合水平排名，"-"代表在维度上的排名低于它的综合水平排名。

表 15-4 我国各省份研究生教育发展综合水平得分、排名与等级差

省份	综合水平		整体规模		结构层次		师资水平		经费投入		社会服务		国际化水平	
	得分	排名	得分	排名	得分	排名	得分	排名	得分	排名	得分	排名	得分	排名
北京	4.255	1	4.334	1	3.824	1	2.426	1	3.536	1	4.625	1	3.918	1
江苏	1.371	2	1.342	2	1.927	2	1.256	2	1.677	2	0.647	4	0.744	4
上海	1.135	3	1.233	3	0.771	6	1.049	4	1.488	4	1.754	2	3.042	2
湖北	0.736	4	1.094	4	0.881	4	1.027	6	0.222	10（A-）	0.087	9（A-）	1.224	3
辽宁	0.552	5	0.492	6	0.759	7	1.027	2	0.280	9（A-）	0.140	8	0.142	5
陕西	0.534	6	0.544	5	1.004	3	1.047	5	0.302	8	-0.091	11(A-)	-0.169	11(A-)
广东	0.530	7	0.417	7	0.356	8	0.236	15(A--)	1.526	3(A+)	1.163	3(A+)	0.009	8
山东	0.401	8	0.247	9	0.799	5	-0.032	16(A--)	1.156	5	0.256	5	-0.285	15(A-)
天津	0.295	9	-0.108	14(A-)	-0.268	17(A--)	0.732	9	0.745	7	0.203	6	-0.229	13(A-)
四川	0.266	10	0.409	8	0.195	10	1.164	3(A+)	0.034	11	-0.047	10	-0.317	16(A-)
浙江	0.085	11	-0.043	13	-0.149	15(A-)	0.506	11	0.765	6	0.197	7	0.091	6
湖南	0.082	12	0.029	11	0.251	9	0.601	10	-0.182	14	-0.166	13	-0.136	10
黑龙江	0.016	13	0.074	10	0.118	11	0.388	13	-0.442	17(A-)	-0.322	17(A-)	-0.02	9
河北	0.015	14	-0.38	18(A-)	-0.037	13	-0.431	21(A-)	-0.444	18(A-)	-0.345	18(A-)	-0.526	23(A--)
吉林	-0.044	15	0.004	12	-0.121	14	0.431	12	-0.607	A-(22)	-0.102	12	0.044	7(A++)
安徽	-0.168	16	-0.267	14	-0.162	16	0.285	14	-0.09	12	-0.274	15	-0.486	21(A-)
重庆	-0.207	17	-0.196	15	-0.407	21(A-)	0.846	8(A++)	-0.293	16	-0.304	16	-0.285	17
山西	-0.327	18	-0.535	22(A-)	-0.358	19	-0.104	17	-0.472	19	-0.448	21	-0.557	28(A--)

---

① 王传毅，赵丽娜，杨莉.我国区域研究生教育发展的外部协调性研究述评 [J]. 现代教育管理,2013（3）:101-105.

② 黄海军，李立国.中国省域研究生教育与经济发展水平的协调性研究 [J]. 江苏高教,2015（3）:91-94.

续表

省份	综合水平		整体规模		结构层次		师资水平		经费投入		社会服务		国际化水平	
	得分	排名	得分	排名	得分	排名	得分	排名	得分	排名	得分	排名	得分	排名
福建	-0.327	19	-0.356	17	-0.318	18	-0.323	20	-0.16	13(A+)	-0.363	19	-0.243	14(A+)
河南	-0.375	20	-0.466	19	0.009	12	-0.953	25(A-)	-0.253	15	-0.263	14	-0.470	24(A-)
甘肃	-0.540	21	-0.499	20	-0.548	22	-0.182	18	-0.6	20	-0.533	24	-0.478	20
云南	-0.560	22	-0.512	21	-0.562	23	-0.193	19	-0.779	26(A-)	-0.498	22	-0.335	18(A+)
江西	-0.565	23	-0.582	23	-0.399	20	-0.762	21	-0.601	21	-0.514	23	-0.545	26
内蒙古	-0.629	24	-0.677	25	-0.667	25	-0.691	22	-0.756	24	-0.537	25	-0.185	12(A+++)
广西	-0.651	25	-0.612	24	-0.595	24	-0.826	24	-0.706	23	-0.405	20(A+)	-0.375	19(A+)
新疆	-0.827	26	-0.718	26	-0.818	26	-1.033	26	-0.889	29	-0.548	26	-0.525	22(A+)
贵州	-0.904	27	-0.748	27	-0.926	27	-1.382	29	-0.804	28	-0.645	27	-0.544	25
宁夏	-0.991	28	-0.866	28	-1.126	30	-1.306	27	-0.785	27	-0.651	29	-0.549	27
青海	-1.043	29	-0.881	30	-1.084	28	-1.765	31	-0.778	25(A+)	-0.669	30	-0.559	29
海南	-1.047	30	-0.866	29	-1.124	29	-1.731	30	-0.976	30	-0.648	28	-0.559	30
西藏	-1.069	31	-0.905	31	-1.223	31	-1.310	28	-1.117	31	-0.699	31	-0.559	31

基于上述指标体系设计结构方程模型和表 15-3、表 15-4 所反映的信息，对我国各省份研究生教育综合发展水平进行整体分析。

从研究生教育发展的 6 个维度看，北京、江苏、上海和湖北在整体规模上的得分都在 1.000 以上，位居全国前 4 名。辽宁、陕西、广东、山东、四川、黑龙江、湖南、吉林这 8 个省份的得分在 0.544—0.004 之间，位列 5—12 名，处于中上游水平。浙江、天津、重庆、安徽、福建、河北、河南、甘肃这 8 个省份的得分在 -0.043—-0.499 之间，位列 13—20 名，处于中游水平。云南、山西、江西、广西、内蒙古、新疆、贵州、宁夏这 8 个省份的得分在 -0.512—-0.866 之间，位列 21—28 名，处于中下游水平。而青海、海南和西藏的得分在 -0.881—-0.905 之间，位列全国后 3 名，处于下游水平，在整体规模上远远落后其他省份。

在结构层次维度上，北京、江苏和陕西的得分都超过了 1.000，位列全国前 3 名。湖北、山东、上海、辽宁、广东、湖南、四川、黑龙江、河南的得分在 0.881—0.009 之间，位列 4—12 名，处于中上游水平。河北、吉林、浙江、安徽、天津、福建、山西、江西、重庆的得分在 -0.037—-0.407 之间，位列 13—21 名，处于中游水平。甘肃、云南、广西、内蒙古、新疆和贵州的得分在 -0.548—-0.926 之间，位列 22—27 名，处于中下游水平。而青海、海南、宁夏和西藏的得分在 -1.084—-1.223 之间，位列全国后 4 名，处于下游水平。

在师资水平维度上，北京、江苏、四川、上海、陕西、湖北、辽宁的得分在 2.426—1.027 之间，位列全国前 7 名，师资水平明显较高。重庆、天津、湖南、浙江、吉林、黑龙江、安徽、广东的得分在 0.846—0.236 之间，位列全国 8 —15 名，处于中上游水平。山东、山西、甘肃、云南、福建、河北、内蒙古、江西、广西、河南的得分在 -0.032—-0.953 之间，位列 16—25 名，处于中游水平。而新疆、宁夏、西藏、贵州、海南和青海的得分在 -1.033—-1.310 之间，位列全国后 6 名，处于下游水平。

在经费投入维度上，北京、江苏、广东、上海和山东的得分在 3.536—1.156 之间，位列全国前 5 名，说明其经费保障在全国处于领先水平。浙江、天津、陕西、辽宁、湖北、四川的得分在 0.765 — 0.034 之间，位列 6—11 名，处于中上游水平。安徽、福建、湖南、河南、重庆、黑龙江、河北、山西的得分在 -0.090 — -0.472 之间，位列全国 12—19 名，处于中游水平。甘肃、江西、吉林、广西、内蒙古、青海、云南、宁夏、贵州、新疆、海南和西藏的得分在 -0.600—-1.117 之间，位列全国后 12 名，处于下游水平。

在社会服务维度上，北京、上海和广东的得分分别为 4.625、1.754 和 1.163，远高于全国平均水平，处于领先位置。江苏、山东、天津、浙江、辽宁、湖北的得分在 0.647—0.087 之间，位列 4—9 名，处于中上游水平。四川、陕西、吉林、湖南、河南、安徽、重庆、黑龙江、河北、福建、广西、山西、云南的得分在 -0.047—-0.498 之间，位列全国 10—22 名，处于中游水平。江西、甘肃、内蒙古、新疆、贵州、海南、宁夏、青海和西藏的得分在 -0.514—-0.699 之间，位列全国后 9 名，远远落后于其他省份。

在国际化水平维度上，北京、上海、湖北的得分均在 1.000 以上，研究生教育的国际交流合作水平处于领先水平。江苏、辽宁、浙江、吉林、广东的得分在 0.744—0.009 之间，位列 4—8 名，处于中上游水平。黑龙江、湖南、陕西、内蒙古、天津、福建、山东、四川、重庆、云南、广西、甘肃、安徽的得分在 -0.020 — -0.486 之间，位列 9—21 名，处于中游水平。新疆、河北、河南、贵州、江西、宁夏、山西、青海、海南和西藏的得分在 -0.525—-0.559 之间，位列全国后 10 名，处于下游水平。

从单个省份上看，北京市研究生教育发展综合水平得分为 4.255，远高于处于第 2 位的江苏省的综合水平得分，且远远领先于其他省份。从整体规模这 6 个维度上看，其中师资水平的得分相对于它的其他 5 个维度得分较低。今后，重视师资水平的提升应是北京市研究生教育发展的重点方向之一。江苏省研究生教育发展综合水平的得分为 1.371，处于全国第 2 位。从整体规模这 6 个维度上看，其中社会服务和国际化水平相对于其他 4 个维度得分较低，提高研究生教育发展的社会服务水平，继续加强研究生教育国际交流与合作应是其今后的重点。上海市研究生教育发展综合水平的得分为 1.135，处于全国第 3 位。它在 6 个维度上得分较为接近，说明上海市研究生教育发展水平的均衡性、协调性较好。湖北省研究生教育发展综合水平的得分为 0.736，处于全国第 4 位。但是其在经费投入和社会服务这两个维度上却分别处于第 10 位和第 9 位，与综合水平排名的等级差显示为"A-"，说明这两方面制约其研究生教育发展的水平。因此，努力提高研究生教育发展的经费保障水平，保障其培养的研究生在本省内就业比例，提高研究生参与研究与开发水平，是湖北省研究生教育发展的重中之重。

辽宁省研究生教育发展综合水平得分为 0.552，位列全国第 5 名。从整体规模等 6 个维度上看，在经费投入和社会服务两个维度上的得分相对其他 4 个维度较低，分别排在第 9 和第 8 名。特别是在经费投入维度上的排名与其综合水平排名等级差显示为"A-"，说明辽宁省研究生教育经费投入相对不足。因此，辽宁省研究生教育发展面临加大经费投入和提高所培养的研究生在本省内就业水平，保证高层次人才留得住，以及提升研究生参与科技研究与开发水平的问题。陕西省研究生教育发展综合水平位居列全国第 6 名。从整体规模等 6 个维度上看，陕西省在社会服务维度上的等级差为"A-"，说明其社会服务水平相对落后，面临着提高研究生在本省内社会服务水平的问题。广东省研究生教育发展综合水平位列全国第 7 名。但是在师资水平这一维度上位列全国第 15 名，等级差为"A--"，说明师资水平严重制约了其在全国研究生教育发展综合水平的整体排名，广东省研究生教育发展的师资水平是广东省研究生教育发展的短板，有待提高。然而在经费投入和社会服务这两个维度上，广东省却位列第 3 名，等级差显示为"A+"，说明在这两个方面广东省做得较好，这可能与广东省在全国经济发展水平较高有关。其研究生教育发展的经费较为充裕，吸引了其培养的研究生在省内就业。

山东省研究生教育发展综合水平位列全国第 8 名。但是在师资水平和国际化水平上却位列全国第 16 和 15 名，等级差为"A--"和"A-"，说明其研究生教育发展的师资水平严重落后，国际间研究生教育交流与合作较为欠缺，影响了山东省研究生教育发展综合水平在全国的排名。天津市研究生教育发展综合水平位列全国第 9 名。主要与其在整体规模结构层次和国际化水平这三个维度上的排名较靠后有关，等级差分别为"A-""A--""A-"，这可能与天津市培养研究生的机构与其他几个排名较靠前的省份相比相对较少有关。四川省研究生教育综合发展水平位列全国第 10 名。在师资水平上位列全国第 3 名，等级差为"A+"，说明四川省研究生教育发展师资水平较高，是其研究生教育发展的一大优势。但是在国际化水平维度上的排名较靠后，等级差为"A-"，需要继续提高研究生教育的国际化水平。浙江省研究生教育发展综合水平位列全国第 11 名。在经费投入、社会服务和国际化水平 3 个维度上排名较靠前，说明研究生教育在这 3 个方面发展得较好。但在结构层次上等级差为"A-"，说明其硕博学位授权点数量与层次较低。湖南省研究生教育发展综合水平位列全国第 12 名，其在 6 个维度上的排名较为接近，说明其研究生发展的均衡性较好。黑龙江省研究生教育发展综合水平位列全国第 13 名。在经费投入和社会服务两个维度上排名较靠后，等级差为"A-"，说明这两方面制约其研究生教育发展水平的提高。

河北省研究生教育发展综合水平位列全国第 14 名。在整体规模、师资水平、经费投入、社会服务和国际化水平这 5 个维度上排名相对于其全国综合水平排名较靠后，特别是在国际化水平上等级差为"A--"。 与排在前面的省份相比，说明河北省研究生教育发展水平全面落后。吉林省研究生教育发展综合水平位列全国第 15 名。但是在经费投入维度上的排名却处于第 22 名，等级差为"A-"，说明吉林省研究生教育发展经费投入不足。然而其研究生教育发展的国际化水平较高，等级差为"A++"。重庆市研究生教育发展综合水平位列全国第 17 名。其师资水平很高，等级差为"A++"；但是，在结构层次维度上的等级差为"A-"，说明其研究生教育的层次结构较差。安徽省和山西省研究生教育发展水平排名分别处于全国第 16 和第 18 名。它们在国际化水平上的等级差显示均为"A-"，面临的共同任务是提高研究生教育的国际化水平。此外，山西省还面临着提高研究生教育的结构层次的任务。福建省研究生教育发展综合水平位列全国第 19 名。其在经费得投入和国际化水平两个维度上相对其他维度发展得较好，等级差为"A+"。河南省研究生教育发展综合水平位列全国第 20 名。其在结构层次上排名较靠前，这主要和河南省人口众多、高校的绝对数量较多有关。但是在师资水平和国际化水平上的排名较靠后，等级差为"A-"。甘肃、云南、江西、内蒙古、广西、新疆、贵州、宁夏、青海、海南和西藏的研究生教育发展无论从综合水平还是在 6 个维度上的排名都较靠后，研究生教育发展水平处于全面落后地位。

六、研究结论

第一，当前我国研究生教育综合发展水平存在着内部结构不均衡性问题。这主要通过各维度对综合水平的贡献率这个指标分析得来。贡献率是衡量各维度在研究生综合水平中影响大小的指标。较为理想的研究生综合水平衡量的各维度指标的贡献率应该大体一致，表明研究生教育内部结构发展相对均衡。由图 15-1 可知，整体规模（0.384）和结构层次（0.249）这两个维度对综合水平贡献率最大，其次是师资水平（0.120）、社会服务（0.112）和经费投入（0.108），贡献率最小的是国际化水平（0.077）。可见各维度对研究生综合水平的贡献率存在较大差异，如整体规模水平得分是国际化水平得分的 5 倍左右，整体规模得分是师资水平、社会服务和经费投入得分的 3 倍左右。这说明，当前我国研究生教育综合水平内部结构的不均衡性问题较为严重。因此，相对于研究生教育的规模而言，今后更应该重点关注质量内涵的发展。此外，鉴于我国研究生教育的国际化水平较低的现实，加强与国际研究生教育的交流，也应该成为我国研究生教育今后的重点工作之一。

第二，我国研究生教育发展水平省域间差距较大。这种差距体现在各省在 6 个维度的排名差异上。比如说，上海和湖北在整体规模、结构层次、师资水平和国际化水平上的排名上差异较小，但是在社会服务，特别是在经费投入上的差异较大。再有辽宁和四川在整体规模、结构层次、师资水平、经费投入和社会服务维度上的排名差异不大，但是在国际化水平上的排名差异却很大（辽宁位列第 5 名，四川位列第 16 名）。至于像宁夏、青海、西藏和海南之间的研究生教育发展水平差异则不明显，它们在 6 个维度上的排名靠后。因此，应通过主管部门牵头，采取诸如区域研究生教育一体化、省域间高校联盟等省际交流和帮扶等适当措施，合理配置研究生教育资源，缩小我国研究生教育发展水平的省域差异。

第三，我国研究生教育发展水平省域内部协调性较差。多数省份内部的个别指标发展相对落后，导致省域内协调性较差，影响研究生教育整体水平的提高。如广东、山东研究生教育综合水平位列全国第 7 和第 8 名，但是它们的师资水平却位列第 15 和第 16 名；湖北和辽宁研究生教育综合水平位列全国第 4 和第 5 名，其经费投入却位列第 10 和第 9 名。因此，各省只有充分认识到自身的薄弱环节，有针对性地补齐存在的短板，才能促进本省研究生教育综合水平的大幅度提高。

一个成熟的指标体系或理论模型必须经过长时间"研究—测试—修正"不断循环的发展过程才能成熟完善。而总的来看，本研究对我国研究生教育综合发展水平的测量只是一次初步的尝试，旨在为进一步分析和探索我国研究生教育发展及地区差异提供新的视角和实证依据。由于受到研究数据可及性和可靠性的限制，研究生教育综合发展水平测量模型中所包含的具体指标比较有限。在未来的研究中，可以在上述方面不断寻求改进，以期获得更加成熟的模型，进而更为科学地评估我国各地区的研究生教育发展水平及特征，为地方研究生教育的改进和质量提高提供参考。